인간행동과 사회환경

인간행동과 사회환경

박주영 배정현 김서연 최은선 김정숙

KNOWLEDGE COMMUNITY 공동체

"함께하는 삶의 길잡이" — 공동체 속 인간행동을 바라보는 통합적 이해

인간은 단순한 생물학적 존재가 아니라, 심리적 · 사회적 · 문화적 요인이 복합적으로 작용하는 맥락 속에서 성장하고 발달하는 존재입니다. 이러한 인간행동을 이해하는 일은 사회복지실천의 기초이자 출발점으로, 실천 현장에서의 개입 방향과 전문적 판단을 결정짓는 핵심 토대가 됩니다.

『인간행동과 사회환경』은 인간의 전 생애주기를 따라 나타나는 다양한 발달 특성과 행동 양상을 이론적으로 고찰하고, 이를 둘러싼 사회환경과의 상호작용을 통합적으로 이해함으로써, 사회복지사의 실천 역량을 향상시키고자 집필되었습니다.

본 교재는 총 4부 13장으로 구성되어 있으며, 학문적 기초와 실천적 응용의 균형을 통해 사회복지 교육의 현장성과 전문성을 강화하고자 하였습니다.

제1부 '인간행동과 사회환경의 개관'에서는 인간행동 이해를 위한 기초 개념, 생애 발달이론, 성격 형성과 관련된 주요 이론들을 다루어 사회복지 실천의 인식 기반을 제공합니다.

제2부 '인간행동 이론의 이해'에서는 정신역동, 인지발달, 행동주의, 인본주의 등 다양한 이론적 접근을 바탕으로 인간행동을 해석하는 다차원적 시각을 제시합니다. 각 이론은 사회복지 실천에서의 적용 가능성을 중심으로 구성되어, 이론과 실제 간의 연결을 도모하였습니다.

제3부 '생애주기별 인간 발달의 이해'에서는 태내기부터 노년기까지의 전 생애주기별 발달 단계에 따른 특성과 발달과업, 위기 상황을 분석하고, 각 시기에 적합한 사회복지적 개입 방향을 함께 제시하였습니다. 이를 통해 독자는 대상자 중심의 맞춤형 실천에 대한 이해를 넓힐 수 있습니다.

제4부 '사회환경과 생태체계의 이해'에서는 개인을 둘러싼 다양한 환경 요소—가족, 집단, 조직, 지역사회, 문화—를 구조적으로 분석하고, 생태체계이론의 시각에서 사회복지 실천의 통합적 접근 방안을 모색합니다. 이 장은 개별 클라이언트의 문제를 보다 거시적 관점에서 해석할 수 있도록 돕는 데 목적이 있습니다.

각 장의 말미에는 핵심 요점 정리와 '생각해 볼 문제'를 수록하여, 학습자가 내용을 단순히 암기하는 것을 넘어, 자기주도적 사고와 실천적 적용 능력을 기를 수 있도록 구성하였습니다.

개인적으로 이 교재의 집필을 결심하게 되었을 때, 학문적 책임감과 실천 경험에 대한 반성이 함께 찾아왔습니다. 한 권의 교재를 통해 인간행동이라는 복잡하고 섬세한 주제를 전달한다는 것이 과연 가능할지에 대한 우려도 있었지만, 다년간의 강의와 현장 경험, 그리고 학생들과의 학문적 소통을 통해 이 책이 단순한 지식 전달을 넘어 실제적인 교육 도구로 기능할 수 있겠다는 확신을 갖게 되었습니다.

특히 지역사회복지와 자활센터 중심의 실천 활동을 통해 체득한 현장의 경험과 이론의 연결점은 본 교재의 내용 구성에 있어 중요한 방향성을 제공하였습니다. 인간 발달의 복잡성은 단순한 개인의 문제가 아니라, 사회적 맥락과의 상호작용 속에서 이해되어야 하며, 사회복지 실천은 이러한 복합성을 통찰하고 대응하는 과정임을 강조하고자 하였습니다.

이 책이 사회복지를 전공하는 학습자들에게는 전문 지식의 체계화를 돕고, 실천 현장에서 활동하는 전문가들에게는 이론적 성찰의 기회가 되기를 바랍니다. 아울러, 인간행동의 깊이를 이해하고자 하는 모든 분께 본 교재가 하나의 학문적 이정표가 되기를 기대합니다.

끝으로, 본 교재가 출판되기까지 아낌없는 지지와 헌신을 보여 주신 공동체 출판사 임직원 여러분께 깊은 감사를 드립니다. 또한 함께 연구하고 고민해 온 동료 교수님들과, 진심으로 응원해 준 가족과 지인들께도 감사의 마음을 전합니다.

비록 미완의 교재일지라도, 이 책이 인간을 이해하고자 하는 모든 여정에 의미 있는 동반자가 되기를 소망합니다.

2025년 여름

저자 일동

차 례

Contents

PART 01

인간행동과 사회환경의 개관

CHAPTER 01 인간행동과 생애 발달의 이해

Chapter 01

인간 발달과 생애 발달의 이해

개 요

인간은 전 생애에 걸쳐 신체적 · 인지적 · 정서적 · 사회적 측면에서 지속적인 발달과 변화를 경험한다. 이러한 과정은 생물학적 변화에 국한되지 않으며, 개인의 내적 특성과 외부 환경 간의 상호작용 속에서 이루어지는 복합적이고 역동적인 현상이다. 현대의 전 생애 발달 관점은 유아기와 청소년기뿐 아니라 성인기와 노년기까지를 중요한 발달 시기로 인식하며, 발달을 내면적 성장과 사회적 적응을 포함하는 다차원적 개념으로 확장한다.

사회복지사는 이러한 통합적 이해를 바탕으로 클라이언트의 삶을 전인적으로 조망하고, 발달 과업과 환경 요인을 고려한 전문적 개입 전략을 수립할 수 있다.

학습목표

1. 인간 발달의 개념과 특성을 신체적 · 인지적 · 정서적 · 사회적 측면에서 통합적으로 이해할 수 있다.
2. 전 생애 발달 관점을 바탕으로 각 발달 시기의 특징과 발달 과업을 설명할 수 있다.
3. 인간 발달에 대한 이해를 토대로 사회복지 실천에서 적절한 개입 시점과 전략을 수립할 수 있다.

1 인간행동의 이해

인간행동의 이해는 개인의 사고, 감정, 행동을 생물학적 · 심리적 · 사회적 맥락에서 분석하고 해석하는 과정을 의미한다. 이는 단일 요인으로 설명할 수 없는 복합적 구조를 지니며, 다양한 요인의 상호작용 속에서 형성된다. 사회복지 실천에서는 인간행동을 단순한 문제의 징후로 간주하지 않고, 그 이면의 구조와 맥락을 통합적으로 이해하는 접근이 요구된다. 이러한 이해는 클라이언트 중심의 개입 전략 수립과 실천의 효과성을 높이는 핵심 기반이 된다.

1) 사회복지 실천과 인간행동의 관계

사회복지 실천은 인간의 복지 향상을 위한 목적 지향적이고 전문화된 개입 활동으로, 인간 존재에 대한 총체적 이해를 실천의 기초로 삼는다. 이는 인간을 단지 심리적 특성이나 문제를 지닌 개인으로 보지 않고, 그가 처한 환경과 맺고 있는 사회적 관계 및 구조적 맥락 속에서 다차원적으로 이해하려는 특성을 지닌다. 즉, 사회복지 실천은 인간을 고립된 개체로 보지 않으며, 개인과 가족, 집단, 조직, 지역사회, 국가 수준의 사회체계 간 상호작용을 분석하고 개입 대상으로 삼는다.

이러한 관점에서 인간행동에 대한 이해는 단순한 진단 도구가 아니라, 실천 전 과정에 걸쳐 적용되는 핵심 이론적 기반이다. 인간행동을 이해한다는 것은 성장 배경, 생애주기, 심리적 구조, 대인관계, 사회적 역할, 문화적 소속 등을 포괄하여, 행위의 원인과 결과가 상호 구성되는 과정을 인식하는 것이다. 이는 문제의 표면적 증상을 넘어서 근본적 원인을 통찰하고, 적절한 개입 목표를 설정하는 데 결정적인 지침이 된다.

더 나아가 사회복지 실천은 인간행동의 다양성과 변화 가능성을 전제한다.

각 개인은 생물학적 조건, 인지적 해석, 정서 반응, 사회적 관계, 제도적 맥락의 복합적 영향을 받으며, 유사한 상황에서도 서로 다른 행동 양상을 보일 수 있다. 따라서 사회복지사는 인간행동에 대해 선입견 없이 접근하고, 개별화된 실천 전략을 수립해야 한다. 인간행동에 대한 이론적 탐구는 이러한 전문성과 감수성을 갖춘 실천을 가능하게 하며, 클라이언트 중심의 가치 실현과 실천 윤리의 정당성을 확보하는 기반이 된다.

결국 인간행동의 이해는 단순한 기술(description)에 머무르지 않고, 해석과 분석, 변화 가능성에 대한 예측을 포함하는 통합적 인식이며, 이는 실천 이론과 방법론의 적용을 정당화하고 구체화하는 이론적 토대를 형성한다.

2) 인간은 환경과 상호작용하는 존재

인간은 단순한 생물학적 유기체를 넘어, 인지적 해석과 정서적 반응을 통해 외부 세계에 적응하며 살아가는 심리적 존재이자, 다양한 사회적 관계 속에서 정체성과 역할을 구성해 나가는 사회적 존재이다. 인간행동은 생물학적 · 심리적 · 사회적 요인이 유기적으로 상호작용한 결과로 형성되며, 이를 이해하기 위해서는 개인의 내면적 특성과 더불어 그가 놓여 있는 환경의 구조와 특성을 함께 고려해야 한다.

사회복지 실천에서는 인간을 '환경 속의 인간(person-in-environment)'으로 바라보는 관점이 핵심적인 이론적 기반을 이룬다. 이는 인간을 개인적인 특성만으로 설명하는 전통적 접근을 넘어서, 환경과의 상호작용 속에서 그의 행동과 삶의 질을 해석하고 개입하는 실천철학을 전제한다. 인간은 가족, 또래, 직장, 지역사회, 제도 및 문화와 같은 다양한 사회체계 내에서 상호작용하며, 이러한 체계들은 인간의 행동 선택과 반응에 직접적 또는 간접적인 영향을 미친다.

'환경 속의 인간' 관점은 클라이언트의 문제를 개인 내부의 결함이나 병리로 환원하지 않고, 그를 둘러싼 환경적 조건과 관계망 속에서 이해하도록 유도한다. 예를 들어, 아동의 공격적 행동을 단순히 기질적 특성으로 해석하기보다는, 가족 내 양육 방식, 학대 경험, 지역사회 내 폭력 노출, 학교 내 배제 경험 등과 같은 환경적 맥락과의 연관성을 분석한다. 이러한 접근은 인간행동의 원인을 다차원적으로 해석할 수 있게 하며, 개입 역시 개인 수준을 넘어 가족, 조직, 지역사회 등 체계 수준으로 확장될 수 있다.

나아가, 사회복지 실천은 인간과 환경의 관계를 단선적 영향이 아닌 상호 구성적인 관계로 본다. 인간은 환경의 영향을 받는 수동적 존재가 아니라, 환경을 해석하고 변화시키는 능동적 주체이기도 하다. 인간은 환경에 적응할 뿐 아니라, 새로운 환경을 창출하거나 기존 조건을 변화시킬 수 있는 잠재력을 지닌 존재이며, 이는 사회복지 실천이 인간의 주체성과 변화 가능성에 주목하는 이유이기도 하다. 이러한 관점은 생태체계이론, 교환이론, 사회구성주의 이론 등 현대 사회복지 이론의 철학적 기반으로 확장된다.

결과적으로 인간은 끊임없이 변화하는 환경과 상호작용하며 자기 자신과 삶의 조건을 재구성해 가는 존재이며, 사회복지 실천은 이러한 상호작용의 역동성을 이해하고 조정하며, 개인과 환경 간의 조화를 촉진하는 실천적 개입을 지향한다.

3) 인간행동의 심리·사회적 특성

인간행동은 생물학적 또는 인지적 요인만으로 환원될 수 없는 다층적 특성을 지닌다. 이는 개인의 내면 구조와 사회적 맥락 간의 복합적인 상호작용의 결과로 이해되어야 하며, 사고 · 정서 · 행동은 가족, 또래, 교육기관, 노동시장, 문화적 제도 등 다양한 사회체계 속에서 형성되고 조정된다. 따라서 사회복지 실천에서는 인간행동을 고립된 행위로 파악하기보다, 개인이 속한 환경과 관계 구조 속에서 통합적이고 맥락적으로 해석하는 접근이 필수적이다.

(1) 문제행동의 심리 · 사회적 맥락 해석

사회복지 실천에서 클라이언트의 문제행동이나 정서 반응을 단편적 증상으로 해석하는 것은 실천의 본질을 간과할 수 있다. 인간행동은 외현적 모습 이면에 심리적 고통, 사회적 갈등, 구조적 소외 등의 심층적 의미를 내포하고 있다. 예를 들어, 반복적인 무단결석을 하는 청소년의 행동은 단순한 규칙 위반이 아니라, 학교 내 소속감 결여, 가정 내 갈등, 또래 집단의 배제, 자기효능감 저하 등 복합적인 요인이 작용한 결과일 수 있다.

사회복지사는 이러한 외적 표현에 국한되지 않고, 행동이 발생한 사회적 맥락과 심리적 과정을 종합적으로 탐색함으로써 근본적이고 지속 가능한 개입 전략을 수립해야 한다.

(2) 다층적 사정을 위한 통합적 접근

인간행동은 다차원적 환경과의 상호작용 속에서 생성되므로, 사회복지사는 단일한 요인이나 특정한 시점의 관찰에만 의존하지 않고, 클라이언트의 삶 전반에 걸친 다층적 맥락을 통합적으로 고려해야 한다. 이러한 맥락에는 클라이언트의 주관적 인식, 가족 및 사회적 관계, 문화적 배경, 지역사회의 지지 자원, 제도적 접근 가능성 등이 포함된다.

사정(assessment)은 단순한 진단 기술이 아니라, 문제의 본질을 구조적으로 이해하고 실천 방향을 설정하기 위한 전문적 탐색 과정이다. 이는 사회복지사의 실천 전문성이 단순한 정보 수집을 넘어, 현상을 구조적으로 파악하고 통합적으로 이해하는 사고력에 기반함을 의미한다.

(3) 행동 변화 가능성에 대한 실천적 관점

심리 · 사회적 특성을 반영한 인간행동의 이해는 변화 가능성을 전제로 하는 실천 철학으로 이어진다. 사회복지 실천은 인간을 환경의 산물로서 수동적으로 반응하는 존재가 아니라, 내면의 회복탄력성과 외부 자원을 활용하여 삶을 재구성할 수 있는 능동적 주체로 간주한다. 이러한 관점은 강점 기반 접근과 밀접하게 연결되며, 클라이언트의 잠재력, 적응력, 문제 해결 능력을 발견하고 강화하는 실천 전략으로 구체화된다.

따라서 사회복지사는 문제행동을 병리화하기보다, 변화 가능한 인간행동의 한 형태로 이해하고, 그 가능성을 현실화하기 위한 개입을 설계하고 수행해야 한다. 이는 인간의 성장과 회복을 가능하게 하는 사회복지의 본질적 목표와도 맞닿아 있다.

4) 인간행동과 사회체계 간의 역동성

인간행동은 개인 내부의 심리적 요인이나 생물학적 특성만으로는 충분히 설명될 수 없다. 인간은 다양한 사회체계와 상호작용하며 행동을 형성하고 조정해 나가는 존재이며, 각 체계는 고유한 구조와 규범을 바탕으로 인간행동에 영향을 미친다.

사회복지 실천은 인간과 환경 간의 관계를 고정된 틀로 보지 않고, 지속적으로 변화하는 유기적이고 상호 구성적인 역동성으로 인식한다. 이러한 관점은 인간행동의 다차원적 요인을 포착하고 복합적 문제를 이해하는 데 있어 분석적이고 통합적인 접근을 가능하게 한다.

특히 생태체계이론은 인간과 환경 사이의 구조적 관계를 분석하는 데 효과적인 틀을 제공하며, 사회복지사는 이를 통해 다양한 사회체계 간의 기능과 연결성을 진단하고 조정함으로써 클라이언트의 삶의 질 향상을 위한 실천 전략을 수립한다.

(1) 인간은 다중 사회체계 속 유기적 존재

인간은 생애 전반에 걸쳐 여러 사회체계에 소속되며, 각 체계는 행동, 감정,

인지, 태도 형성에 영향을 미친다. 예를 들어, 가족은 애착과 정서적 안정의 기반을 제공하고, 교육기관은 사회화와 규범 내재화의 장으로 기능한다. 직장, 지역사회, 제도, 문화는 역할 수행과 정체성 형성에 결정적인 기제를 제공한다.

사회복지 실천은 이러한 체계들을 독립적으로 분리하기보다, 상호작용을 통해 공동의 의미를 구성하는 과정으로 이해한다. 이를 기반으로 문제를 진단하고 실천 전략을 수립하며, 특히 복합적인 사회문제를 다룰 때 각 체계의 상호작용 구조를 파악하는 것은 실천의 효과성과 적절성을 확보하는 데 필수적이다.

(2) 인간행동은 사회체계 간 상호작용의 산물

개인의 행동은 하나의 체계 내에서 단선적으로 발생하는 것이 아니라, 서로 중첩된 사회체계 간의 상호작용 속에서 형성되는 다차원적 결과물이다. 인간은 각기 다른 체계에서 기대되는 역할을 수행하며, 이 과정에서 발생하는 역할 갈등, 자원 부족, 규범 충돌 등의 문제는 행동의 표출로 나타날 수 있다. 예를 들어, 청년의 무기력한 행동은 개인의 성격 문제가 아니라 가족 내 정서적 지지 결핍, 취업 시장의 구조적 불평등, 또래 집단과의 부적응, 정책의 비수용성 등 복합적 체계 요인의 결과일 수 있다. 따라서 사회복지사는 클라이언트를 분석할 때 단편적 특성이나 병리적 요인에 한정하지 않고, 그를 둘러싼 다차원적 환경을 총체적으로 이해해야 한다. 이는 인간을 수동적 반응자로 보지 않고, 환경과의 교섭을 통해 능동적으로 의미를 구성하는 실천의 주체로 이해하는 이론적 전제를 반영한다.

(3) 생태체계적 접근의 활용

브로펜브레너(Bronfenbrenner)의 생태체계이론은 인간행동을 다층적 환경 속에서 설명하기 위한 대표적인 통합이론이다. 그는 인간을 둘러싼 환경을 미시체계(가족, 또래), 중간체계(학교-가정의 연결), 외체계(지역사회 기관, 복지제도), 거시체계(문화, 법, 가치체계), 시간체계(시간적 변화)로 구분하며, 각 체계는 독립적으로 존재하는 것이 아니라 서로 영향을 주고받는 구조로 구성된다고 보았다. 사회복지사는 이 틀을 통해 문제를 단일 요인으로 환원하지 않고, 다양한 수준의 원인을 통합적으로 분석할 수 있다. 예를 들어, 한부모 가정 아동의 학업 부진은 부모의 양육, 학교의 지원, 지역 자원, 정책 접근성 등 복합적 요인의 결과로 이해된다.

(4) 사회복지사의 체계 간 개입과 중재 기능

사회복지사는 클라이언트를 중심으로 다양한 사회체계 간 연결성을 진단하고, 각 체계가 수행하는 역할과 기능을 분석함으로써 효과적인 개입을 모색한다. 특히 체계 간 연계가 단절되었거나 기능이 비효율적으로 작동할 경우, 사회복지사는 중재자(mediator), 조정자(coordinator), 자원 연결자(linker)로서의 역할을 수행해야 한다. 이는 단순히 개별 클라이언트에게 서비스를 제공하는 수준을 넘어서, 클라이언트가 속한 사회체계를 재구조화하거나 체계 간 협력 구조를 활성화하는 방식으로 확장된다. 예컨대 학교-가정-지역사회 간의 협력체계를 강화함으로써 아동의 복지 향상을 도모하는 것, 또는 병원과 복지기관 간의 정보 공유 시스템을 개선하는 방식이 그 예이다. 이러한 접근은 사회복지 실천의 개입 범위를 확장하고, 보다 체계적이고 지속 가능한 변화를 유도한다.

(5) 체계 간 경계의 기능과 행동 문제

각 사회체계는 고유한 경계(boundary)를 지니며, 이 경계는 체계 내부로 유입되는 자원과 정보의 흐름을 조절하는 기능을 수행한다. 그러나 이 경계가 지나치게 폐쇄적이거나 비효율적으로 작동할 경우, 클라이언트는 필요한 자원을 적시에 제공받지 못하거나 배제될 수 있다. 예를 들어, 학교와 복지기관 간의 협력이 부족하여 가정폭력 피해 아동이 적절한 보호 조치를 받지 못하는 사례는 체계 간 경계 문제의 결과이다.

사회복지사는 이러한 경계를 진단하고, 체계 간 자원의 흐름을 조율하여 클라이언트가 균형 잡힌 지원을 받을 수 있도록 돕는다. 이는 사회복지사가 구조적 불균형을 인식하고, 그것을 조정해 나가는 전문적 실천 능력을 필요로 한다.

5) 인간행동의 변화 가능성과 실천 함의

인간행동은 고정된 상태로 존재하지 않으며, 다양한 내적 · 외적 요인의 상호작용 속에서 끊임없이 변화하고 재구성되는 유동적인 속성을 지닌다. 이러한 인간행동의 가소성(plasticity)은 인간이 주어진 환경에 단순히 수동적으로 반응하는 존재가 아니라, 경험과 학습, 사회적 관계, 환경의 자극 등을 통해 자신의 삶과 행동을 스스로 변화시킬 수 있는 능동적 존재임을 시사한다(Baltes, 1987). 사회복지 실천은 이러한 변화 가능성을 실천의 핵심 전제로 삼아, 클라이언트와의 협력적인 관계를 바탕으로 개입의 방향과 전략을 수립한다.

특히 강점 중심 접근은 클라이언트가 지닌 내면의 자원과 외부의 지지체계를 발견하고 이를 활용함으로써, 삶의 긍정적 전환을 유도한다. 이 관점은 개인을 단순히 문제의 집합체로 보는 것이 아니라, 이미 지니고 있는 회복력, 잠재력, 긍정적 경험, 관계적 자산 등을 실천의 자원으로 삼는다. 예를 들어, 반복적인 좌절을 경험한 클라이언트일지라도, 과거의 극복 경험, 신뢰할 수 있는 인간관계, 자기통제력 등의 요소를 토대로 행동의 긍정적 전환을 유도할 수 있다.

더 나아가 행동 변화는 단순한 외적 조정이 아닌, 개인의 정체성과 삶에 대한 인식의 재구성을 포함하는 심층적 과정이다. 이를 위해 사회복지사는 클라이언트의 변화 동기를 촉진하고, 실천적 자원을 조직하여 지속 가능한 변화가 가능하도록 돕는다. 이러한 실천은 인간을 환경에 종속된 존재로 보지 않고, 자신과 환경을 능동적으로 변화시킬 수 있는 역량 있는 주체로 인정하는 철학에 기반한다. 변화는 단지 개인의 의지나 노력에만 의존하지 않으며, 그를 둘러싼 사회구조와 환경적 자원의 변화와도 밀접한 관련이 있기 때문에, 실천가는 다차원적인 환경적 접근과 체계 간 연계를 통해 총체적인 개입을 설계해야 한다.

결국 인간행동은 어느 한 시점의 고정된 결과물이 아니라, 변화 가능성과 회복의 잠재력을 내포한 살아 있는 과정으로 이해되어야 하며, 사회복지 실천은 이러한 가능성을 실현해 나가는 전문적 개입의 연속이라 할 수 있다.

6) 인간행동 이해의 이론적 기반과 통합적 실천

사회복지 실천은 인간행동의 복잡성과 다양성을 깊이 있게 이해하고 해석하는 것을 전제로 이루어지는 실천 지향적 학문이다. 이에 따라 현대 사회복지 실천 현장에서는 인간행동을 설명하고 예측할 수 있는 다양한 이론이 실천의 기초 틀로 활용되고 있다. 대표적으로 생태체계이론은 인간을 둘러싼 환경과의 상호작용을 중심으로 행동의 맥락을 이해하게 하며, 심리사회이론은 내면의 심리적 역동성과 사회적 관계망의 영향을 통합적으로 조망하도록 한다. 또한, 전생애 발달이론은 인간의 발달이 생애 전반에 걸쳐 일어나는 점진적 · 적응적 변화임을 강조하면서, 각 발달 단계에서 나타나는 주요 과업과 행동 특성을 이해하는 데 이론적 토대를 제공한다.

이러한 이론들은 특정 상황이나 문제를 해석하는 데 있어 개별적으로 적용되기보다는, 서로 보완적으로 통합되어 실천 현장에서 융통성 있게 활용되어야 한다. 사회복지사는 클라이언트의 행동을 단일한 이론의 틀에 가두기보다, 다양한 이론적 관점을 유기적으로 연결하여 개별적 상황에 적합한 실천 전략을 구성해야 한다. 이는 곧 이론의 기계적 적용을 지양하고, 클라이언트의 삶의 맥락에 기초한 실천적 판단력을 바탕으로 한 통합적 접근을 요구한다.

특히 최근에는 복잡한 사회문제와 다변화된 클라이언트의 요구에 대응하기 위해 역동적이고 융합적인 이론 활용 능력이 강조되고 있다. 이는 사회복지사가 인간행동을 단일 변수로 환원시키는 것이 아니라, 다차원적 시각으로 통합적으로 파악하고 개입할 수 있는 이론적 감수성과 실천적 역량을 갖추어야 함을 의미한다. 나아가 이론은 단지 설명의 도구를 넘어서, 실천가가 클라이언트와의 관계에서 신뢰를 구축하고 개입의 방향성을 설정하며, 실천 결과를 평가하는 기준으로 작용한다.

결국, 사회복지 실천에서 인간행동 이해를 위한 이론적 기반은 정태적 지식의 습득이 아니라, 상황과 맥락에 적합하게 선택 · 조합 · 재해석할 수 있는 실천적 통찰력으로 전환되어야 한다. 이러한 통합적 이론 활용은 인간의 삶과 행동에 대한 깊은 이해를 바탕으로, 실질적이고 효과적인 개입을 가능하게 하는 전문성의 핵심이라 할 수 있다.

2 인간 발달의 기초

인간 발달은 태아기부터 노년기까지 전 생애에 걸쳐 이루어지는 신체적 · 인지적 · 정서적 · 사회적 변화의 과정을 의미한다. 이는 단순한 성장이나 노화가 아니라, 삶의 질적 성숙과 역할 수행의 확장을 포함하는 통합적 개념이다. 발달은 유전과 환경의 상호작용 속에서, 일정한 방향성과 순서를 따라 개인차를 지닌 채 전개된다. 이러한 인간 발달의 이해는 사회복지 실천에서 클라이언트의 삶의 맥락을 분석하고 개입 전략을 수립하는 데 핵심적 토대를 제공한다.

1) 인간 발달의 개념

인간 발달은 태아기에서부터 노년기까지 전 생애에 걸쳐 일어나는 구조적 · 기능적 변화의 과정을 의미하며, 이는 단순한 신체 성장만이 아니라 심리적 성숙, 사회적 적응을 포함한 다차원적 개념이다. 인간은 고정된 존재가 아니라 시간의 흐름에 따라 지속적으로 변화하며, 이러한 발달은 신체 · 정서 · 인지 · 사회적 영역의 통합적 변화로 이해된다.

(1) 성장의 개념

성장은 주로 신체적 측면에서의 양적 증대를 의미하며, 체중이나 키, 장기의 크기, 기능 향상과 같은 생물학적 지표의 변화로 표현된다. 성장은 발달의 한 요소로서, 생리적 · 기초적인 기반을 제공하며 이후의 정서적 · 인지적 발달을 위한 조건이 된다.

(2) 성숙의 개념

성숙은 유전적으로 예정된 신체적 · 심리적 기능이 자연스럽게 발현되는 질적 변화 과정을 의미한다. 이는 특정 기능이나 행동이 나타날 수 있는 준비 상태를 의미하며, 예컨대 보행이나 언어 사용 등은 일정한 성숙 수준에 도달해야 가능해진다. 성장은 성숙의 양적 기반이며, 성숙은 발달의 질적 전환을 가능하게 한다.

(3) 학습의 개념

학습은 개인이 환경과의 상호작용을 통해 경험적으로 습득하고 내면화한 행동의 변화 과정을 말한다. 학습은 주로 문화적 · 사회적 맥락에서 이루어지며, 개인이 성숙한 기능을 어떻게 활용하고 확장할 수 있는지를 결정짓는다. 따라서 학습은 환경에 의해 유도되는 발달이며, 인간행동 변화의 중요한 원천이다.

2) 인간 발달의 원리

인간 발달의 원리는 유전과 환경의 상호작용을 기반으로 일정한 방향성과 순서를 따라 진행되며, 이는 장기적인 흐름 속에서 단기적 변화를 수반하는 복합적 과정이다. 발달은 개인차를 포함하며, 분화와 통합의 과정을 통해 점차 정교화되고 조직화된다. 또한 예측 가능성을 지니면서도 환경적 변인에 따라 유동적으로 전개되기 때문에 고정된 결과로 환원될 수 없다. 발달의 각 영역은 상호 밀접하게 연결되어 있으며, 이러한 통합적 이해는 인간행동의 전반을 설명하는 데 필수적이다.

(1) 유전과 환경의 상호작용

인간 발달은 유전적 요인과 환경적 요인이 상호작용하는 복합적 과정으로 이해된다. 유전은 발달의 생물학적 기반과 잠재력을 제공하며, 환경은 이러한 잠재력을 실현하는 자극과 기회를 제공한다. 최근 발달이론은 유전과 환경을 이분법적으로 구분하기보다 상호 보완적이고 역동적인 체계로 파악한다. 예컨대 언어 능력은 유전적으로 언어 처리에 유리한 신경구조가 전제되어야 하지만, 언어 자극이 풍부한 환경에서야 비로소 그 능력이 실현된다. 따라서 발달은 유전과 환경이 지속적으로 상호작용하는 과정 속에서 이루어진다.

(2) 일정한 방향성과 순서성

발달은 무질서하게 일어나는 것이 아니라, 비교적 일정한 방향과 예측 가능한 순서를 따른다. 신체 발달의 경우, 상체에서 하체로, 중심에서 말초로 진행되는 방향성을 보이며, 대근육 운동에서 소근육 운동으로 발달하는 경향이 있다. 이러한 순서성은 발달의 일반적인 구조와 단계성을 이해하는 데 중요한 기준이 되며, 사회복지 현장에서 클라이언트의 발달 상태를 판단하는 참조 틀로 활용될 수 있다.

(3) 장기적 발달과 단기적 발달

발달은 전 생애를 아우르는 장기적 과정을 지니며, 동시에 다양한 단기적 변화가 포함된다. 예컨대 성격 형성은 오랜 시간에 걸친 발달의 결과이지만, 특정 사건(예 사고, 상실, 진학, 이직 등)에 따라 단기간에 정서적 반응이나 행동 양상이 급변할 수 있다. 사회복지사는 이와 같은 장기와 단기의 발달 양상을 통합적으로 고려함으로써, 개입 시점과 전략을 유연하게 조정할 수 있다.

(4) 개인차의 존재

인간 발달은 공통된 경향성을 지니지만, 동시에 개인차가 존재한다. 개인차는 유전, 기질, 가족 환경, 교육, 문화적 배경 등의 요인에 따라 발생하며, 같은 연령대의 아동이라도 인지, 정서, 사회성 발달 수준은 다르게 나타난다. 발달의 개인차를 이해하는 것은 사회복지 실천에서 '정상 발달'의 고정된 틀을 넘어서, 클라이언트 개개인의 고유한 성장 경로를 존중하는 개별화된 접근의 기초가 된다.

(5) 분화와 통합의 과정

발달은 단순한 구조와 기능이 점차 정교해지고 세분화되는 분화의 과정을 수반하며, 이와 동시에 서로 다른 기능과 능력이 하나의 통합된 구조로 조직화되는 통합의 과정을 동반한다. 예를 들어, 초기 유아기의 정서는 단일한 형태로 표현되다가 시간이 지남에 따라 다양한 감정으로 분화되며, 이후 언어와 행동으로 통합적으로 표현된다. 이는 곧 발달이 단순성에서 복잡성으로 나아가는 방향성을 지님을 보여 준다.

(6) 발달 경향 예측의 어려움

발달은 비교적 일정한 경향을 따르지만, 그 구체적인 양상이나 속도는 쉽게 예측하기 어렵다. 급격한 환경 변화나 개인의 위기 상황, 사회 · 문화적 변화는 발달 경로에 중대한 영향을 줄 수 있으며, 때로는 예기치 못한 반응이나 결과를 초래하기도 한다. 따라서 사회복지사는 발달을 기계적 또는 선형적 과정으로 보지 않고, 다양한 가능성과 돌발성을 고려한 유연한 개입이 필요하다.

(7) 발달 영역 간의 상관성

발달의 다양한 영역은 서로 독립적인 것이 아니라 상호 의존적이다. 신체 발달이 인지 기능에 영향을 미치고, 정서적 안정은 사회적 관계 형성에 긍정적 영향을 준다. 예컨대 언어 발달이 지연된 아동은 의사소통의 어려움으로 인해 또래와의 관계에서 소외감을 경험할 수 있으며, 이는 정서적 위축으로 연결될 수 있다. 따라서 발달을 하나의 영역에 국한하지 않고, 통합적 관점에서 이해하는 것이 중요하다.

3 발달이론과 실천

사회복지 실천은 인간 삶의 문제를 단편적으로 해결하는 데 그치지 않고, 인간의 전 생애를 아우르며 총체적으로 이해하고 지원하는 전문적 활동이다. 이에 따라 실천 현장에서 사회복지사는 클라이언트의 욕구를 정확히 파악하고, 적절한 개입 전략을 수립하기 위해 인간행동과 인간 발달에 대한 이론적 지식을 필수적으로 갖추어야 한다. 특히 인간 발달에 관한 이해는 클라이언트가 처한 현재의 삶의 단계와 맥락을 진단하고, 그에 따른 과업과 도전, 위기와 적응의 의미를 해석하는 데 핵심적인 역할을 한다.

1) 사회복지 실천 기반의 발달 지식의 의의

인간 발달은 단지 연령에 따른 신체적 변화만이 아니라, 심리적 · 사회적 · 정서적 측면에서의 점진적 변화와 적응의 과정을 포함한다. 이러한 발달 과정은 사회적 상호작용, 가족 구조, 문화적 맥락 등 다양한 요인들과 긴밀하게 연결되어 나타나며, 각 발달 단계는 특정한 과업과 요구를 수반한다. 사회복지사는 이처럼 복합적인 발달 과정을 통합적으로 이해함으로써, 클라이언트의 삶을 '문제가 있는 상태'로 단정하기보다, 해당 발달 시기에서 자연스럽게 발생할 수 있는 적응의 문제로 인식하고, 보다 실효성 있는 개입을 설계할 수 있다.

예를 들어, 청소년기의 반항적 행동이나 성인 초기의 정체감 혼란은 단지 일탈이나 병리적 현상이 아닌, 그 시기 특유의 발달적 과제에 대한 반응일 수 있다. 이러한 이해는 문제에 대한 병리적 시각을 최소화하고, 발달 지연이나 발달 위기의 맥락 속에서 개입할 수 있는 기초를 제공한다.

2) 클라이언트 사정에서의 발달적 시각의 중요성

사회복지 실천에서 사정(assessment)은 단순히 문제를 기술하는 행위가 아니라, 클라이언트의 삶의 궤적과 현재 상태를 맥락적으로 이해하기 위한 분석 과정이다. 이때 인간 발달에 관한 이론은 클라이언트의 연령, 경험, 정서 상태, 대인관계, 역할 수행 등을 평가하는 데 있어 해석적 기준을 제공한다.

특히 발달 단계에 따른 일반적 특성과 개인의 실제 삶의 양상을 비교함으로써, 발달상 지연 여부, 과업의 미완수, 전환기에 따른 위기 존재 여부 등을 진단할 수 있다. 이는 사정의 정확도를 높이는 동시에, 개입의 초점과 목표를 명확히 설정하는 데 기여한다.

3) 개입 전략 수립에서의 발달이론의 실천적 역할

개입은 사정 결과를 바탕으로 이루어지는 구체적인 실천 과정이며, 이 과정에서 발달이론은 개입의 방향과 방법을 구성하는 준거 틀로 작용한다.

클라이언트가 현재 어떤 발달 단계에 있으며, 그 단계에서 요구되는 사회적 · 심리적 · 정서적 과업이 무엇인지에 대한 명확한 이해는 개입의 적절성과 효과성을 결정짓는 핵심 요소이다.

예를 들어 아동을 대상으로 한 개입에서는 놀이, 언어, 애착 형성과 같은 발달적 요구에 초점을 맞추어야 하며, 청년기의 경우에는 정체감 형성, 자율성 확립, 직업 선택 등의 과제를 중심으로 접근해야 한다. 노인의 경우에는 상실 경험의 수용, 역할 재구성, 삶의 의미 탐색이 중심이 되며, 이에 따라 상담, 정서적 지지, 사회적 관계망 연결 등의 실천 전략이 개발된다.

4) 발달적 변화에 따른 환경과 자원의 조정

인간 발달은 개인 내부의 변화만이 아니라, 환경과의 끊임없는 상호작용 속에서 이루어진다. 따라서 사회복지사는 클라이언트의 발달 특성과 환경 조건을 함께 고려하여 자원을 조정하고, 환경을 변화시킬 수 있는 실천 전략을 설계할 필요가 있다. 이는 곧 발달 지식이 실천 현장에서 개입의 틀을 개인 내부에만 한정하지 않고, 가정, 학교, 직장, 지역사회 등 다양한 차원으로 확장시키는 실천적 유연성을 가능케 한다.

예를 들어, 발달장애 아동의 행동 문제는 단지 개인의 결함이 아닌, 또래관계의 부재, 교사의 이해 부족, 지역사회 자원의 미흡 등 환경 요인과 연관되어 있을 수 있으며, 이에 대한 개입은 단일한 행동 수정보다 훨씬 포괄적이고 구조적인 조정이 요구된다.

5) 실천 현장에서의 감수성과 통합적 이해

발달이론은 클라이언트의 문제와 그 원인을 이해하기 위한 인식의 틀을 제공하지만, 그것이 절대적 기준이나 일률적인 개입 지침이 될 수는 없다. 사회복지사는 이론에 대한 비판적 사고를 바탕으로, 발달이론을 클라이언트의 삶에 맞게 해석하고 통합할 수 있는 실천적 감수성을 갖추어야 한다.

각 개인은 고유한 생애 경험과 문화적 배경, 사회적 위치 속에서 발달하므로, 이론적 기준을 경직되게 적용하는 것은 오히려 실천의 한계를 초래할 수 있다.

따라서 사회복지사는 발달이론을 도식화된 틀로서가 아니라, 삶을 통합적으로 이해하기 위한 유연한 해석 도구로 활용해야 하며, 이를 통해 보다 정교하고 인간 중심적인 개입을 실현할 수 있다.

4 성격이론과 실천

사회복지 실천은 인간을 이해하고 지원하는 전문적 과정이며, 이는 단순히 외현적 행동을 파악하는 데 그치지 않고, 그 행동의 배경이 되는 내면의 정서, 사고, 성향 등을 종합적으로 해석할 수 있는 능력을 요구한다. 이러한 이해의 중심에는 '성격(personality)'이라는 개념이 존재하며, 성격이론은 인간의 행동 특성, 감정 조절 방식, 대인관계 유형, 변화 가능성 등을 분석하는 틀을 제공한다. 따라서 성격이론은 사회복지사가 클라이언트에 대한 정확한 사정과 효과적인 개입을 수행하는 데 필수적인 이론적 자산이다.

1) 성격이론을 학습하는 이유

사회복지 실천은 인간의 고유성과 복잡성을 인정하고, 각 개인이 지닌 심리적·사회적 특성을 이해하는 데서 출발한다. 이 가운데 성격은 인간행동의 일관성과 예측 가능성에 영향을 주는 핵심 개념으로, 개인이 환경에 어떻게 반응하고, 어떤 방식으로 대처하며, 어떤 관계 양식을 형성하는지를 파악하는 데 중요한 역할을 한다. 성격이론은 인간 내면의 구조와 동기를 이해하고, 클라이언트의 반복적 행동 양식에 대한 해석을 가능하게 하며, 실천 현장에서의 사정 및 개입 전략 수립에 근거를 제공한다.

2) 성격의 안정성과 일관성 이해

성격은 시간과 상황을 초월하여 비교적 일관된 특성을 유지하는 경향이 있으며, 이러한 안정성은 사회복지 실천에서 대상자 이해와 개입 지속성 판단에 중요한 기준이 된다.

특정 성격 특성은 위기 상황에서 더욱 두드러지며, 반복적인 행동 패턴을 통해 삶의 문제와 연결된다. 예를 들어, 불안 민감성이 높은 사람은 변화에 대한 두려움으로 인해 사회적 관계에서 위축을 보일 수 있으며, 이는 성격의 안정성과 관련된 결과로 해석될 수 있다.

사회복지사는 클라이언트의 성격적 특성이 단순한 개별 사건에 따른 반응이 아니라, 생애 전반에 걸쳐 형성된 지속적인 경향임을 인식함으로써, 보다 현실적이고 지속 가능한 개입 목표를 설정할 수 있다.

3) 환경 속 인간관의 실천적 수용

성격이론은 인간을 고정된 존재로 보지 않고, 환경과의 상호작용 속에서 발달하고 변화하는 존재로 이해하게 한다. 이는 곧 '환경 속의 인간(person-in-environment)' 관점과도 일맥상통한다. 인간은 가족, 또래, 조직, 지역사회 등 다양한 사회체계 속에서 사회화되며, 그 과정에서 형성된 경험은 성격 특성에 반영된다.

사회복지 실천에서 이 관점을 수용한다는 것은, 문제의 원인을 개인 내부에만 두지 않고, 클라이언트를 둘러싼 환경 요인을 함께 분석하고 개입한다는 것을 의미한다. 예를 들어, 공격성이 높은 클라이언트를 단순히 성격 문제로 간주하기보다는, 아동기 학대 경험, 낮은 자기통제 기술, 빈곤과 같은 사회적 요인을 종합적으로 고려하는 것이 보다 실효성 있는 접근이 된다.

4) 생애 발달과 성격 형성의 상호관계

성격은 고정된 특성이 아니라 생애 전반에 걸쳐 형성되고 변화하는 속성을 지닌다. 아동기에는 양육자와의 애착관계가, 청소년기에는 자아정체감의 확립이, 성인기에는 역할과 책임 수행이 성격 형성에 중요한 기제로 작용한다. 특히 심리·사회적 전환기에서 경험하는 도전과 위기는 성격적 특성을 강화하거나 변화시키는 계기가 될 수 있다.

사회복지사는 생애주기적 관점에서 클라이언트의 성격을 이해하고, 현재의 행동 특성이 과거의 발달 맥락과 어떻게 연결되는지를 분석함으로써, 내담자에 대한 통합적 사정이 가능해진다. 이를 통해 성격을 병리화 하기보다, 발달적 결과로 이해하고 성장의 기회를 제공하는 실천을 도모할 수 있다.

5) 인간행동의 환경적 맥락에 대한 감수성

성격은 개인 내부의 심리 구조일 뿐만 아니라, 문화적 규범, 사회적 기대, 제도적 억압 등 환경적 요소들과 지속적으로 상호작용하며 형성된다. 같은 성격 특성이라 하더라도 그것이 발현되는 방식은 사회적 맥락에 따라 달라진다. 예컨대 자기주장이 강한 성격은 어떤 문화에서는 리더십으로, 다른 문화에서는 불손함으로 해석될 수 있다.

사회복지사는 이러한 맥락성을 고려하여 클라이언트를 이해해야 하며, 성격적 특성을 있는 그대로 수용하는 '비판적 감수성(critical sensitivity)'을 갖추어야 한다. 이는 문화적 다양성, 성역할 고정관념, 세대 차이 등을 고려한 실천을 가능하게 하며, 이론의 기계적 적용을 방지하는 데 기여한다.

6) 인간의 인지 발달과 성격적 해석

성격은 감정과 행동뿐만 아니라, 사고의 틀과 신념체계와도 밀접하게 관련되어 있다. 인간은 자신과 타인, 세계에 대한 해석을 통해 행동을 조직하며, 이는 곧 성격의 인지적 측면으로 연결된다. 사고의 오류, 왜곡된 자기인식, 비현실적인 기대 등은 성격적 경향성과 함께 작용하여 삶의 문제를 고착화할 수 있다.

사회복지 실천에서는 클라이언트의 인지적 틀을 이해하고, 필요한 경우 인지 재구성을 통해 긍정적인 자기개념과 대인관계를 형성할 수 있도록 지원하는 전략이 필요하다. 특히 인지행동 중심 접근은 이러한 인지-성격 구조를 바탕으로 효과적인 개입을 제공한다.

7) 인간 중심 철학의 실현

성격이론은 인간을 단순히 분석의 대상으로 보는 것이 아니라, 존엄성과 가능성을 지닌 존재로 이해하도록 돕는다. 이는 사회복지의 핵심 가치인 인간 존엄성, 자율성, 성장 가능성에 기반한 실천과 일치한다. 인간 중심 접근은 성격의 병리화보다는 잠재력의 인식, 통제보다는 관계 중심의 개입을 지향하며, 성격적 특성을 있는 그대로 수용하는 비판적 공감의 실천을 강조한다.

성격이론은 이러한 인간 중심 철학을 이론적으로 뒷받침하고, 실천가가 클라이언트를 평가할 때 판단적 태도에서 벗어나 존중, 수용, 진정성을 바탕으로 개입할 수 있도록 돕는다. 이는 궁극적으로 실천 현장에서 관계의 질을 높이고, 클라이언트의 자기효능감과 자아 성장을 촉진하는 기반이 된다.

요점정리

- 인간 발달은 신체 · 인지 · 정서 · 사회적 영역이 상호작용하며 평생에 걸쳐 진행된다. 발달은 단순히 연령 순서대로만 이루어지지 않고, 개인의 경험과 환경, 문화적 배경에 따라 속도와 양상이 다양하게 나타난다. 이러한 차이는 개인의 적응 방식과 삶의 질에 직접적인 영향을 미친다.
- 발달이론은 인간행동을 이해하는 중요한 틀을 제공하며, 각 발달 단계에서 요구되는 과업과 위기를 파악하는 것은 효과적인 사회복지 개입의 기초가 된다. 사회복지사는 이를 토대로 내담자의 현재 발달 상태를 평가하고, 단계별 특성과 욕구에 맞춘 맞춤형 지원 계획을 세울 수 있다.
- 성격이론은 개인의 행동 양식과 심리적 특성을 설명하고, 환경과의 상호작용 속에서 변화를 유도할 수 있는 실천적 방향을 제시한다. 사회복지사는 성격이론을 활용하여 내담자가 자신의 강점을 인식하고, 부적응 행동을 완화하며, 성장과 자아실현을 향해 나아가도록 돕는다.

생각해 볼 문제

1. 발달이론이 사회복지 실천에서 중요한 이유는 무엇인가?
2. 생애주기 관점에서 본인의 발달 과정을 간략히 서술하시오.
3. 성격이론을 활용한 개입이 필요한 사례를 예로 들어 설명하시오.

PART 02

인간행동 이론의 이해

Chapter 02

정신분석이론

개 요

정신분석이론은 19세기 말 생리학 · 해부학 · 신경학적 탐구와 철학 · 문학 사조가 교차하는 역사적 맥락 속에서 발전한 심층심리학 이론이다.

프로이트는 당시 의학으로 설명할 수 없던 히스테리와 신경증의 치료를 위해 파리 살페트리에르 병원의 샤르코 연구, 그리고 브로이어의 '안나 오(Anna O.)' 사례에서 영감을 받아 자유연상 및 카타르시스 기법을 개발하였다. 그는 『히스테리 연구』(1895)와 『꿈의 해석』(1900)을 통해 의식 · 전의식 · 무의식이라는 지형학적 모델, 원초아(Id) · 자아(Ego) · 초자아(Superego)로 구성된 구조모형, 구강기 · 항문기 · 남근기 · 잠복기 · 생식기 등 심리성적 발달 단계 이론을 제시하였다.

프로이트는 리비도(libido)라는 정신 에너지가 각 성격 발달 단계에서 갈등과 고착을 유발하며, 그로 인한 불안을 자아가 방어기제를 통해 완화한다고 설명하였다. 정신분석이론은 인간의 무의식적 갈등을 분석하는 데 효과적인 틀을 제공하며, 사회복지 · 교육 · 조직 · 문화 영역 등에서 깊이 있는 사례 분석과 개입 전략 수립에 기반을 제공하는 견고한 이론적 토대가 된다.

학습목표

1. 프로이트의 생애와 정신분석이론의 형성 배경을 설명할 수 있다.
2. 정신분석이론의 주요 개념과 성격 발달 단계를 이해하고 설명할 수 있다.
3. 정신분석이론을 활용한 사회복지 실천 개입 전략을 수립할 수 있다.

1 이론적 배경

정신분석이론의 기원은 19세기 후반 유럽의 의학, 철학, 문학, 자연과학이 교차하던 지점에서 형성되었다. 당시 생리학·해부학 중심의 의학은 히스테리나 신경증과 같은 심리적 증상을 충분히 설명하지 못하고 있었다. 프로이트(Sigismund Freud)는 1885년 파리 살페트리에르 병원에서 장 마르탱 샤르코(Jean-Martin Charcot)의 최면과 히스테리 연구를 관찰하며, "심리적 갈등이 신체 증상으로 표출될 수 있다"는 중요한 통찰을 얻게 되었다(Freud, 1900).

이후 프로이트는 동료 요제프 브로이어(Josef Breuer)와 함께 히스테리 환자 '안나 오(Anna O.)' 사례를 분석하면서 자유연상과 카타르시스 기법을 발전시켰고, 1895년 『히스테리 연구』에서 억압과 무의식 개념을 본격적으로 제시하였다(Breuer & Freud, 1895).

정신분석이론은 여러 철학자들의 사상적 영향을 받았다. 니체(F. Nietzsche)는 인간 본질을 '의지의 힘(Wille zur Macht)'으로 보았고, 프로이트는 이를 무의식적 충동을 '심리적 에너지'로 이해하는 틀에 적용하였다. 쇼펜하우어(A. Schopenhauer)의 '의지로서의 세계' 개념은 인간행동의 원동력을 무의식적 의지로 파악하는 이론적 기반이 되었으며, 다윈(C. Darwin)의 진화론은 본능적 충동이 종의 생존과 번영에 기여한다는 시각을 제공하였다. 프로이트는 이를 발전시켜 에로스(Eros)와 타나토스(Thanatos)라는 본능 이론을 확립하였다. 또한 페히너(G. T. Fechner)의 '심신평형설'은 의식과 무의식 간 경계를 탐구하는 지형학적 모형의 사상적 배경이 되었다.

1900년 『꿈의 해석』에서 프로이트는 꿈 작업의 메커니즘(압축, 이동, 시각화, 상징화, 2차 정교화)을 제시하며, 지형학적 모형(의식·전의식·무의식)과 구조모형(원초아·자아·초자아), 그리고 심리성적 발달 단계를 통합하였다. 그는 리비도(libido)를 생명 본능의 에너지로 정의하고, 인간이 구강기·항문기·남근기·잠복기·

생식기의 발달 단계를 거치며 갈등과 고착(fixation)을 경험한다고 보았다. 이러한 갈등이 해결되지 않을 경우 불안으로 표출되며, 자아는 방어기제를 통해 이를 완화한다(Freud, A., 1936).

프로이트의 정신결정론(psychic determinism)은 모든 정신 현상이 무의식적 원인과 과거 경험에 의해 결정된다고 전제한다. 이에 따라 그는 자유연상, 꿈 해석, 전이 분석을 핵심 치료 기법으로 사용하였다(Freud, 1926). 생물학과 신경학의 진보는 프로이트로 하여금 무의식적 과정과 뇌 메커니즘의 연관성을 탐구하게 했으며, 철학·문학 담론은 무의식의 상징성과 인간 내면의 복합성을 사유하게 했다.

결국, 정신분석이론은 의학·과학적 연구와 인문·철학적 사유가 결합된 융합 학문으로 자리 잡았으며, 이후 심리치료뿐 아니라 사회복지, 교육, 문화 연구 전반에서 인간 내면의 갈등을 이해하고 개입 전략을 수립하는 핵심 이론적 기반이 되었다.

2 프로이트의 생애

지그문트 프로이트
(Sigmund Freud,
1856~1939)

지그문트 프로이트(Sigmund Freud)는 1856년 오스트리아 제국령 모라비아 지역 프라이베르크(Freiberg in Mähren)에서 유대인 가정의 장남으로 태어났다. 아버지 야콥 프로이트(Jakob Freud)는 양모 거래 상인이자 전통적 유대 문화를 지닌 인물로, 40세에 20세 연하 아말리아 나타손(Amalia Nathanson)과 세 번째 결혼을 하였으며, 이듬해 아말리아의 첫 아들로 프로이트가 태어났다(Gay, 1988).

그는 두 명의 이복형과 일곱 명의 친동생 사이에서 성장하며, 가족 내 위계와 복잡한 감정 관계 속에서 초기 정신세계의 토대를 형성하였다. 아버지에게는 권위적이고 엄격한 이미지를 느끼며 내면적 반감을 품었고, 어머니와는 밀접하고 애착적인 관계를 맺어 평생 이상화된 감정을 유지하였다(Ellenberger, 1970). 이러한 부모와의 관계 경험은 훗날 그가 초자아 개념과 오이디푸스 콤플렉스 이론을 정립하는 심리적 기반이 되었다(Hall & Lindzey, 1978).

야콥은 어린 프로이트에게 성경과 히브리어, 역사 등을 가르쳤으며, 그는 라틴어 · 그리스어 · 철학 · 문학 · 생물학에 두루 재능과 관심을 보였다. 17세에 비엔나대학교 의과대학에 입학한 그는 처음에는 자연과학과 철학에 매료되었으나 곧 생리학과 신경학으로 연구 방향을 전환하였다. 에른스트 브뤼케(Ernst Brücke)의 지도를 받아 신경생리학을 연구하며 의학박사 학위를 취득한 뒤, 뇌해부학과 신경계 질환 연구로 학문적 경력을 쌓았다.

1885년 오스트리아 정부의 장학금을 받아 파리 살페트리에르 병원에서 장 마르탱 샤르코(Jean-Martin Charcot)의 최면 · 히스테리 연구를 관찰하였고, 이를 통해 신경증의 심리적 원인과 무의식 개념에 대한 초기 통찰을 얻었다. 1886년 빈으로 돌아와 진료소를 개업하고 신경증 환자 치료를 시작했으며, 같은 해 마르타 베르나이스(Martha Bernays)와 결혼하였다(Jones, 1953).

이 시기 그는 요제프 브로이어(Josef Breuer)와 함께 히스테리 환자 '안나 O.' 사례를 분석하며 억압 개념과 자유연상 기법의 기초를 마련하였다. 두 사람은 『히스테리 연구』(1895)를 공동 집필하여 무의식적 갈등이 신경증 증상의 원인임을 주장하였다. 이어 『꿈의 해석』(1900)을 통해 무의식이 인간 정신 활동의 중심임을 본격적으로 제시하며, 꿈 · 실수행동 · 자유연상 · 신경증 증상을 무의식 탐색의 주요 경로로 삼았다.

1909년 그는 미국 클라크대학교에서 정신분석 강의를 하였고, 1910년 국제정신분석학회를 창립하였다. 칼 융(C. G. Jung), 알프레드 아들러(Alfred Adler), 빌헬름 슈텔켈(Wilhelm Stekel) 등과 함께 정신분석 운동을 확산시켰으나, 이론적 견해 차이로 융과 아들러와 결별하고 독자적인 이론 체계를 확립하였다.

대표 저작으로는 『정신분석학 입문』(1917), 『자아와 이드』(1923), 『문명 속의 불만』(1930) 등이 있으며, 그의 문명 비판적 통찰은 독일 프랑크푸르트시로부터 괴테 문학상을 수여받는 계기가 되었다. 그는 자녀들과도 깊은 유대를 유지했으며, 특히 막내딸 안나 프로이트(Anna Freud)와는 학문적·정서적으로 긴밀한 협력 관계를 맺었다. 안나는 방어기제 이론을 체계화하고 자아심리학 발전에 기여하였다.

말년의 프로이트는 구강암으로 32차례 수술을 받으면서도 연구와 저술을 이어갔다. 1938년 나치의 탄압을 피해 영국 런던으로 망명하였으며, 1939년 9월 23일 런던에서 생을 마감했다. 그는 인간 심리를 무의식의 심층 구조로 설명한 선구자로서, 정신의학과 심리치료를 넘어 교육, 철학, 문학, 예술 등 광범위한 분야에 지대한 영향을 남겼다.

3 인간관과 기본 관점

1) 인간관

정신분석이론은 인간을 이성적 존재가 아니라 무의식적 욕구와 내면 갈등에 영향을 받는 심리적 존재로 이해한다. 겉으로는 의식이 사고와 행동을 조절하는 것처럼 보이지만, 실제로는 억압된 욕망·충동·감정이 결정적 역할을 한다. 인간은 본능과 사회적 규범, 현실 요구 사이에서 끊임없이 갈등하며 자아는 이를 조절하기 위해 다양한 방어기제를 형성한다. 이러한 방어는 불안을 완화하고 현실에 적응하려는 전략으로 작용하며 성격과 행동에 영향을 준다. 정신분석이론은 유아기 경험과 부모와의 애착·정서 교류가 성격 형성의 기초라고 본다. 초기 경험에서 비롯된 심리 구조는 반복적으로 나타나며 성숙한 성격 또는 심리적 병리로 이어진다. 이처럼 정신분석은 무의식의 힘과 발달 경험을 통해 형성되는 인간의 복합적 존재를 설명하는 이론이다.

2) 기본 관점

정신분석이론은 인간 심리를 설명하기 위해 다음 네 가지 기본 관점을 토대로 한다.

(1) 정신결정론(Psychic Determinism)

정신결정론은 모든 정신 현상이 단순한 우연이나 무작위가 아니라, 무의식적 동기와 과거 경험에 의해 결정된다는 관점이다. 인간의 사고·감정·행동은 외면적으로 드러난 이유만으로는 충분히 설명될 수 없으며, 말실수·꿈·증상·방어기제 등은 모두 내면의 갈등이나 억압된 욕구의 표현으로 해석된다(Freud, 1926).

프로이트는 "우연한 정신 현상은 없다"고 보았으며, 자유연상과 꿈 분석을 통해 무의식 구조와 증상 형성 과정을 탐색하고, 그 이면의 결정 요인을 드러내고자 하였다(Freud, 1913). 이러한 정신결정론은 행동의 표면을 넘어, 그 심층 심리 과정을 규명하려는 정신분석적 탐구의 출발점이자, 모든 임상 개입과 이론 발전의 근간이 되는 관점이다.

(2) 무의식의 우위(Unconscious Primacy)

무의식의 우위란 인간 정신 활동의 대부분이 의식 너머의 무의식에 의해 주도된다는 관점이다. 프로이트는 의식을 정신 구조의 극히 일부분으로 보고, 무의식은 억압된 욕망·기억·충동을 저장하고 조절한다고 설명하였다. 무의식은 꿈, 실수, 방어기제를 통해 표출되며, 이러한 표현을 해석함으로써 진정한 심리 과정을 이해할 수 있다고 보았다.

자유연상, 꿈 분석, 전이 해석 등 정신분석 기법은 행동의 표면적인 원인 너머에 존재하는 깊은 동기를 탐색하는 데 이론적 근거를 제공한다.

(3) 역동적 갈등(Dynamic Conflict)

역동적 갈등은 원초아의 즉각적 욕구, 초자아의 도덕적 금기, 자아의 현실 조정 기능이 상호작용하며 형성되는 심리적 긴장을 말한다. 원초아는 쾌락 원칙에 따라 본능적 충동을 추구하고, 초자아는 내면화된 사회적 · 도덕적 규범을 통해 이를 억제한다. 자아는 이 둘을 현실 원칙에 부합되도록 중재 · 조정하며, 이 과정에서 발생하는 불안을 완화하기 위해 방어기제를 동원한다(Freud, 1923).

반복되는 내적 갈등은 성격 특성과 행동 양식을 형성하고, 정신분석 치료는 자유연상, 꿈 분석, 전이 해석 등을 통해 갈등의 무의식적 구조를 밝혀내어 자아 기능의 강화를 도모한다.

(4) 발달 단계론(Developmental Stages)

발달 단계론은 프로이트가 제안한 이론으로, 리비도 에너지가 인간 생애 초기 다섯 단계(구강기, 항문기, 남근기, 잠복기, 생식기)를 순차적으로 거치며 성격이 형성된다고 보는 관점이다. 각 단계에서의 갈등을 성공적으로 해결하는 정도는 성인기의 성격 특성과 대인관계 양상에 영향을 미친다. 반면, 갈등이 충분히 해소되지 못할 경우 고착(fixation)이 발생하여 특정 성격 경향이 강화된다(Freud, 1905). 이러한 발달 단계론은 아동기의 경험이 성인기의 대인관계, 성격 특성, 적응 방식에 깊은 영향을 미친다는 점을 설명한다.

이 네 가지 기본 관점은 무의식적 동기 탐색, 치료적 통찰(insight), 방어기제 분석, 발달 사정 등 정신분석적 상담과 사회복지 실천에서 핵심 이론적 틀을 제공한다.

4 주요 개념

1) 정신결정론(Psychic Determinism)

정신결정론은 인간의 생각·감정·행동을 포함한 모든 심리적 현상이 단순한 우연이 아니라 반드시 특정한 원인에 의해 결정된다는 관점이다(Freud, 1917). 프로이트는 그 원인을 주로 무의식적 동기와 어린 시절의 경험에서 찾았다.

그에 따르면 말실수, 꿈의 내용 등 겉으로는 사소하거나 무의미해 보이는 현상조차도 무의식 속에 억압된 욕구와 갈등이 변형된 형태로 드러난 것이다. 인간의 정신 활동은 본능적 충동에 의해 움직이며, 억압된 충동은 직접적으로 표현되지 못할 경우 다른 심리적·행동적 양식으로 표출된다.

정신결정론은 크게 두 가지 하위 관점으로 구분된다.

- **무의식 결정론**(Unconscious Determinism) : 인간행동의 상당 부분이 의식적으로 자각되지 않는 무의식적 힘에 의해 결정된다는 관점이다. 무의식 속 억압된 욕구, 소망, 갈등, 그리고 초기 경험이 현재의 심리와 행동 양상에 깊은 영향을 미친다.
- **심리성적 결정론**(Psychosexual Determinism) : 유아기와 아동기의 심리성적 발달 경험이 성인기의 성격 형성에 결정적 영향을 미친다는 관점이다. 각 발달 단계에서 리비도(성적 에너지)가 어떻게 충족되고 갈등이 어떻게 해결되는지가 성격 특성을 '결정'한다.

이러한 정신결정론은 인간을 자유롭고 합리적인 존재로 보았던 당대의 주류 관념에 도전하며, 인간행동의 숨겨진 원인과 복합성을 탐구하는 새로운 틀을 제시했다. 다만, 인간의 자유의지와 변화 가능성을 과소평가한다는 비판도 받았다. 그럼에도 불구하고, 정신결정론은 심리학·정신의학·사회복지 등 다양한 분야에서 인간 이해와 개입 전략 수립의 핵심 이론적 기반으로 자리 잡고 있다.

2) 리비도(Libido)

리비도는 정신분석이론에서 인간의 심리적 에너지 또는 동기를 설명하는 핵심 개념이다. 초기에는 성적 에너지로 정의되었으나, 이후에는 인간의 정신 전체를 움직이는 생명 에너지로 확장되었다. 이는 단순한 성욕을 넘어 인간의 사고·감정·행동을 유도하는 본능적 에너지이며, 쾌락을 추구하려는 충동과 깊은 관련이 있다.

프로이드는 리비도는 본능에 저장되어 있으며, 원초아(Id)는 현실을 고려하지 않고 본능적 만족을 추구한다고 했으며, 발달 과정에서 리비도는 특정 신체 부위에 집중되며, 구강기·항문기·남근기 등 심리성적 발달 단계를 형성한다고 했다. 각 단계에서의 욕구 충족 여부는 성격 형성에 결정적 영향을 미치며, 욕구가 충족되지 않으면 고착(fixation)이 발생하여 성인기의 성격 특징이나 심리적 문제로 이어질 수 있다.

리비도는 생명 본능에 기반한 심리적 에너지로서, 생존·창조성·애착 형성 등 긍정적인 동기 유발의 원천으로 간주된다. 프로이트는 이를 죽음 본능인 타나토스와의 역동적 긴장 관계를 통해 인간 내면의 갈등과 정신 구조를 설명하였다. 따라서 리비도는 정동, 대인관계, 동기체계 이해를 위한 통합적 이론 틀로 작용하며, 현대 정신역동이론에서도 여전히 핵심적인 역할을 수행하고 있다.

3) 지형학적 모형(Topographical Model)

지형학적 모형은 초기 정신분석이론의 핵심으로, 인간 정신을 의식·전의식·무의식 세 층위로 구조화해 설명한다. 의식은 자각 가능한 사고와 감정이 머무는 영역이며, 전의식은 의식되지 않았지만 집중하면 쉽게 떠올릴 수 있는 정보가 저장된 층위이다. 무의식은 억압된 욕망과 충동이 존재하는 심층 영역으로, 직접 접근하기 어렵지만 사고·행동에 막대한 영향을 미친다. 이 모형은 인간 심리를 단순한 이분법이 아닌 심층적 구조로 설명하며, 무의식 내용의 탐색과 해석에 이론적 토대를 제공한다. 이후 등장한 구조모형(원초아 · 자아 · 초자아)이 정신 기능의 작동 방식에 집중했다면, 지형학적 모형은 심리 내용의 위치와 접근 가능성에 중점을 둔다. 정신분석 치료에서 지형학적 모형은 내면 탐색의 기초 이론으로 여전히 중요하게 활용된다.

(1) 의식(Conscious)

의식은 프로이트의 지형학적 모형에서 가장 표면에 위치한 정신 층위로, 개인이 자각하는 사고, 감정, 지각, 의도 등을 포함한다. 외부 자극에 반응하며 내적 상태를 인식하고 언어적 · 비언어적 표현이 가능한 공간이다. 주의가 집중된 순간에만 특정 내용이 담길 수 있을 만큼 범위는 제한적이다. 많은 정신 내용은 무의식 · 전의식에 있으며, 이들이 의식으로 떠오르기도 한다. 정신분석 치료에서는 언어, 감정, 행동을 통해 무의식을 의식화하는 과정이 핵심이다. 치료자는 의식을 활용해 억압된 욕구와 갈등을 인식시키고 통찰을 통해 심리적 통합을 돕는다. 따라서 의식은 단순한 사고의 장이 아닌 무의식을 연결하는 중요한 심리적 통로로 기능한다.

(2) 전의식(Preconscious)

전의식은 프로이트의 지형학적 모형에서 의식과 무의식 사이에 위치한 중간층이다. 이 영역에는 주의를 기울이면 쉽게 떠올릴 수 있는 기억, 사고, 감정 등이 저장되어 있다. 전의식의 내용은 억압된 것이 아니라 의식화가 가능하며 필요할 때 쉽게 회상된다. 예를 들어, 친구의 전화번호나 과거 여행지처럼 평소에는 떠오르지 않지만 자극이 주어지면 기억되는 정보가 해당된다. 프로이트는 전의식을 무의식의 충동을 거르고 의식으로 향하는 내용을 조율하는 '심리적 문지기'로 비유했다. 전의식은 의식의 한계를 보완하고 무의식과 의식을 연결하는 완충지대로 작용한다. 정신분석에서는 자유연상이나 상징을 통해 전의식의 내용을 탐색하고 무의식을 간접적으로 분석한다. 전의식은 정신 흐름의 중요한 연결 지점으로 기능한다.

(3) 무의식(Unconscious)

무의식은 프로이트의 지형학적 모형에서 가장 깊은 정신의 층위로, 자각되지 않는 충동, 억압된 감정, 금지된 욕망 등이 저장된 영역이다. 의식적으로 접근하기 어렵지만 꿈, 실수행동, 유머, 예술 표현 등을 통해 간접적으로 나타난다. 프로이트는 이를 의식 아래 잠긴 거대한 빙산에 비유하며, 행동과 감정 대부분이 무의식의 영향 아래 있다고 보았다. 무의식의 내용은 논리나 도덕의 통제를 받지 않으며 반복적인 갈등이나 불안으로 표현되기도 한다. 정신분석 치료는 자유연상, 전이 분석 등을 통해 무의식을 탐색하고 의식화하여 통찰과 변화를 이끈다. 무의식은 병리의 근원이면서도 창조성의 원천으로, 인간 정신 이해의 핵심 개념이다. [그림 2-1]에서 프로이트의 지형학적 모형과 구조모형을 시각적으로 제시하여, 정신의 층위(의식, 전의식, 무의식)와 성격의 구성 요소(원초아, 자아,

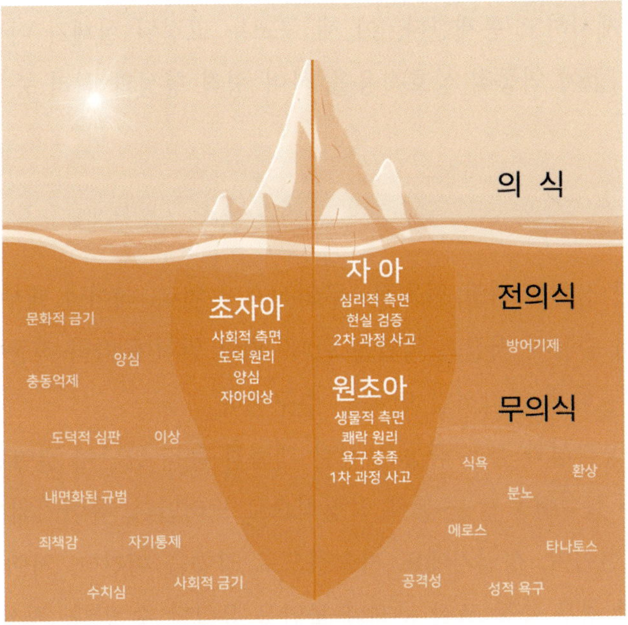

[그림 2-1] 지형학적 모형

초자아)가 어떻게 상호작용하며 인간의 심리를 형성하는지를 직관적으로 이해할 수 있게 한다.

4) 구조모형(Structural Model)

구조모형은 지그문트 프로이트가 『자아와 이드』(1923)에서 제시한 두 번째 정신이론으로, 인간의 정신이 원초아(Id), 자아(Ego), 초자아(Superego)라는 세 가지 상호작용적 구조로 이루어져 있다고 설명한다. 이는 이전의 지형학적 모형이 정신을 '의식 · 전의식 · 무의식'이라는 위치적 관점에서 설명한 것과 달리, 구조모형은 정신 내 기능 간 갈등과 조정 과정에 주목한 점에서 차별성을 지닌다.

원초아(Id)는 생물학적으로 타고난 본능적 충동의 저장소로, 쾌락 원칙에 따라 즉각적인 만족을 추구하며, 자아(Ego)는 현실 원칙에 따라 원초아의 욕구를 외부 현실과 조율하며, 합리적 판단과 자기통제를 담당한다. 초자아(Superego)는 부모와 사회의 규범 · 도덕적 가치가 내면화된 구조로, 자아의 판단과 행동에 윤리적 기준을 제시하고 통제한다. 이 세 구조는 고정된 실체가 아니라, 인간의 내면에서 끊임없이 역동적 상호작용을 하며 성격 형성과 심리 증상에 깊은 영향을 미친다.

(1) 본능(Id)

본능은 인간 정신의 가장 원초적 · 무의식적 층위로, 태어날 때부터 존재하며 생리적 욕구와 충동의 저장소 역할을 한다. 쾌락 원칙에 따라 작동하며, 현실이나 도덕과 무관하게 즉각적인 만족을 추구한다.

음식 · 성 · 공격성과 같은 충동은 시간 개념과 윤리 판단이 결여된 채 표현되며, 꿈 · 환상 · 실수행동 등을 통해 상징적으로 드러난다. 유아기의 행동은 본능의 직접적 표현이며, 성인기에도 지속적으로 영향을 미친다. 자아와 초자아의 조절이 미흡할 경우 충동 조절 문제나 불안을 유발할 수 있다. 정신분석 치료는 본능을 단순히 억압하기보다, 자아가 이를 사회적으로 용인 가능한 방식으로 조절·통합하도록 돕는다.

(2) 자아(Ego)

자아는 현실 원칙에 따라 본능의 충동, 초자아의 도덕적 요구, 외부 현실 사이의 균형을 조율하는 심리 구조이다. 의식·전의식·무의식 전 영역에서 작동하며, 사고·판단·통제 등 현실 적응 기능을 수행한다. 자아는 욕구를 단순 억제하기보다 현실적으로 충족시키는 방법을 모색하며, 외부 환경을 평가해 사회적으로 수용 가능한 행동을 계획한다.

충동과 도덕 사이의 갈등에서 불안을 경험할 때, 자아는 억압·승화 등 방어기제를 동원하여 심리적 안정을 유지한다. 기능이 약화되면 현실 검증 능력과 감정 조절력이 저하되어 심리적 고통이 심화될 수 있다. 정신분석은 자아의 통합 능력과 현실 적응력을 강화하는 데 중점을 둔다.

(3) 초자아(Superego)

초자아는 아동기 동안 부모·교사·사회가 제시하는 도덕적 기준이 내면화되어 형성된 구조로, 자아가 본능적 충동을 통제하고 사회적으로 바람직한 행동을 하도록 감시하는 역할을 한다. 초자아는 두 요소로 구성된다. 양심은 규범 위반 시 죄책감과 수치심을 유발하며, 자아이상은 이상적인 행동과 목표를 추구하게 한다. 초자아는 오이디푸스 콤플렉스 해결 과정에서 부모와의 동일시를 통해 형성되며, 도덕성과 사회화의 기초가 된다.

초자아가 지나치게 강하면 과도한 죄책감과 자기비난을 유발하고, 지나치게 약하면 충동적 행동이나 규범 무시로 이어질 수 있다. 자아와 균형을 이루는 초자아는 윤리의식, 자기통제, 책임감의 핵심 기반이 된다.

5) 심리성적 발달 단계(Psychosexual Stages of Development)

프로이트는 인간의 성격이 성인기에 갑작스럽게 형성되는 것이 아니라, 유아기부터 일련의 발달 단계를 거치며 점진적으로 구성된다고 보았다. 그는 이를 심리성적 발달 단계라 명명하고, 각 단계에서의 경험과 갈등 해결 양상이 성격 특성과 행동을 결정한다고 설명하였다.

각 단계는 심리적 에너지인 리비도(libido)가 특정 신체 부위에 집중되는 시기이며, 해당 부위와 관련된 욕구 충족과 양육 경험이 자아 발달의 기초가 된다. 총 다섯 단계(구강기, 항문기, 남근기, 잠복기, 생식기)는 각각 고유한 심리 과제를 포함하며, 이를 성공적으로 해결하면 성숙한 성격 형성이 가능하다. 반대로 갈등이 해소되지 않으면 고착(fixation)이 발생해 성인기까지 부적응적 행동이나 성격 문제로 이어질 수 있다.

(1) 구강기(Oral Stage, 0~1세)

구강기는 출생부터 약 1세까지의 초기 발달 단계로, 아기는 입을 통해 외부 세계를 탐색하고 쾌감을 경험한다. 빠는 행위, 먹기, 물기 등은 생리적 욕구 충족뿐만 아니라 정서적 안정과 애착 형성에 중요한 역할을 한다. 민감하고 안정적인 양육은 신뢰감과 자기감 발달에 도움이 되며, 수유가 과도하거나 제한되면 구강기에 고착되어 성인기에 의존적 성향이나 흡연 · 과식 · 손톱 물어뜯기 등의 구강 중심 습관으로 나타날 수 있다. 이 시기는 단순한 욕구 충족 단계를 넘어 자아 발달과 인간관계 형성의 기초가 마련되는 중요한 시기다.

(2) 항문기(Anal Stage, 1~3세)

리비도 에너지가 항문 부위에 집중되며, 배변 조절을 통해 자율성과 통제감을 익히는 시기이다. 적절한 훈육은 자기통제력과 독립성을 발달시키지만, 과도한 통제나 비일관성은 고착을 초래한다. 고착 유형에 따라 지나치게 깔끔하고 완벽주의적인 항문 보유형, 무질서하고 충동적인 항문 배설형 성향이 나타날 수 있다.

(3) 남근기(Phallic Stage, 3~6세)

이 시기 아동은 리비도가 성기에 집중되며 성 차이에 대한 인식이 시작된다. 이 시기의 핵심 갈등은 오이디푸스 콤플렉스로, 남아는 어머니에 대한 애착과 아버지와의 경쟁심을 경험하고, 여아는 아버지에 대한 애착과 어머니와의 경쟁심을 경험한다. 남아는 아버지의 처벌에 대한 두려움인 거세불안을 느끼며 이를 회피하기 위해 아버지와의 동일시를 통해 갈등은 해소되며, 이는 초자아 형성과 도덕성 발달의 기반이 된다. 해결 실패 시 자기애, 과시적 성향, 성적 불안정이 나타날 수 있다.

(4) 잠복기(Latency Stage, 6세~사춘기)

이 시기에는 남근기에서 경험한 오이디푸스 콤플렉스와 성적 충동이 억압된다. 리비도 에너지가 성적인 방향보다는 학습 · 또래 관계 · 사회적 기술 습득에 집중되며, 자아와 초자아가 강화되어 현실 원칙과 도덕 기준에 따라 행동하는 능력이 발달한다. 아동은 또래 친구와의 규칙 준수 · 협동 · 사회화 과정을 통해 사회화 과정을 본격적으로 경험하면서 자기통제력과 정체성의 기초가 마련된다. 겉보기에는 안정된 시기지만, 이전 단계의 미해결 갈등이 무의식에 잠재될 수 있다. 이는 사춘기 이후 다시 드러날 수 있으며, 이 시기의 정서적 지지와 사회적 경험은 이후 발달에 중요한 영향을 미친다.

(5) 생식기(Genital Stage, 사춘기 이후)

이 시기에서는 잠복기 동안 억압되었던 리비도가 다시 활성화되며, 성적 에너지가 자기중심적 성적 관심이 성숙한 이성 관계로 전환된다. 성기는 리비도의 주요 초점이 되며 친밀감, 책임감, 감정 조절 등 정서적 조화 속에서 의미 있는 관계를 형성하는 능력이 발달한다. 이전 단계의 과제를 성공적으로 통합하면 건강한 성인기로 이행할 수 있지만, 고착이 남아 있으면 성적 문제, 친밀감 회피, 자기중심적 태도가 나타날 수 있다. 생식기 단계의 핵심은 단순한 성적 표현이 아니라 사회적 책임과 정서적 조화 속에서 타인과 의미 있는 관계를 형성하는 능력이다. 심리성적 발달 5단계는 〈표 2-1〉과 같이 구분되고 있다.

〈표 2-1〉 심리성적 발달 5단계

단계	나이 범위	주요 초점	성격적 특징
구강기 (Oral Stage)	출생 ~ 1세	입을 통한 쾌락 (흡입, 물어보기 등)	구강기적 욕구가 충족되지 않으면 의존적, 지나치게 말을 많이 하는 경향이 나타날 수 있음
항문기 (Anal Stage)	1 ~ 3세	배변 훈련을 통한 쾌락	규칙과 질서를 중시하는 성격, 지나치게 강박적이거나 반대로 무질서할 수 있음
남근기 (Phallic Stage)	3 ~ 6세	성적 관심이 성기의 발달로 집중	오이디푸스 콤플렉스(남아는 어머니에게, 여아는 아버지에게 끌림) 발생
잠복기 (Latency Stage)	6세 ~ 사춘기 전	성적 관심의 잠잠화, 친구 관계 및 사회적 기술 발달	성적 에너지가 억제되고, 또래와의 관계에서 자아가 형성됨
생식기 (Genital Stage)	사춘기 이후	성적 욕구가 성숙해지고, 이성에 대한 관심 증대	성적 성숙, 건강한 대인 관계와 성적 관계를 통해 성숙한 성격 발달

6) 콤플렉스(Complex)

프로이트는 아동기의 심리성적 발달 과정에서 나타나는 무의식적 갈등을 '콤플렉스(complex)'로 정의하였다. 콤플렉스는 주로 동일시 과정을 거쳐 해소되며, 이는 초자아 형성과 성 정체성 확립에 결정적인 역할을 한다(Freud, 1924). 정신분석 치료에서는 자유연상, 꿈 분석, 전이 해석 등을 통해 콤플렉스의 무의식적 구조를 탐색하고, 억압된 갈등을 해소하는 데 중점을 둔다.

(1) 오이디푸스 콤플렉스(Oedipus Complex)

프로이트가 남근기(약 3~6세) 남아의 발달을 설명하기 위해 제시한 개념이다. 이 시기 남아는 무의식적으로 어머니에게 성적 애착을 느끼고, 아버지를 경쟁자로 인식한다. 이러한 갈등이 절정에 이르면 아버지로부터 보복을 당할 수 있다는 거세불안(castration anxiety)이 형성된다. 이를 해소하기 위해 아들은 아버지와 동일시하며 도덕적 규범을 내면화하고, 초자아를 발달시킨다.

(2) 엘렉트라 콤플렉스(Electra Complex)

융(C. G. Jung)이 제시한 개념으로, 여아의 남근기 갈등을 설명한다. 여아는 자신의 성기 결여를 인식하며 페니스 선망(penis envy)을 경험하고, 어머니를 경쟁자로 인식한 뒤 아버지에게 애착을 보인다. 이후 어머니와 동일시하며 여성으로서의 성 정체성과 초자아를 형성한다.

(3) 의의

이 두 콤플렉스는 성 정체성, 도덕성, 초자아 발달을 설명하는 핵심 이론으로, 성공적으로 해소될 경우 건강한 인격 형성으로 이어진다. 반대로 해결이 미흡하면 성격 형성과 대인관계에서 갈등을 야기할 수 있어, 정신분석에서는 이를 성격 구조와 무의식적 갈등 해석의 중요한 틀로 본다.

7) 에로스와 타나토스(Eros & Thanatos)

프로이트가 후기 정신분석이론에서 제시한 타나토스(Thanatos)는 죽음 본능(Death Drive)을 의미하며, 생명과 보존을 지향하는 에로스(Eros ; 삶의 본능, 리비도)와 대립하는 궁극적 경향성을 가진다. 타나토스라는 명칭은 그리스 신화의 죽음의 신에서 유래했다.

프로이트는 제1차 세계대전의 참혹한 현실과 신경증 환자에게서 나타나는 반복 강박(repetition compulsion)을 관찰하며, 쾌락 원칙만으로는 설명되지 않는 인간의 자기파괴적 경향성을 인식했다. 이를 토대로 『쾌락 원칙을 넘어서』(1920)에서 타나토스 개념을 정립하였다.

타나토스의 궁극적 목표는 모든 유기체가 생명 이전의 무기물 상태로 회귀하려는 경향에 있다. 즉, 생명의 출현과 동시에 내재된 근원적 파괴성과 해체의 본능으로, 생명 유지와는 반대되는 방향에서 작용하며 유기체를 원초적 안정 상태로 되돌리려 한다.

타나토스는 크게 두 가지 양상으로 발현된다.

- **자기지향**: 자기파괴적 경향(self-destructive tendency)으로 나타나며, 자해, 자살 사고, 위험 추구, 무의식적 자기비난, 자기에 대한 처벌 욕구 등이 이에 해당한다.
- **대상 지향**: 타인이나 외부 대상을 향한 공격성(aggression)으로 나타나며, 분노, 적대감, 폭력, 파괴 행동뿐 아니라 전쟁 · 집단 폭력과 같은 사회적 수준에서도 나타난다.

프로이트는 타나토스와 에로스가 끊임없이 상호작용하며 인간행동의 복잡한 역동성을 형성한다고 보았다. 두 본능은 서로를 중화(neutralization)하거나 융합(fusion)하여 발현될 수 있다. 예를 들어, 타인에게 고통을 주며 성적 쾌감을 느끼는 사디즘(sadism)은 에로스와 타나토스가 결합된 사례이다. 대부분의 타나토스 작용은 무의식적이어서 개인이 직접 자각하기 어렵다. 강박적으로 반복되는 자기패배적 행동이나 파괴적 성향의 이면에는 죽음 본능이 작동하고 있을 수 있다. 이러한 개념은 인간 정신의 심층에 존재하는 파괴적 측면을 설명하는 중요한 이론적 틀을 제공한다.

8) 불안(Anxiety)

불안은 자아가 외부 세계의 위협이나 내면의 충동 · 감정 · 갈등으로부터 압박을 받을 때 발생하는 정서적 '경보 신호'이다. 프로이트는 불안을 단순한 감정이 아니라, 자아가 위기에 직면했음을 알리는 신호체계로 보았다. 즉, 자아가 현실 · 초자아 · 본능적 충동 사이의 균형을 유지하지 못할 때 불안이 나타난다. 불안은 자아가 위험을 인식하게 하고, 이를 완화하기 위해 방어기제를 작동시키는 촉매 역할을 한다. 그는 불안을 세 가지 유형으로 구분하였다(Freud, 1926).

- **신경증적 불안**: 무의식적 충동이 의식으로 떠오를 가능성에 대한 두려움
- **현실적 불안**: 외부 세계의 실제적 위협에 대한 반응
- **도덕적 불안**: 초자아의 도덕적 기준을 어길 때 경험하는 죄책감과 수치심

세 가지 유형 모두 자아의 기능과 밀접한 관계를 가지며, 자아가 불안을 적절히 처리하지 못하면 방어기제가 과도하게 작동하여 신경증적 증상으로 발전할 수 있다. 정신분석 치료는 내담자가 불안의 근원을 통찰하고, 자아가 보다 성숙하고 유연한 방식으로 이를 다룰 수 있도록 돕는 것을 목표로 한다. 〈표 2-2〉는 불안의 성격과 원인을 명확히 파악하고, 임상 · 상담 · 사회복지 실천에서 적합한 개입 전략을 수립하는 데 기초가 된다.

〈표 2-2〉 프로이트의 불안의 유형

유형	원인	주요 특징	임상적 예시	치료적 초점
신경증적 불안 (Neurotic Anxiety)	무의식적 본능과 자아 간 갈등	외부 원인 없이 막연한 긴장 · 불쾌감	공황 발작, 회피 행동, 강박 행동	무의식적 갈등의 의식화, 자아기능 강화
현실적 불안 (Reality Anxiety)	실제 외부 위협	현실 판단에 근거한 자기 보존 반응	교통 사고 위험 인식, 위험 회피 행동	문제 해결 능력 강화, 현실 직시
도덕적 불안 (Moral Anxiety)	초자아와 자아 간 갈등	죄책감, 수치심, 자기비난	강박장애, 자기처벌 성향	과도한 도덕 기준 완화, 초자아 균형 회복

9) 방어기제(Defense Mechanisms)

방어기제는 프로이트가 제시한 개념으로, 자아가 본능 · 초자아 · 현실 사이의 갈등에서 심리적 균형을 유지하기 위해 무의식적으로 사용하는 전략이다. 이들은 불안과 긴장을 완화하지만, 과도하거나 경직된 사용은 대인관계 왜곡이나 심리적 장애를 유발할 수 있다.

안나 프로이트(1936)는 방어기제를 자기애적, 미성숙, 성숙으로 분류하였다.

(1) 자기애적 방어기제

자기애적 방어기제는 자아가 성숙하지 않은 초기 발달 단계에서 나타나는 미성숙한 무의식적 전략으로, 현실을 부정하거나 왜곡함으로써 자존감을 보호하고 불안을 완화하려는 기능을 수행한다. 이러한 방어기제는 정신병적 성향과 밀접하게 연관되며 대표적으로 부인(denial), 투사(projection), 왜곡(distortion) 등이 포함된다.

- **부인** : 받아들이기 힘든 현실을 인정하지 않음
- **투사** : 자신의 부정적 감정을 타인에게 전가
- **왜곡** : 현실을 과장 · 재구성해 이상화된 자기상 유지

(2) 미성숙한 방어기제

미성숙한 방어기제는 자아가 불안이나 내적 갈등을 처리하는 초기에 머물러 현실을 강하게 왜곡하고 적응 기능이 저하된 양식이다. 이러한 방어기제가 성인기까지 반복될 경우 자아 성숙과 감정 조절을 방해하여 신경증적 증상이나 성격장애를 유발할 수 있다(A. Freud, 1936).

- **퇴행** : 스트레스 상황에서 유아적 행동으로 회귀
- **신체화 · 전환** : 심리 갈등을 신체 증상으로 표출

- **억압**: 위협적 기억 · 충동을 무의식에 밀어 넣음
- 합리화 · 전치 · 보상 등도 포함

(3) 성숙한 방어기제

성숙한 방어기제는 자아가 내외적 갈등과 불안을 현실적으로 검증 · 수용하면서도 심리적 안정을 유지하게 하는 고차원적 심리 전략이다. 프로이트와 안나 프로이트는 승화를 이상적 방어기제로 보았다. 이는 본능적 욕구나 강한 감정을 사회적 · 창조적 활동으로 전환하는 과정이다.

- **승화**: 충동을 사회적으로 가치 있는 활동으로 전환
- **억제**: 감정을 의식적으로 일시 유보
- **유머 · 이타주의 · 예견**: 긴장을 완화하고 관계를 강화

〈표 2-3〉 방어기제의 분류와 예시

방어기제	설명	예시
억압 (Repression)	불안을 유발하는 충동이나 고통스러운 경험을 의식적으로 떠올리지 못하도록 막는다.	어린 시절 괴한에게 납치당한 사건을 기억하지 못한다.
반동형성 (Reaction Formation)	억제된 감정을 반대되는 감정으로 바꾼다.	성적 욕망이 억제된 사람이 지나치게 도덕적이거나 금욕적인 태도를 취한다.
합리화 (Rationalization)	불쾌하거나 받아들이기 어려운 행동이나 감정에 대해, 그럴듯하고 논리적인 이유를 대서 자신을 속인다.	자신의 행동을 정당화하는 경우 : "그 친구도 나한테 똑같이 했어"라고 생각한다.
부정 (Denial)	현실의 불쾌한 사실을 인정하지 않거나 받아들이지 않는다.	심각한 질병이 있음에도 "나는 괜찮다"며 현실을 부정한다.
동일시 (Identification)	다른 사람의 특성을 받아들여 자기 것으로 만든다.	자신의 부모나 유명인을 모방하여 그들의 행동 방식을 따른다.
투사 (Projection)	자신의 불안이나 감정을 다른 사람에게 투사하여 자신의 감정을 외부로 전가한다.	자신이 부정적인 감정을 느끼는데, "그 사람이 나를 싫어한다"며 타인에게 투사한다.

방어기제	설명	예시
전치 (Displacement)	감정의 대상을 원래 대상에서 덜 위협적인 대상으로 옮긴다.	직장에서 상사에게 화가 나서 그 화를 집에 돌아와 가족에게 푼다.
보상 (Compensation)	결핍된 부분을 다른 부분에서 보충하려고 한다.	자신이 신체적으로 약하다고 느끼면, 다른 분야에서 성공을 추구하여 보상한다.
고착 (Fixation)	특정 발달 단계에서 미해결된 갈등이 지속되어 그 단계에 머물러 있다.	성인기에도 어린 시절의 구강기적 행동(과식, 흡연 등)이 지속된다.
퇴행 (Regression)	불안한 상황에서 이전 발달 단계로 돌아간다.	스트레스나 불안한 상황에서 어린아이처럼 울거나, 아기처럼 행동한다.
신체화 (Somatization)	정신적 갈등을 신체적 증상으로 나타낸다.	스트레스가 심해지면 위장장애나 두통 같은 신체적 증상으로 나타난다.
취소 (Undoing)	행동이나 생각을 상쇄하기 위해 반대되는 행동이나 생각을 한다.	부정적인 생각을 한 후 그 생각을 상쇄하기 위해 좋은 행동을 한다.
대리형성 (Substitution)	실현되지 않는 욕구를 다른 방식으로 대체한다.	사랑에 대한 갈망을 예술 창작이나 운동에 몰두하는 것으로 대체한다.
유리 (Splitting)	사고와 감정을 분리한다.	사고의 사실은 기억하지만, 그때의 공포는 느끼지 못한다.
해리 (Dissociation)	기억, 감정, 정체성, 의식을 분리한다.	사고 당시의 기억 자체를 상실하고, 비현실감을 느낀다.
저항 (Resistance)	무의식적으로 자신의 감정이나 생각을 드러내지 않으려 하는 기제.	치료를 받을 때, 그 문제에 대해 이야기하기를 거부하거나 방어적인 태도를 취한다.
승화 (Sublimation)	사회적으로 용납될 수 있는 방식으로 부정적인 감정을 표출한다.	공격적인 성향을 운동이나 예술활동으로 표출한다.
억제 (Suppression)	불쾌하거나 고통스러운 생각, 감정, 충동을 의식적으로 멀리한다.	"시험이 끝날 때까지 친구와 싸운 생각은 잠시 잊고 공부에 집중하자"라고 생각한다.
유머 (Humor)	불쾌한 상황을 유머로 승화시켜 감정을 완화시키는 기법.	스트레스가 큰 상황에서 농담을 던져 분위기를 풀려고 한다.

5 사회복지 실천에서의 적용

정신분석이론은 무의식적 동기와 초기 경험이 현재의 정서 · 사고 · 행동에 미치는 영향을 강조하며, 사회복지 실천에 깊이 있는 이해와 개입 방향을 제공한다. 특히, 클라이언트가 보이는 반복적 행동 패턴, 대인관계 갈등, 정서적 불안정은 무의식적 갈등 · 전이 · 방어기제의 작용일 수 있음을 시사한다. 예를 들어, 아동복지나 가족상담 현장에서 방임이나 학대 경험이 있는 아동이 공격성 또는 위축된 행동을 보일 경우, 이를 단순한 반항이나 성격 문제로 단정하기보다 손상된 초기 애착 경험과 무의식적 방어 반응으로 해석하는 것이 중요하다. 이러한 접근은 단기적 행동 수정이 아니라, 장기적인 정서 회복과 관계 재형성을 목표로 한다.

정신분석적 실천에서는 전이(transference)와 역전이(countertransference) 개념을 활용하여, 사회복지사와 클라이언트 관계 속에서 재현되는 감정을 치료적 자료로 삼는다. 사회복지사는 클라이언트의 특정 반응이 과거 주요 인물(예 부모)과의 관계에서 유래했을 수 있음을 인식하고, 이를 통해 무의식적 갈등을 안전하게 탐색할 기회를 제공한다.

〈표 2-4〉 정신분석적 치료기법

기법	설명
자유연상 (Free Association)	클라이언트의 마음속에 떠오르는 모든 생각 · 감정 · 이미지를 검열 없이 자유롭게 말하도록 유도하여 무의식에 억압된 내용이 드러나도록 돕는다. 이 과정을 통해 치료자는 내담자의 무의식적 갈등, 억압된 기억, 방어기제의 작동 양상을 탐색하고 해석할 수 있다.
꿈 분석 (Dream Analysis)	무의식에 접근하기 위한 핵심 기법으로, 꿈이 억압된 욕망 · 갈등 · 기억의 상징적 표현이라는 가정에서 기반한다. 꿈 분석의 목적은 꿈의 겉내용(manifest content) 아래 숨겨진 잠재내용(latent content)을 해석하여 무의식적 동기와 심리 갈등을 드러낸다.

기법	설명
저항 분석 (Resistance Analysis)	무의식 갈등에 직면할 때 보이는 언어적 · 비언어적 회피 반응을 파악하고 해석하는 기법이다. 프로이트는 저항을 "치료 과정에서 클라이언트가 특정 주제나 감정에 접근하기 위해 무의식적으로 방어기제를 강화하는 현상"으로 정의하였다. 자유연상 중 침묵, 화제 전환, 농담 등의 패턴을 관찰하여 저항의 본질인 억압된 기억 · 욕망 · 죄책감 등을 통찰(insight)로 전환한다. 사회복지사는 저항을 해석 · 피드백하여 클라이언트가 불안을 감내하며 무의식 내용에 접근하도록 돕고, 자아 기능의 통합과 심리적 성장을 촉진한다.
전이 분석 (Transference Analysis)	치료 과정에서 내담자가 과거 중요한 대인관계(주로 유아기 부모와의 관계)에서 경험한 감정 · 태도를 사회복지사에게 무의식적으로 재현하는 현상을 파악 · 해석하는 기법이다. 프로이트는 전이를 "클라이언트가 사회복지사에게 무의식적 갈등의 감정과 태도를 투사함으로써 과거 관계를 재생산하는 현상"이라 정의하고, 이를 치료의 핵심 도구로 삼았다.
역전이 분석 (Countertransference Analysis)	무의식적으로 경험하는 감정 · 생각 · 반응을 관찰하고 해석함으로써, 클라이언트의 무의식적 갈등과 치료 역동을 보다 명료히 이해하는 과정이다. 사회복지사는 자기감각(self-awareness)을 통해 클라이언트에게 강하게 일어나는 친밀감, 분노, 무력감 등의 반응을 주목하고, 이를 단순한 사회복지사 개인의 감정으로 치부하지 않는다. 대신 이 반응이 클라이언트의 투사된 감정이거나, 과거 중요한 대인관계 경험을 재현한 것일 수 있음을 가설화한다.
해석 (Interpretation)	클라이언트가 표현한 말, 행동, 감정 등에 담긴 무의식적 의미를 사회복지사가 명확하게 설명해 주는 과정이다. 적절한 시기와 관계 형성이 전제되어야 하며, 해석이 지나치면 방어를 유발할 수 있다.

요점정리

- 정신분석이론은 인간의 성격과 행동이 무의식, 본능, 그리고 초기 경험에 의해 깊이 영향을 받는다고 본다. 프로이트는 무의식 속 억압된 욕구와 갈등이 현재의 정서와 행동을 형성하며, 이를 이해하는 것이 성격 발달과 문제 해결의 핵심이라고 보았다.
- 무의식적 갈등, 방어기제, 전이와 역전이 등은 개인의 반복적 행동 패턴과 대인관계 문제를 분석하는 데 중요한 도구가 된다. 예를 들어, 과거 부모와의 미해결 갈등이 현재 상사나 동료에게 전이되어 갈등을 유발할 수 있다. 이러한 심리 역동을 파악하면 문제의 근원을 찾고 대처 전략을 세울 수 있다.
- 자유연상, 꿈 분석 등 정신분석 기법은 억압된 감정과 욕구를 의식화하여 보다 성숙한 행동 양식을 형성하도록 돕는다. 사회복지 실천에서는 내담자가 자신의 무의식적 동기를 인식하고 건강한 방식으로 욕구를 충족하도록 지원하며, 장기적으로 자기이해와 적응력을 높인다.

생각해 볼 문제

1. 프로이트의 무의식 개념이 사회복지 현장에서 활용된 사례를 제시하시오.
2. 특정 심리성적 발달 단계에서 갈등이 해결되지 않으면 성인기에 미칠 수 있는 영향은 무엇인가?
3. 방어기제를 장기적으로 어떻게 다뤄야 부적응을 줄일 수 있는가?

Chapter 03

분석심리이론

개 요

분석심리이론은 스위스의 정신과 의사 칼 융(Carl Gustav Jung)이 창시한 심층심리학 이론으로, 인간 정신을 의식, 개인무의식, 집단무의식의 세 층위로 구분한다. 융은 무의식을 단순히 억압된 기억의 저장소로 보지 않고, 인류 보편의 원형(archetype)이 축적된 집단적 층위로 확장하였다.

그는 연상 실험을 통해 '콤플렉스' 개념을 정립하고, 꿈과 신화 분석을 통해 무의식의 상징 구조를 탐색하였다. 분석심리학은 자기(Self)를 중심으로 자아(Ego)와 무의식 간의 통합을 지향하며, 인간의 정신적 성장과 개성화(individuation) 과정을 강조한다.

이 이론은 심리학뿐 아니라 문학, 신화, 종교, 문화인류학 등 다양한 분야에 깊은 영향을 미쳤으며, 인간 내면의 상징성과 통합적 치유를 설명하는 데 강력한 이론적 틀을 제공한다.

학습목표

1. 분석심리학의 핵심 개념인 집단무의식과 원형(archetype) 개념을 이해할 수 있다.
2. 융의 심리적 유형 이론을 통해 인간의 성격 구조를 설명할 수 있다.
3. 꿈과 상징 해석을 중심으로 한 융의 치료적 접근법을 설명할 수 있다.

1 이론적 배경

1) 출현 배경

(1) 프로이트와의 결별

분석심리이론은 융이 정신분석의 초기 발전 과정에서 지그문트 프로이트와의 학문적 협력과 이후의 결별을 거쳐 독자적으로 발전시킨 심층심리학 이론이다. 초기에는 프로이트의 무의식 개념과 정신분석이론을 수용했지만, 성 본능 중심의 정신결정론과 무의식을 병리적으로 해석하는 방식이 인간 정신의 전체성을 설명하기에는 한계가 있다고 판단하였다(Jung, 1961).

이에 따라 융은 무의식을 억압된 충동의 저장소가 아니라, 상징과 창조성이 발현되는 심리적 차원으로 새롭게 이해하고자 하였다. 그는 집단무의식과 원형 개념을 중심으로 인간 정신을 상징적이고 통합적인 구조로 설명하며, 종교 · 신화 · 예술 등 다양한 문화적 상징체계와의 연관성을 통해 정신의 깊이를 탐색하였다(Stevens, 1994).

이러한 이론적 전환은 1913년 프로이트와의 공식적인 결별을 계기로 본격화되었다. 융은 결별 이후 겪은 심리적 혼란기 동안 자신에게 나타난 꿈, 환상, 이미지, 내면의 목소리를 적극적으로 기록하고 해석하였으며, 그 결과물로 『레드북』(Jung, 2009)을 출간하였다. 이 기록은 분석심리이론의 핵심 개념을 구체화하는 데 결정적인 역할을 했으며, 분석심리학은 병리 치료를 넘어 인간 정신의 총체성을 통합적으로 이해하는 심층심리학으로 발전하게 되었다(Shamdasani, 2003).

(2) 무의식에 대한 환원주의적 비판

융은 무의식을 단순히 억압된 본능적 충동의 저장소로 이해한 프로이트의 환원주의적 관점을 비판하였다. 그는 무의식을 병리적 증상의 근원으로만 해석하는 접근이 인간 정신의 본질을 제한한다고 보았다.

이에 따라 융은 무의식을 창조성과 자기통합의 가능성을 지닌 역동적 차원으로 재정의하였다. 무의식은 억압된 내용뿐 아니라 상징, 신화, 예술적 이미지 등을 포함한 심리적 자원으로 간주되며, 이는 인간의 정신적 성장과 자기실현을 가능하게 하는 핵심 요소로 작용한다(Jung, 1961).

이러한 관점은 분석심리학이 단순한 병리 치료를 넘어, 의식과 무의식 간의 균형과 통합을 추구하는 자기실현의 과정을 중심 개념으로 삼게 하였다. 결과적으로 분석심리학은 개인의 심층심리를 탐색함과 동시에 인간 정신의 보편성과 개별성을 포괄하는 전체론적 심리학으로 발전하였다.

(3) 리비도 개념의 해석 차이

리비도(libido)에 대한 해석은 융과 프로이트의 가장 큰 이론적 분기점 중 하나였다. 프로이트(Freud, 1905)는 리비도를 성적 에너지로 한정하고, 인간행동의 대부분을 성 본능에서 기인한 것으로 설명하였다. 반면 융(Jung, 1960)은 리비도를 보다 확장된 심리적 에너지 개념으로 보았다. 그는 리비도 속에 종교적 열망, 예술적 창조성, 도덕적 이상, 자기실현에 이르는 다양한 동기가 포함된다고 해석하였다. 융에게 있어 인간은 단순히 충동에 의해 움직이는 존재가 아니라, 삶의 의미를 추구하고 내면의 통합을 지향하는 존재였다. 이러한 관점 차이는 무의식의 역할에 대한 해석뿐 아니라 인간 존재에 대한 철학적 이해에서의 차이를 반영하며, 분석심리학이 전체론적이고 상징 중심의 이론으로 발전하는 토대가 되었다.

(4) 콤플렉스에 대한 견해 차이

프로이트(Freud, 1910)는 콤플렉스를 성적 발달 과정에서 형성된 억압된 감정과 기억의 집합으로 보았다. 특히 오이디푸스 콤플렉스를 핵심 사례로 삼아 이를 병리의 원인으로 규정하고 해석을 통해 제거해야 할 대상으로 이해했다. 반면 융(Jung, 1960)은 콤플렉스를 병리적 요소일 뿐 아니라 창조성과 자기통합의 잠재력을 지닌 심리적 자율체로 보았다. 그는 콤플렉스를 무의식의 독립적인 부분으로 간주하며, 자아와의 통합 과정을 통해 성숙과 성장을 이끌 수 있다고 주장했다. 또한 오이디푸스 콤플렉스를 넘어 '어머니 콤플렉스', '권위 콤플렉스', '열등 콤플렉스' 등 다양한 유형을 제시하고, 이를 집단무의식의 원형과 연결된 상징적 현상으로 해석하였다. 이로써 콤플렉스는 분석심리학의 핵심 개념으로 자리 잡으며, 인간 내면에 대한 통합적 이해의 중요한 틀이 되었다.

(5) 실증주의적 환원에 대한 비판

융은 20세기 초 심리학이 행동주의와 실험심리학 등 과학주의적 경향에 치우쳐 인간 정신의 깊이와 상징적 차원을 외면한다고 비판하였다. 그는 심리학이 철학 · 종교 · 예술 등 인문학적 전통과 재결합해야 한다고 주장했다. 분석심리 이론은 융의 개인적 위기, 제1차 세계대전, 스위스의 문화 · 종교적 토대 속에서 형성되었으며, 집단무의식과 원형 개념을 통해 인간 심리의 구조와 보편성을 설명하고자 했다. 융은 인간을 단순히 자극에 반응하는 수동적 존재가 아니라, 의미를 추구하고 자기실현을 향해 나아가는 목적론적 존재로 이해하였다. 이러한 관점은 칸트의 선험적 인식론에서 원형의 구조성과 보편성에 대한 철학적 정당성을, 니체의 의지 철학에서 인간을 자기창조와 의미 추구의 존재로 보는 통찰을, 헤겔의 변증법에서 정신을 긴장과 통합의 역동적 체계로 보는 틀을 얻으며 구체화되었다. 이러한 철학적 기반 위에 융은 스위스의 개신교 신비주의, 연금술적 상징체계, 동양의 『주역』과 『금단의 꽃』과 같은 고전에서 자아(Self)와 개성화 과정(individuation process)의 의미를 통합하며, 심리학을 영성적 차원으로까지 확장하였다.

2) 사상적 · 학문적 기반

(1) 프로이트의 정신분석이론

분석심리이론은 초기 정신의학과 심리학의 흐름 속에서 프로이트의 정신분석이론을 기반으로 출발하였다. 융은 무의식과 꿈 분석의 중요성을 높이 평가하며, 프로이트와 긴밀한 학문적 관계를 유지하였고 한때 그의 후계자로 여겨지기도 했다. 특히 무의식의 역동성, 정신 증상의 기원, 꿈의 상징적 해석은 융의 분석심리이론 형성에 중요한 영향을 주었다.

프로이트는 무의식을 억압된 충동과 욕망의 저장소로 이해하였으며, 심리 증상은 이 무의식의 내용이 의식으로 표출되면서 나타난다고 보았다. 이에 비해 융은 무의식을 억압의 결과로만 보지 않고, 창조성과 상징성을 포함하는 심리 전체의 일부분으로 재해석하였다. 이러한 차별적 접근은 곧 집단무의식 개념의 정립으로 이어졌으며, 이는 분석심리이론의 핵심 구조로 자리 잡았다.

성격 구조에 대한 이해에서도 융은 프로이트의 이론을 참조하였다. 프로이트는 인간의 성격을 원초아(Id), 자아(Ego), 초자아(Superego)로 구분하고, 이들 간의 갈등을 신경증의 원인으로 보았다. 융은 이러한 구조적 틀에서 자아의 기능과 내적 갈등의 중요성은 인정하면서도, 인간 존재를 단지 충동의 조절 장치로 축소하는 관점에는 비판적이었다. 그는 인간을 자기실현을 지향하는 통합적 존재로 이해하였다.

꿈에 대한 두 이론의 해석 역시 방향성이 다르다. 프로이트는 꿈을 억압된 욕망의 위장된 표현으로 보았으며, 해석을 통해 억압된 내용을 드러내려 하였다. 반면 융은 꿈을 무의식의 자기조절 기능으로 보았고, 인간 성장과 통합을 위한 상징적 메시지로 간주하였다. 이러한 차이는 융이 정신분석이론을 수용하면서도 분석심리이론의 독자성을 확립하려 했음을 시사한다.

(2) 에너지 보존 법칙과 열역학적 균형 원리

융은 심리 현상의 역동성을 설명하기 위해 19세기 물리학의 에너지 개념을 심리학에 도입하였다. 헬름홀츠의 에너지 보존 법칙에서 심리 에너지의 총량이 일정하며 다양한 형태로 변환·이동한다는 관점을 차용하였고, 클라우지우스의 열역학 제2법칙에서 자아와 무의식 간의 긴장을 에너지 불균형으로 이해하는 틀을 얻었다.

그는 감정, 충동, 상징, 이미지 등을 심리 에너지의 표현으로 보았고, 억압·전이·변형 등의 과정을 에너지 흐름의 재조정으로 해석하였다. 갈등은 단순한 병리가 아니라 새로운 심리 질서를 형성하는 변형의 계기이며, 치유는 이 에너지 균형의 회복 과정으로 이해되었다.

(3) 유교의 중용

융의 사상은 서구 심리학을 넘어 동양 철학의 조화와 균형 개념으로 확장되었다. 특히 유교 『중용』의 중도 사상은 그의 개성화 과정 이해에 중요한 영향을 주었다.

내향성과 외향성, 감성과 이성, 자아와 그림자처럼 서로 대립하는 성향이 인간 정신 안에서 긴장을 유발하며, 이는 통합을 통해 해소된다. 융은 이를 동양 철학에서 말하는 조화와 중용의 원리와 연결시켰다. 『주역』과 도가 사상에서 발견되는 자연스러운 자기조절과 균형 개념 역시 그의 자기(Self) 이론에 반영되었다. 중용의 '성'과 '명'은 무의식과 자아의 통합이라는 분석심리학의 목표와도 일치한다.

(4) 철학적 관점

분석심리이론은 칸트의 인식론적 전제에서 철학적 기반을 찾을 수 있다. 칸트는 인간 인식이 경험에서 직접 도출되는 것이 아니라 선험적 형식에 의해 구성된다고 보았다. 이러한 개념은 융의 원형(archetype) 이론과 집단무의식 개념에 이론적 정당성을 부여했다.

융은 세계 인식이 개인 경험만으로 설명될 수 없다고 보고, 인류 보편의 심리 구조가 존재하며 이는 원형을 통해 드러난다고 주장했다. 칸트의 '물자체' 개념은 융이 무의식을 직접 인식할 수 없으며 상징을 통해 간접적으로 드러난다고 본 관점과 맞닿아 있다.

(5) 통합적 접근

융은 분석심리학을 문화인류학, 종교학, 예술 연구와 통합하여 인류 보편의 정신 구조를 탐구했다. 그는 세계 각지의 신화, 전설, 종교 의례, 예술에서 반복되는 상징을 통해 집단무의식이 인류 전체에 공유된 구조임을 밝혔다. '어머니', '영웅', '그림자'와 같은 원형은 특정 개인의 경험이 아니라 인류가 공유하는 심리적 유산이며, 문화는 이러한 내면 구조의 외적 표현이다. 문화 상징 분석은 꿈 해석과 심리치료에서 무의식의 작용을 이해하는 중요한 단서로 활용된다. 이로써 분석심리이론은 인류학적 · 상징학적 · 철학적 관점을 포괄하는 통합적 인간 이해 이론으로 확립되었다.

2 융의 생애

카를 구스타프 융(Carl Gustav Jung)은 1875년 7월 26일, 스위스의 케스윌 마을에서 개신교 목사의 아들로 태어났다. 그의 아버지 폴 융은 스위스 개혁교회의 목사였고, 어머니 에밀리 프레이스바크는 학문적 배경을 지닌 집안 출신이었다. 융은 어린 시절부터 어머니의 우울증과 신비주의적 성향을 경험하며 무의식 세계에 대한 관심을 키웠다.

융은 바젤대학교에서 자연과학을 공부한 후, 취리히대학교에서 의학을 전공

칼 구스타프 융
(Carl Gustav Jung,
1875년 ~ 1961)

하며 정신과 의사가 되었다. 부르크횔츨리 정신병원에서 오이겐 블로일러(Eugen Bleuler) 교수 밑에서 조교로 일하며 심리학 연구를 시작했고, 단어 연상 실험을 통해 '콤플렉스' 개념을 정립하였다.

1907년, 융은 지그문트 프로이트를 처음 만나며 정신분석학 운동에 참여하였다. 그러나 '리비도' 개념에 대한 견해 차이로 1914년 결별하고, 독자적인 이론인 분석심리학을 창시하였다. 프로이트가 리비도를 성적 에너지로 한정한 반면, 융은 보다 일반적인 심리 에너지로 보았다.

융은 신화, 동화, 종교, 예술 등 다양한 문화적 표현 속에서 반복적으로 등장하는 상징을 연구하며 집단무의식과 원형(archetype) 개념을 발전시켰다. 아프리카, 인도 등지를 여행하며 원초적 삶과 상징 세계를 체험했고, 이를 분석심리학의 핵심 개념으로 통합하였다.

융은 취리히 연방공과대학교와 바젤대학교에서 교수로 재직하며 학문 활동을 이어갔다. 말년에는 연금술, 명상, 예술치료 등 다양한 분야와 분석심리학을 접목시켰으며, 1961년 6월 6일 85세의 나이로 세상을 떠났다.

3 인간관과 정신 에너지의 이해

분석심리이론은 인간을 단순히 환경에 수동적으로 반응하는 존재로 보지 않는다. 인간은 무의식의 심층 구조 속에 자율성과 상징성을 지닌 존재이며, 내면에 잠재된 원형(archetype)과 상징(symbol)을 통해 삶의 의미를 구성하고 자기실현을 향해 나아간다.

융은 인간을 분열된 요소들의 단순한 총합이 아닌, 통합과 조화를 추구하는 유기체로 이해하였다. 정신 에너지는 이러한 통합 과정을 가능케 하는 심리적 동력으로 작용하며, 외부 자극과 내부 갈등은 정신 에너지의 흐름을 자극한다. 이 에너지는 의식과 무의식, 상반되는 심리 구조 간의 긴장을 매개로 이동하고 전이되며, 상징화 과정을 통해 인간의 의식과 무의식을 연결하고 개성화의 여정을 가능하게 한다. 결과적으로 인간은 내면의 갈등과 상징의 해석을 통해 자기 자신을 통합해 나가며 성장하는 존재로 조명된다.

1) 융의 인간관

융은 인간을 전체성(wholeness)을 지향하는 존재로 보았다. 인간은 고정된 실체가 아니라 끊임없이 변화하는 유기체이며, 의식과 무의식, 이성과 감성, 남성성과 여성성 같은 상반된 심리 요소들이 통합될 때 인격이 성숙해진다고 보았다. 인간의 중심은 자아를 넘어 무의식을 포함하는 '자기(Self)'에 있으며, 자기와의 일치를 통해 존재의 의미를 발견해 나간다. 이러한 관점은 인간을 외부 환경에 단순히 적응하는 존재가 아니라, 내면의 통합과 의미를 추구하는 실존적 존재로 이해하게 한다. 분석심리이론에 따르면 인간은 다음과 같은 네 가지 관점에서 이해될 수 있다.

(1) 낙관론적 인간관

융은 인간을 자기실현과 통합을 향해 자발적으로 성장할 수 있는 존재로 보았다. 자아와 그림자, 아니마/아니무스 등의 심리 요소들이 조화롭게 통합될 때, 인간은 내면적 갈등을 극복하고 더 넓은 존재로 성장할 수 있다. 예를 들어, 청소년이 자아 정체감의 혼란을 겪는 과정에서 꿈을 통해 내면의 상징을 인식하고, 이를 상담을 통해 해석함으로써 자기이해와 성숙으로 나아가는 사례이다.

(2) 유전론적 인간관

융은 인간의 정신이 단순히 개인적 경험의 산물이 아니라, 인류 공통의 심리적 경험이 유전적으로 전승된 집단무의식에 기초한다고 보았다. 원형은 이러한 유산의 상징적 표현이며, 인간은 이를 통해 삶의 의미를 구성한다. 예를 들어, 다양한 문화에서 반복적으로 등장하는 '어머니' 상징은 집단무의식 속 원형으로, 보호 · 양육 · 통제의 심리적 기능을 상징한다.

(3) 결정론적 인간관

융은 인간의 삶이 전적으로 의식적 선택에 의해 이루어지는 것이 아니라, 무의식의 심층 구조에 의해 방향지어진다고 보았다. 원형은 삶의 패턴과 심리적 반응을 유도하며, 인간은 이를 자각하지 못하면 반복적인 문제에 직면하게 된다. 예를 들어, 반복적으로 실패하는 대인관계에서 내담자가 '그림자' 원형을 타인에게 투사하고 있다는 점을 상담자가 인식하고 해석해 주는 경우이다.

(4) 전체론적 인간관

융은 인간을 자아, 무의식, 그림자, 아니마/아니무스, 자기(Self) 등 다양한 심리 요소들이 유기적으로 작용하는 전체적 존재로 보았다. 개성화는 자아가 자기와의 통합을 향해 나아가는 과정이며, 이는 궁극적으로 전체 인격의 완성을 지향한다. 예를 들어, 예술치료에서 내담자가 그림을 통해 무의식의 상징을 표현하고, 이를 해석함으로써 자기통합의 과정을 경험하는 사례이다. 분석심리이론은 인간을 병리의 대상이 아닌 변화 가능성과 창조성을 지닌 존재로 간주한다. 고통과 위기는 내면의 균형 상실을 알리는 신호이며 이를 통합함으로써 인간은 보다 전인적인 존재로 나아갈 수 있다. 이 이론은 인간을 유형화하거나 병리화하기보다 상징을 통해 자기존재의 의미를 재구성하는 창조적 주체로 인식한다.

2) 정신 에너지 : 리비도

융의 분석심리학에서 리비도(libido)는 인간의 심리적 활동을 가능하게 하는 내적 에너지로 정의된다. 이는 프로이트의 성적 에너지 중심의 리비도 개념을 확장한 것으로, 사고, 감정, 창의성, 도덕성 등 인간의 전반적인 정신 기능을 관통하는 일반적인 심리 에너지로 간주된다(Jung, 1960). 융은 정신 에너지가 자극에 반응하여 활성화되며, 내면의 갈등이나 긴장 속에서 생성되고 이동한다고 보았다. 그는 정신 에너지의 작동 원리로 대립, 등가, 균형의 세 가지를 제시하였다.

- **대립의 원리** : 성격 내 상반된 심리 요소 간의 긴장이 에너지를 생성한다.
- **등가의 원리** : 한 영역에서 사용된 에너지는 소멸하지 않고 다른 심리적 영역으로 이동한다.
- **균형의 원리** : 에너지는 전체 성격 구조 내에서 평형을 이루려는 경향이 있으며, 이 과정을 통해 심리적 안정이 유지된다고 본다. 예를 들어, 억압된 감정이 예술적 창작으로 전환되는 경우, 이는 등가 원리에 따라 감정 에너지가 창의성 영역으로 이동한 결과로 볼 수 있다.
- **리비도의 흐름과 상징화** : 정신 에너지는 단일한 방향을 갖지 않으며, 진보적 방향(의식화)과 퇴행적 방향(무의식 회귀)으로 유동적으로 흐른다. 이 흐름은 인간의 적응과 심리 성장에 중요한 영향을 미친다. 리비도는 다양한 대상과 상징으로 전이되며, 꿈, 신화, 예술의 이미지로 표출된다.

이러한 상징화 과정은 자아와 자기(Self)의 통합을 추구하는 개성화 과정에 기여한다(Jung, 1964). 융은 리비도를 "의미를 향한 본능적 에너지"로 규정하며, 인간이 삶의 목적과 통합을 지향하는 내적 본성을 지닌 존재임을 강조하였다.

〈표 3-1〉 정신분석이론과 분석심리이론 비교

항목	정신분석이론	분석심리이론
인간관	결정론적 · 비관론적 인간관. 본능(리비도)에 의해 지배됨	낙관적 · 전체론적 인간관, 자아와 자기(Self)의 통합성 중시
성격 구조	의식, 전의식, 무의식 이드, 자아, 초자아	의식, 개인무의식, 집단무의식, 자아, 자기(Self), 원형들
무의식	억압된 본능적 충동, 욕구의 저장소(개인 무의식 중심)	개인무의식, 인류 공통의 집단무의식(원형의 저장소)
성격 발달	5단계 심리성적 발달 : 구강기~성기기 중심. 아동기 경험 중시	생애주기 전체를 포괄하는 성격 발달(아동기~노년기). 중년기 이후 개성화 중시
동기 요인	성적 · 공격적 본능(리비도, 타나토스 등)에 기초한 본능적 욕구	자아와 자기의 통합, 심리적 균형과 전체성(개성화) 지향
치료 목적	무의식의 의식화, 억압 해소를 통한 자아 강화	무의식과의 조화적 통합, 자기(Self)의 실현을 통한 전체성 회복
상징과 꿈 해석	꿈은 억압된 욕구의 위장된 표현. 주로 성적 · 공격적 상징 해석	꿈은 무의식의 메시지이자 자아와 자기(Self) 통합의 안내자 신화 · 상징 해석 강조
방어기제	자아가 불안을 회피하기 위해 사용하는 심리적 메커니즘	방어기제 언급은 적지만, 원형과 자아 간의 상호작용에서 내적 갈등 개념 존재
문화 · 종교에 대한 관점	종교는 신경증의 환상, 문화는 본능 억제의 결과	종교 · 신화 · 예술은 무의식과 자기실현을 향한 상징적 표현
이론적 영향	자연과학, 생물학, 헬름홀츠의 에너지 보존법칙 등	철학(칸트), 동양 사상(도교, 불교), 신화학, 인류학 등 복합적 영향

4 주요 개념 : 융의 정신 구조

1) 의식과 무의식

융의 분석심리학에서 의식과 무의식은 인간 정신의 전체 구조를 구성하는 두 핵심 영역으로, 서로 긴밀히 상호작용하면서 개인의 심리적 성장과 통합에 기여한다.

융은 인간의 정신을 의식, 개인무의식, 집단무의식의 세 가지 수준으로 구분하였다.

- **의식** : 자아를 중심으로 구성되며, 사고 · 감정 · 지각 · 현실 인식 등을 포함한다. 자아는 현실 적응과 자아정체성 형성에 중요한 역할을 하지만, 정신 전체에서 차지하는 비중은 제한적이다.
- **개인무의식** : 무의식은 의식되지 않은 심리적 내용이 저장된 영역으로, 개인무의식과 집단무의식으로 나눈다. 개인무의식은 개인의 삶 속에서 억압되거나 망각된 기억, 감정, 욕망 등이 포함된다.
- **집단무의식** : 인류 보편의 경험과 상징이 축적된 구조로, 신화 · 꿈 · 예술 등을 통해 표현되며 원형(archetype)을 내포한다.

융은 무의식을 단순한 병리의 원인이 아니라, 심리적 재생과 창조성의 자원으로 보았으며, 의식과 무의식의 통합은 개성화(individuation) 과정의 핵심이라고 보았다. 이 세 가지 수준은 상호작용하며 인간의 성격과 행동, 심리적 고통을 형성한다. 특히 무의식의 탐색은 자기실현(Self-realization)을 위한 핵심 과정인 개성화와 깊이 연결된다.

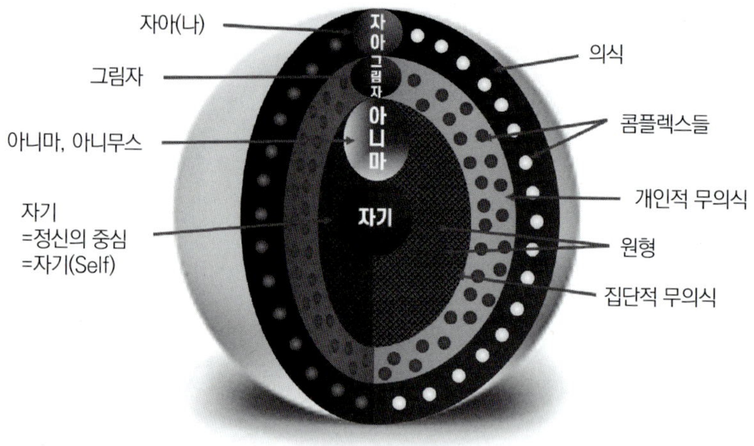

[그림 3-1] Jung이 제시한 정신(마음)의 구조(이부영, 2005)

2) 개인무의식과 콤플렉스

- 개인무의식은 자아와 집단무의식 사이에 위치하며, 개인적 경험에서 비롯된 억압된 기억과 감정이 저장된 영역이다. 꿈, 자유연상 등을 통해 의식에 떠오를 수 있으며, 후천적이고 경험적인 내용을 담고 있어 집단무의식과 구별된다.
- 콤플렉스(complex)는 개인무의식의 핵심 개념으로, 감정적으로 강한 기억 · 사고 · 태도 등이 중심 원형을 중심으로 결집된 심리 구조이다. 융은 콤플렉스를 "자율적으로 작동하는 무의식적 인격체"로 보았으며, 자아의 통제를 벗어나 행동과 감정 반응에 영향을 미친다고 설명했다(Jung, 1934).

콤플렉스는 대개 초기 양육 경험이나 정서적 충격을 통해 형성되며, 이후 다양한 삶의 장면에서 재활성화되어 대인관계와 심리 반응에 영향을 준다. 융은 이를 병리적 증상으로만 보지 않고, 자기(Self)와의 통합을 위한 심리적 자산으로 간주하였다.

〈표 3-2〉 분석심리이론의 콤플렉스 유형

콤플렉스	설명	원형 및 상징	예시
어머니 콤플렉스	어머니와의 초기 관계나 '어머니' 원형과 관련된 정서적 반응 패턴	어머니 원형 (The Great Mother)	보호 · 의존 또는 억압 · 거부로 나타남. 예: 지나친 의존성, 여성에 대한 이상화 또는 적대감
아버지 콤플렉스	아버지와의 관계 혹은 부성적 권위 상징과 관련된 심리 구조	아버지 원형 (Wise Old Man 등)	권위에 대한 복종 또는 반발, 성취 욕구, 자기확신 결핍 등으로 나타날 수 있음
열등 콤플렉스	자신에 대한 부정적 신념이 강하게 내면화된 상태	자아와의 관계	실패 경험, 외모, 능력에 대한 민감성. 자존감 저하, 과잉 보상 행동 유발
영웅 콤플렉스	자신을 이상화하고 타인에게 인정받으려는 강박적 욕구	영웅 원형 (Hero Archetype)	자아가 영웅적 자기상에 몰입하여 현실 적응에 실패하거나 무력감을 경험함
자기희생 콤플렉스	타인의 기대에 맞추기 위해 자신을 희생하며 정체성을 상실하는 경향	페르소나와 자기원형 간 긴장	"나는 괜찮아"식의 태도, 죄책감 중심적 행동, 무기력감 유발 가능
아니마 · 아니무스 콤플렉스	내면의 이성적 자아상이 지나치게 억압되거나 이상화된 경우	아니마(Anima) / 아니무스(Animus) 원형	이성에 대한 환상, 과잉 이상화 또는 적대감, 감정기복 또는 판단 왜곡 발생

3) 집단무의식과 원형

융의 분석심리학에서 핵심 개념 중 하나인 집단무의식은 모든 인간에게 선천적으로 존재하는 무의식의 층으로, 인류가 오랜 세월 반복해 온 경험과 상징이 축적된 심리 구조이다(Jung, 1959). 이는 개인의 경험이 아닌 인류 보편의 심리적 유산이며, 꿈 · 신화 · 종교 · 예술 등을 통해 표현되며, 다양한 상징체계에서 반복적으로 나타나는 공통된 이미지나 테마를 통해 드러난다. 대표적인 원형(archetype)으로는 어머니, 영웅, 그림자, 지혜로운 노인, 자기(Self) 등이 있으며, 이는 문화와 시대를 초월해 나타나는 인간 경험의 보편적 틀이다. 원형은 인간의 감정, 행동, 관계에 무의식적으로 영향을 미치는 심리적 패턴으로 작용한다.

(1) 원형(archetype)의 주요 유형

원형은 집단무의식 속에 존재하는 보편적이고 선천적인 심리 구조를 뜻하며, 인간의 감정 · 행동 · 사고에 무의식적으로 영향을 미친다. 직접 인식되기보다는 상징을 통해 드러나며, 개성화 과정에서 중요한 역할을 한다.

① 자기(Self)

'자기'는 의식과 무의식을 포괄하는 전체 인격의 중심이자 통합의 상징으로, 융이 인간 심리의 궁극적 목적이자 방향성으로 제시한 개념이다. 다양한 상징(만다라, 원, 빛 등)으로 표현되며, 자기실현은 자아가 자기와 조화를 이루며 개성화를 완성해 가는 과정이다. 이는 단순한 심리적 안정이 아닌, 의식과 무의식의 조화, 심리적 통합, 영적 성숙을 의미한다.

② 자아(Ego)

자아는 의식의 중심이자 자기(Self)의 일부로, 개인의 사고 · 감정 · 기억 · 지각 등 모든 의식 활동을 조정하며 외부 세계와 상호작용하는 기능을 수행한다. 자아는 무의식에 비해 제한된 범위를 다루며, 무의식을 인식하고 조화를 이루는 것이 심리적 균형에 중요하다. 자아는 개성화 과정에서 자기와의 관계 속에서 통합되어야 하는 요소이다. 융은 자아를 현실 적응을 가능하게 하는 기능적 구조로 보았으며 이는 주로 개인의 생애 경험과 사회적 환경 속에서 형성된다고 설명하였다(Jung, 1953).

③ 그림자(Shadow)

그림자는 자아가 받아들이지 못한 무의식의 측면으로, 억압되거나 부정된 성격의 일부분을 의미한다. 융은 그림자를 "개인의 성격 중에서 의식의 이상이나 도덕적 기준에 부합되지 않아 억압되거나 부정된 특성들의 총체"라고 정의하며, 분석적 치료에서 그림자 통합을 핵심 과제로 삼았다. 이를 통해 자아의 방어기제를 완화하고 무의식의 창조성을 의식에 통합할 수 있다고 강조하였다(Jung,

1959). 즉, 그림자는 투사의 형태로 타인에게 전가되며, 자아와 그림자의 통합은 자기실현의 필수 조건이다. 그림자에는 부정적인 성향뿐 아니라 잠재력과 창의성도 포함되어 있다.

④ **페르소나**(Persona)

페르소나는 분석심리이론에서 자아와 외부 세계 사이의 중재자 역할을 하는 원형으로, 개인이 사회적 요구에 적응하기 위해 외부에 드러내는 역할적 자아 즉, '가면'이다. 융은 이를 "사회적 환경 속에서 역할 수행을 위해 형성된 기능적 자아"로 보았다. 집단무의식의 표현이자 사회적 정체성의 일부로 간주하였다(Jung, 1953). 페르소나는 사회적 규범, 문화, 제도화된 기대에 따라 구성되며, 개인의 진정한 내면과는 다를 수 있다. 즉, 페르소나는 사회적 기능 수행에는 필수적이나, 자아와 혼동될 경우 진정한 자기와의 단절을 초래할 수 있다. 페르소나의 자각과 해체는 개성화의 초기 단계로 작용한다. 예를 들어, 늘 강한 모습만 보이려는 사람은 내면의 취약함을 억압하게 되고, 이는 심리적 갈등과 고립을 초래할 수 있다.

⑤ **아니마와 아니무스**(Anima & Animus)

- 아니마는 남성의 무의식에 존재하는 여성적 원형으로, 감정 · 직관 · 감수성 · 창조성 등 여성성과 관련된 특성을 상징한다. 이는 단순한 성역할 학습의 결과가 아니라 인류 보편의 심리적 경험이 집약된 상징이다. 꿈이나 환상 속의 여성 인물로 나타나며, 남성의 감정 생활과 대인관계에 깊은 영향을 미친다. 의식되지 못한 아니마는 외부 여성에게 투사되어 이상화되거나 부정적으로 왜곡될 수 있으나, 통합된 아니마는 내면의 감정과 창조성을 자각하게 하며 자기와의 조화에 기여한다. 융은 아니마와의 만남과 통합을 자기실현의 필수 단계로 보았다.
- 아니무스는 여성의 무의식에 존재하는 남성적 원형으로, 이성 · 논리 · 주장성 · 의지력 등 남성성과 관련된 심리 특성을 상징한다. 아니마가 감정과 직

관을 매개하는 것처럼, 아니무스는 사유와 논리를 매개하며 자아와 무의식 간의 다리 역할을 한다. 꿈, 환상, 내적 대화 속에 나타나는 남성 인물로 표현되며, 여성의 신념 · 의견 · 판단 양식에 깊이 작용한다. 의식되지 않은 아니무스는 완고함, 독단, 부정적 비판 성향으로 표출될 수 있으며, 외부 남성에게 과도하게 투사되어 대인관계를 왜곡하기도 한다. 그러나 통합된 아니무스는 여성의 내적 확신과 주체성을 강화하며, 자기(Self)와의 조화를 촉진한다. 융은 아니무스의 통합을 통해 여성이 내면의 지혜와 의지를 발휘하게 되고, 개성화의 성숙 단계에 이른다고 보았다.

⑥ **영웅**(Hero)

영웅 원형은 분석심리학에서 자아가 무의식의 혼돈으로부터 독립하여 자기(Self)와의 통합을 향해 나아가는 상징적 과정을 의미한다. 융은 영웅을 "의식의 옹호자"로 보며, 무의식의 그림자에 압도되지 않도록 자아를 방어하고 성장시키는 역할을 한다고 보았다. 신화, 문학, 대중문화 속 영웅 이야기에서 나타나는 시련과 극복의 구조는 자아가 무의식과의 갈등을 통해 성숙해 가는 과정을 상징하며, 심리치료에서는 이를 통해 내담자의 자기이해와 회복을 도울 수 있다.

사회복지 실천에서 영웅 원형을 활용하여 클라이언트가 삶의 고통과 위기를 자기이해와 성숙의 기회로 전환할 수 있도록 통합적 해석을 제공할 수 있다. 이 과정은 내담자가 스스로의 내면 여정을 인식하고, 새로운 삶의 의미를 발견하도록 돕는 데 기여한다.

⑦ **위대한 어머니**(Great Mother)

위대한 어머니는 가장 원초적이고 보편적인 집단무의식의 상징으로, 생명과 양육, 보호를 상징하는 동시에 파괴와 억압이라는 양가적 특성을 지닌 원형이다(Jung, 1959). 위대한 어머니는 풍요로운 여신부터 위협적 마녀에 이르기까지 다양한 상징으로 나타나며, 개성화 과정에서 자아와 무의식 간의 갈등과 성장을 유도한다. 융은 이를 통해 자아가 무의식 속 모성적 에너지와 조우하면서 겪는 심리적 갈등과 성장을 설명하였으며, 이는 개성화 과정에서 중요한 전환점으로 작용한다. 사회복지 실천에서는 클라이언트의 모성 경험 재해석, 돌봄 욕구 파악, 의존과 독립 사이의 균형 회복에 있어 이 개념이 유용하게 적용될 수 있다.

⑧ 늙은 현자(Wise Old Man)

늙은 현자 원형은 집단무의식에 존재하는 보편적 이미지로서, 지혜, 통찰, 조언, 예지력을 상징으로 자기(Self)의 대리자 역할을 한다. 이 원형은 종종 이야기나 신화 속에서 예언자, 마법사, 성직자의 이미지로 나타나며, 자아가 내적 혼란을 극복하고 자기실현의 방향을 찾도록 심리적 나침반 역할을 한다. 심리사회적 위기나 전환기에서 이 원형은 클라이언트가 삶의 의미를 재정립하고 깊은 자기이해에 도달하도록 돕는 상징적 자원으로 활용될 수 있다. 이는 사회복지사가 클라이언트의 내면에 있는 지혜와 자원을 발견하도록 돕는 데 기여할 수 있다.

⑨ 지혜로운 노인 · 여인(Wise Old Woman)

지혜로운 여인은 위대한 어머니의 긍정적 측면을 반영하는 원형으로, 포용력, 생명력, 직관과 창조성, 치유의 힘을 상징한다. 내면의 감성적 자원을 통합하도록 도와주는 심리적 안내자 역할을 한다. 즉, 지혜로운 여인은 단순한 모성적 보호를 넘어 심리적 변화를 이끄는 창조적 힘을 지닌 원형으로 이해된다. 융은 이 원형을 무의식 속에 잠재된 자기(Self)의 측면으로, 삶의 위기나 변화의 시기에 심리적 전환을 도와주는 원천이라 한다. 사회복지 실천에서는 클라이언트가 자신의 내면 자원, 특히 직관과 감정의 통합을 경험할 수 있도록 촉진하는 상징으로 활용될 수 있다. 이는 감성적 지혜와 관계 중심의 돌봄을 통해 회복력을 고양시키는 실천의 기반이 될 수 있다.

⑩ 영원한 소년 · 소녀(Puer Aeternus)

영원한 소년 또는 '영원한 소녀'는 융의 분석심리학에서 성숙과 책임을 회피하면서도 이상과 자유를 추구하는 에너지이자, 동시에 책임 회피와 미성숙을 나타낸다. 성장을 저해할 수 있으나, 통합될 경우 창의성과 활력을 회복하는 원동력이 된다. 융은 이 원형이 자아 발달 초기에 고착될 경우 개성화가 방해된다고 보았으며 치료 과정에서는 그림자를 인식하고 자기(Self)와 통합하는 것이 핵심 과제로 제시된다(Jung, 1959). 이 통합 과정을 통해 자유로운 에너지를 창조적 현실로 이끌 수 있다.

각 원형은 꿈, 신화, 문학, 종교 등 다양한 상징을 통해 나타나며 인간의 심리적 발달과 정체성 형성에 깊이 관여한다. 융은 집단무의식을 단지 병리의 원천이 아닌, 인간의 심리적 성숙과 자기실현을 가능하게 하는 창조적 자원으로 보았다.

- 개성화와 원형의 통합에서 융은 인간의 심리적 성숙을 위해 자아가 무의식의 원형들과 대면하고 통합하는 개성화 과정이 필요하다고 보았다. 이 과정은 자기(Self)를 중심으로 의식과 무의식의 조화를 이루며, 인간이 보다 진정한 존재로 성장하도록 이끈다. 〈표 3-3〉은 융의 원형에 속하는 주요 요소들을 정리한 표이다.

〈표 3-3〉 주요 원형의 개념 요약

원형	설명
자기	인격 전체를 통합하는 중심 원형으로, 의식과 무의식을 조화롭게 이끄는 상징이다. 인간의 심리적 성장과 개성화 과정의 궁극적 목표이다.
자아	의식의 중심이자 현실 적응 기능을 담당. 원형 그 자체는 아니지만, 원형과 상호작용하는 핵심 구조이다.
페르소나	사회적 요구에 맞추어 형성된 '가면'. 자아가 외부에 드러내는 사회적 정체성으로, 과도하면 진정한 자아와 분리된다.
그림자	자아가 받아들이지 못한 부정적이거나 원시적인 성향의 집합. 통합 시 창의성과 심리 에너지의 원천이 된다.
아니마 / 아니무스	남성의 여성적 내면(아니마) / 여성의 남성적 내면(아니무스). 자아와 무의식을 연결하는 중재자 역할을 수행한다.

원형	설명
위대한 어머니	생명, 양육, 보호와 동시에 파괴와 억압의 이중성을 지닌 원형. 모성적 이미지로 자주 등장한다.
영웅	자아가 무의식과 맞서 싸우며 자기실현을 향해 나아가는 여정의 상징. 시련과 변형의 과정을 상징한다.
지혜로운 노인 / 여성	통찰과 조언을 상징하는 원형. 신화나 꿈에서 교사, 예언자, 현자 등의 이미지로 나타난다.
영원한 소년 / 소녀	성숙과 책임을 회피하는 심리적 태도를 나타내며, 변화 가능성과 자유를 추구하나 미성숙한 면이 있다.

4) 개성화

개성화는 분석심리학의 핵심 개념으로, 자아가 자기(Self)를 중심으로 의식과 무의식의 다양한 요소를 통합해 가는 심리적 성장 과정이다. 융은 이를 자아가 그림자, 아니마 · 아니무스, 자기 등 원형과의 대면을 통해 점차 자기와의 조화를 이루는 과정으로 보았다. 개성화는 단순히 자아가 강화되는 것이 아니라, 의식과 무의식의 균형과 통합을 통해 진정한 자기자신에 도달하는 여정이다. 이 과정은 일반적으로 중년 이후에 본격화되며, 외적 성취를 넘어 삶의 깊은 의미를 탐색하려는 내적 욕구에서 비롯된다. 꿈과 상징, 내면의 갈등이 주요한 매개가 되며, 자기탐색이나 분석 치료를 통해 촉진될 수 있다.

융은 개성화를 집단무의식의 보편적 구조 위에 개별 인격이 독자적으로 조화를 이루는 과정으로 보았으며, 이는 자기(Self)와 자아, 보편성과 개별성 사이의 창조적 긴장을 포함한다. 따라서 개성화는 단순한 심리치료의 목표를 넘어, 인간 존재의 본질적 과업으로 이해된다.

5) 융의 성격유형론

융은 인간의 성격을 에너지의 방향성과 심리 기능의 작동 방식에 따라 분류함으로써, 개인의 성격적 경향성과 심리 구조를 이해하고자 했다. 그는 성격을 외향형(extraversion)과 내향형(introversion)으로 구분하고, 이를 사고(thinking), 감정(feeling), 감각(sensation), 직관(intuition)의 네 가지 심리 기능과 결합시켜 총 여덟 가지 성격 유형을 제시하였다.

(1) 성격의 개념

분석심리이론에서 성격은 인간 내면의 다양한 심리적 요소가 상호작용하며 형성되는 통합적이고 역동적인 구조로 이해된다. 융은 성격을 단순한 행동 양식의 집합이 아닌 자아, 무의식, 자기(Self)가 상호작용하는 심층적 구조로 보았다(Jung, 1953). 그는 성격을 고정된 상태가 아닌, 개성화라는 심리적 성장 과정을 통해 발전하는 유기적 체계로 간주하였다. 특히 성격은 집단무의식에 내재된 원형들과의 상호작용 속에서 형성되며, 이는 개인적 경험뿐 아니라 인류의 보편적 심리 구조와도 연결된다. 또한 성격은 내향성과 외향성, 사고 · 감정 · 감각 · 직관이라는 심리 기능들이 긴장과 균형을 이루며 구성된다.

융은 성격을 자아 수준에 머무르지 않고 무의식과의 통합을 통해 자기(Self)를 향해 발전해 가는 과정으로 보았다.

(2) 성격 발달 단계

융은 인간의 성격이 생애 전반에 걸쳐 변화하고 통합되는 과정을 강조하며, 이를 아동기, 청년기, 중년기, 노년기의 네 단계로 구분하였다. 각 단계는 자아와 자기(Self)의 관계, 의식과 무의식의 통합 정도에 따라 성격 발달의 과업과 특성을 제시한다.

① 아동기

아동기는 출생부터 사춘기 이전까지의 시기로, 본능과 환상이 지배하며 자아는 무의식 속에 포함되어 있다. 자아는 서서히 발달하면서 현실과의 접촉이 점차 이루어지며, 부모 및 환경과의 상호작용을 통해 자아가 발달한다.

- **주요 과업**: 기본적 신뢰감 형성, 자율성의 시작
- **특징**: 감각 중심의 인식, 의존성, 상징적 사고의 기초 형성
- 융은 이 시기를 의식과 자아가 분리되지 않은 '원초적 통합 상태'로 보았으며, 성숙한 자아로의 전환은 이후 단계에서 시작된다.

② 청소년기와 청년기

사춘기부터 약 35세 전후까지로, 자아가 외부 세계에 적응하며 사회적 역할과 독립성을 확립하는 시기이다. 이 시기의 발달 실패는 과도한 외적 의존이나 내면과의 단절로 이어질 수 있으며, 청년기는 중년기의 개성화에 대비한 심리적 기반을 마련하는 시기이다.

- **주요 과업**: 직업 선택, 관계 형성, 사회적 인정
- **특징**: 외적 목표 중심, 무의식의 억제, 자아 기능 강화
- 융은 이 시기를 "자기 외부의 세계 정복에 전념하는 시기"라고 표현했다. 이는 외적 성공이 중심이 되면서 개인은 자율성과 사회적 정체성을 확립하게 된다. 그러나 이 시기 말에는 존재의 의미에 대한 질문과 내면적 공허감, 심리적 전환 욕구가 나타날 수 있으며, 무의식의 경고나 상징들이 꿈을 통해 등장하며 이는 중년기로의 이행을 예고한다.

③ 중년기

중년기는 약 35세부터 60세 전후까지를 포함하며, 분석심리학에서 가장 중요한 심리적 전환기이다. 이 시기에는 자아가 자기(Self)와의 관계 속에서 본질적인 통합을 추구한다.

외적 성공의 한계와 공허함 속에서 무의식의 내용이 의식으로 부상하며 자아는 이를 수용하거나 저항하게 된다. 꿈과 상징, 원형의 등장 등은 개성화 과정의 시작을 알린다. 이 시기의 위기나 불안은 성장을 위한 필요조건으로 작용할 수

있으며, 중년기 이후의 삶은 외적 가치보다 내적 의미와 통합의 경험을 중심으로 재편된다. 중년기는 개성화의 본격적 출발점이자 자아와 자기의 재정렬 단계이다.

- **주요 과업**: 자기(Self)와의 통합, 개성화의 시작
- **특징**: 꿈과 상징, 원형의 등장, 무의식의 통합
- 융은 이 시기를 '삶의 반환점(turning point)'이라 명명하며, 진정한 자아실현을 위한 여정이 시작된다고 보았다.

④ 노년기

노년기는 약 60세 이후의 시기로, 삶의 통합과 종결, 죽음의 수용이 중심 주제가 되는 단계이다. 신체적 기능은 감퇴하지만, 심리적 · 영적 깊이는 더욱 강조된다. 융은 노년기를 "자기와의 일치를 위한 내적 여정"으로 보았으며, 존재의 본질과 죽음에 대한 성찰이 깊어진다고 하였다. 꿈, 상징, 종교적 관심, 철학적 사유가 강화되며 초월적 의미 탐색이 중요해진다.

- **주요 과업**: 자기(Self)와의 일치, 초월적 의미 탐색
- **특징**: 내면 중심의 에너지 흐름, 철학적 · 종교적 성찰, 후속 세대와의 관계 정리
- 융은 이 시기를 '존재의 궁극적 의미를 향한 마지막 여정'으로 보았으며, 죽음을 종말이 아니라 자기(Self)로의 귀환으로 이해하였다.

(3) 성격의 구조

융의 분석심리이론에서 성격은 고정된 자아의 표상이 아니라, 의식과 무의식이 상호작용하는 역동적이고 전체론적인 구조로 이해된다. 그는 인간 정신을 의식, 개인무의식, 집단무의식의 세 층위로 구분하고 이를 바탕으로 성격 구조를 이론화하였다.

- **자아**(Ego) : 의식의 중심으로 현실 적응을 담당하지만, 성격 전체의 일부에 불과하다.
- **개인무의식** : 억압된 기억과 감정이 저장된 영역으로, 자아에 대한 보상과 창조의 원천이 된다.
- **집단무의식** : 인류 보편의 심리 구조로, 원형(archetype)을 포함하며 상징과 상상 속에 표현된다.
- **자기**(Self) : 자아를 포함한 모든 심리 요소를 통합하는 전체 인격의 중심으로 작용한다.

① 외향성과 내향성의 구분

융은 성격의 에너지 방향에 따라 인간을 외향형과 내향형으로 구분하였다

- **외향형** : 에너지를 외부 세계로 향함. 타인과의 상호작용에서 활력을 얻는다.
- **내향형** : 내면 세계에 집중하며, 개인의 내적 사고나 감정, 상상에서 심리적 에너지를 충전한다.

이러한 방향성은 모든 심리 기능에 영향을 미치며 인지와 판단, 감정 표현의 방식에 차이를 발생시킨다.

② 심리 기능의 분류

융은 인간의 심리 기능을 정보의 평가 여부에 따라 합리적 기능과 비합리적 기능으로 구분하였다. 합리적 기능에는 판단을 기반으로 한 사고(thinking)와 감정이 포함되며, 비합리적 기능은 단순한 지각 기능인 감각과 직관(intuition)이 해당된다. 이러한 네 가지 기능 중 하나는 개인의 우세 기능(dominant function)으로 작용하며, 그에 상응하는 보조 기능(auxiliary function), 열등 기능(inferior function)과 함께 심리적 균형을 이루도록 구조화된다(Jung, 1921).

③ 성격 유형의 구조와 여덟 가지 조합

에너지 방향성과 심리 기능의 결합으로 총 8가지 성격 유형이 도출된다. 예를 들어, 외향형 사고(extraverted thinking), 내향형 감정(introverted feeling), 외향형 감각(extraverted sensation), 내향형 직관(introverted intuition) 등의 조합이 가능하다. 각 유형은 특정한 심리적 특성과 정보 처리 방식을 가지며 일상생활에서의 태도, 직업적 성향, 대인관계 방식 등에 유의미한 영향을 미친다(McCrae & Costa, 1989).

- **외향 사고형**: 논리적 사고와 외부 정보의 체계화를 선호하며, 객관성을 중시한다.
- **외향 감정형**: 사회적 관계와 타인의 감정에 민감하게 반응하며, 대인 친화성이 높다.
- **외향 감각형**: 현실 지향적이며, 현재의 경험에 강하게 몰입한다.
- **외향 직관형**: 창의적이고 미래 가능성에 주목하며, 아이디어 생성에 능숙하다.
- **내향 사고형**: 내면적 논리와 이론적 분석을 중시하며, 철학적 탐구에 몰두한다.
- **내향 감정형**: 개인의 정서와 가치에 집중하며, 감정 표현이 제한적일 수 있다.
- **내향 감각형**: 세밀하고 섬세한 감각을 지니며, 예술적 감수성이 풍부하다.
- **내향 직관형**: 무의식적 통찰에 민감하며, 종교, 신화, 예술 분야에서 활동이 두드러진다.

6) 꿈 해석

융의 분석심리학에서 꿈은 단순한 무의식의 방출이 아니라, 의식과 무의식 간의 균형을 맞추려는 자기조절의 심리적 메커니즘이다. 융은 사람이 특정한 태도나 사고에 치우칠 때 꿈은 그 반대 성향을 제시하며 의식의 편향을 보완하려 한다고 보았다. 이를 '보상 기능(compensatory function)'이라 하며, 이는 분석심리학에서 꿈의 핵심적 역할로 간주된다.

융은 꿈 해석에서 두 가지 접근을 제시하였다. 객관적 해석은 꿈의 인물을 실제 인물과의 관계로 분석하고, 주관적 해석은 꿈의 모든 요소를 자아의 내면 측면으로 보아 상징적으로 해석한다. 또한 '확충 기법(amplification)'을 활용하여 꿈의 상징을 신화, 종교, 예술 등 문화적 자료와 연결하여 그 의미를 심화시킨다.

특히 '큰 꿈(big dream)'은 집단무의식의 원형이 강하게 작용하는 상징으로, 자기(Self)의 출현을 암시하는 중요한 경험으로 간주된다. 이러한 꿈은 자아와 무의식의 창조적 통합을 촉진하며, 자기실현의 과정을 심화시키는 중요한 전환점이 된다.

(1) 보상 기능

융은 "무의식은 의식의 태도를 보완하려는 경향이 있다"고 보았다(Jung, 1964). 무의식은 자율적이고 목적론적인 구조로, 의식이 간과한 심리적 요소를 드러냄으로써 전체 인격의 균형을 이루려 한다. 의식이 지나치게 이성적이거나 통제적일 경우, 무의식은 감정적 · 직관적 상징을 통해 반대 에너지를 제시함으로써 자아의 방향성을 조정하고 억압된 심리 자원을 회복시킨다. 이는 자아와 자기(Self) 간의 조화를 유도하며, 상담 장면에서는 내담자의 심리적 고정관념을 완화하고 새로운 통찰을 열어주는 통로가 된다.

보상 기능(compensatory function)은 단순한 반작용이 아닌, 자아의 성장을 위한 조정 기제로서 개성화 과정을 심화시키는 중요한 역할을 한다.

(2) 대립 기능

융은 "우리의 삶은 본질적으로 대립의 장이며, 모든 사고는 반대되는 사고를 불러일으킨다(Jung, 1954). 이 두 힘 사이의 긴장이 바로 인간 존재의 심리적 에너지를 생성하는 원천이다"라고 하였다. 이는 분석심리학에서 '대립의 원리(principle of opposites)'로, 인간 심리의 역동성과 에너지의 기반이 된다.

사고와 감정, 내향성과 외향성, 남성성과 여성성 등 상반된 심리 요소들은 대립적 구조를 이루며, 이들 간의 긴장은 심리 에너지를 생성하고 성숙을 자극하는 원동력이 된다. 이러한 긴장은 종종 꿈, 상징, 투사, 예술 표현 등을 통해 무의식에서 드러나며, 자아가 이를 회피하지 않고 수용할 때 심리적 통합과 개성화가 이루어진다. 예를 들어, 도덕성과 이상주의에 치우친 자아는 꿈을 통해 본능적 충동이나 억압된 욕망을 직면하게 되며, 이는 통합의 기회를 제공한다. 따라서 대립 기능은 단순한 갈등이 아니라 자기실현을 향한 창조적 긴장으로 작용한다.

(3) 초월 기능

초월 기능(transcendent function)은 의식과 무의식 사이의 대화를 통해 새로운 통합을 가능하게 하는 자발적 정신 작용으로 정의하였다. 이는 상반된 사고와 감정, 태도 간의 긴장을 상징화와 상호 인식 과정을 통해 통합하여, 제3의 창조적 해결을 이끌어 내는 능동적 과정이다. 융은 초월 기능을 단순한 절충이 아닌, 상반된 심리 내용의 창조적 융합이라 보았다. 이 기능은 적극적 명상(active imagination), 꿈 분석, 예술적 활동 등을 통해 촉진되며, 자아가 자기(Self)와의 조화를 이루도록 돕는다.

초월 기능은 자기실현을 향한 심리적 통합의 핵심 경로이며, 상담에서는 내담자의 자아 확장, 가치 재정립, 정체성 통합에 기여하는 통합적 치료 메커니즘으로 작용한다.

(4) 확충법

확충 기법(amplification)은 꿈의 상징을 개인적 연상과 집단무의식의 원형적 의미를 결합하여 깊이 있게 해석하는 융의 대표적 기법이다.

개인적 확충은 꿈을 꾼 사람의 감정, 기억, 사고와 연결해 상징의 개인적 의미를 밝혀내는 과정이며, 집단적 확충은 신화, 종교, 민담, 예술 등 인류 보편의 상징체계를 활용해 상징의 집단무의식적 의미를 해석한다. 예를 들어, 꿈에 나타난 뱀은 개인의 삶에서는 두려움이나 사건과 연결될 수 있지만, 보편적으로는 지혜, 변형, 치유의 원형으로 이해될 수 있다.

확충 기법은 꿈을 단순한 욕망의 표출로 보지 않고, 무의식의 보상적이자 미래 지향적인 메시지를 담은 심층적 통찰로 해석하는 데 기여한다.

5 사회복지 실천에서의 적용

분석심리이론은 사회복지 실천에서 인간의 내면과 무의식의 구조를 이해하고, 이에 통합적으로 접근할 수 있는 심리사회적 틀을 제공한다. 융의 이론은 단일 원인론을 넘어, 심리적 고통을 무의식, 원형, 자기(Self) 등 심층심리학적 개념을 통해 해석하며, 이를 실천 개입으로 전환할 수 있는 이론적 기반을 마련한다.

실제 현장에서는 개성화 과정을 중심으로 클라이언트가 자신의 그림자, 아니마·아니무스, 페르소나 등 심리 구성 요소를 자각하고 통합하여, 자기(Self)와의 조화를 이루도록 돕는 데 적용된다. 예컨대, 성인기 이후 삶의 전환기나 위기 상황에서 자기이해를 증진하고 삶의 방향성을 재정립하는 데 분석심리학적 접근은 유효한 도구가 될 수 있다. 또한 꿈 분석, 적극적 명상, 상징 해석과 같은 기법은 언어적 표현이 제한된 아동, 트라우마 생존자, 노인 등에게도 적용 가능하다. 이는 감정을 상징화하고 통합하는 과정을 통해 심리적 회복과 정서를 조절하며, 특히 외상 경험자의 내면 혼란을 정리하는 데 기여한다.

분석심리이론을 실천 현장에서 수용할 경우, 사회복지사는 단순한 문제 해결을 넘어 클라이언트가 자신의 삶을 재구성하고 통합된 자아를 회복하도록 지원할 수 있다.

결과적으로 이 이론은 정서적 통찰과 자기통합을 강조하며, 클라이언트의 전인적 회복과 성장이라는 사회복지의 핵심 목표에 실질적인 기여를 할 수 있는 심층심리학적 접근이라 할 수 있다. 사회복지 현장에서 활용되고 있는 분석심리이론을 활용한 치료 기법은 〈표 3-4〉와 같다.

〈표 3-4〉 분석심리이론 기법

기법	설명	목적	사례
단어연상 검사	정해진 단어에 대한 즉각적 반응어를 통해 무의식의 갈등, 억압, 감정 덩어리(콤플렉스)를 탐색하는 방법	반응 시간, 반복, 오류 등을 분석하여 내담자의 정서적 중심 주제 확인	'죽음'이라는 자극어에 '아버지'라는 반응어 반복 여부로 콤플렉스 존재 추론
회화분석	내담자와 치료자 간의 상호작용 대화를 분석하여 전이·역전이 및 무의식적 상호작용을 파악	치료적 관계 속에서 재현되는 과거 관계 패턴과 정서 구조 분석	치료자에게 '통제하는 어머니'와 같은 감정을 느끼는 전이 반응 해석
적극적 명상	이미지, 환상, 내면 장면을 의식적으로 전개·표현하며 무의식과 대화하고 통합하는 기법	억압된 감정과 상징 이미지와의 의식적 교류를 통해 자아와 자기의 통합	반복되는 '검은 새' 이미지와의 상상을 통해 공포의 상징적 의미 통찰
꿈의 분석	꿈에 나타난 상징을 분석하여 무의식의 메시지, 집단무의식의 원형, 자아 상태 등을 해석 : • 상징의 해석 • 보상 기능 • 개성화 과정과의 연관 • 시계열 분석 • 주관적 접근 • 객관적 접근	자아 발달 수준 진단, 자기(Self)와의 상징적 통합 유도	'밝은 빛의 인물'이 나오는 꿈을 자기(Self)의 '도래 상징(emergent symbol)'으로 해석

요점정리

- 분석심리이론은 융이 창시한 심층심리학으로, 의식 · 개인무의식 · 집단무의식의 세 층위와 원형 개념을 통해 인간 정신을 설명한다. 인간은 개성화 과정을 통해 자기(Self)와 통합을 이루며 심리적 성숙에 도달한다.
- 개성화는 자아가 무의식의 원형과 통합하여 자기(Self)와 조화를 이루는 과정으로, 심리적 균형과 성장을 위한 핵심이다. 이 과정에서 그림자, 아니마 · 아니무스, 페르소나 등의 원형과의 통합이 중요하다.
- 꿈은 의식과 무의식의 균형을 맞추는 자기조절 기제로 작용하며, 보상 · 대립 · 초월 기능을 통해 심리 통합을 돕는다. 사회복지 실천에서는 내담자의 무의식적 갈등과 자아 성장 과정을 이해하는 데 활용될 수 있다.

생각해 볼 문제

1. 융이 말한 '자기(Self)'와 프로이트의 '자아(Ego)' 개념의 차이를 설명하시오.
2. 개성화 과정에서 그림자 통합의 중요한 이유와 실패할 경우 나타날 수 있는 문제를 제시하시오.
3. 꿈의 분석이 사회복지 실천에서 어떻게 활용될 수 있는지 구체적 사례를 들어보시오.

개인심리이론과 심리사회이론

개 요

개인심리이론은 열등감, 우월성 추구, 보상, 생활양식, 사회적 관심과 같은 개념을 통해 인간의 성격과 행동이 가정환경, 형제 위치, 사회문화적 맥락 속에서 어떻게 형성되는지를 설명한다. 이 이론은 인간을 목적지향적이며 사회적 존재로 이해하며, 격려를 통한 자기효능감 증진과 협력적 삶의 중요성을 강조한다.

심리사회이론은 전 생애에 걸쳐 발생하는 여덟 가지 심리사회적 위기와 발달 과업을 통해 자아정체감의 형성과 변화 과정을 설명한다. 이 이론은 개인이 사회적 맥락 속에서 신뢰, 자율성, 주도성, 정체감 등의 과업을 성취함으로써 건강한 성격을 발달시킨다고 본다.

두 이론은 상담, 교육, 사회복지 등 다양한 실천 현장에서 개인의 자아 이해와 대인관계 능력 향상에 기여할 수 있는 실천적 이론 틀을 제공하며, 인간 이해와 개입 전략 수립에 유용한 통합적 관점을 제시한다.

학습목표

1. 개인심리이론과 심리사회이론의 이론적 배경을 설명할 수 있다.
2. 각 이론의 주요 개념과 인간관을 이해하고 설명할 수 있다.
3. 두 이론을 사회복지 실천 현장에 적용할 수 있는 개입 전략을 수립할 수 있다.

1 개인심리이론 : 알프레드 아들러

1) 이론적 배경

개인심리이론은 알프레드 아들러(Alfred Adler)에 의해 창안된 심리학적 접근으로, 인간을 능동적이고 목적지향적이며 사회적으로 상호작용하는 존재로 이해하려는 시도에서 출발하였다. 아들러는 초기에는 프로이트의 정신분석이론에 동조하였으나, 인간행동의 동기를 무의식적 충동보다는 개인의 목표와 사회적 맥락에서 찾고자 하며 독자적인 이론체계를 발전시켰다.

20세기 초 유럽은 산업화와 도시화로 인해 개인의 정체성과 역할에 대한 혼란이 심화되고 있었다. 아들러는 이러한 시대적 맥락 속에서 인간을 단순한 생물학적 존재가 아닌, 공동체 속에서 소속감과 기여감을 추구하는 사회적 존재로 보았다. 이는 인간을 수동적 존재로 간주하던 기존 심리학의 시각에 대한 비판이자 대안이었다.

그는 인간행동을 과거의 경험이나 충동에 의해 결정되는 것으로 보지 않고, 미래의 목표와 허구적 이상(fictional finalism)에 따라 조직된다고 보았다. 이러한 목적론적 관점은 인간이 자기 삶의 의미를 구성하고 선택하며 살아간다는 점을 강조한다.

개인심리이론은 특히 열등감과 보상, 생활양식, 사회적 관심(social interest) 등의 개념을 통해 개인의 성격 형성과 행동 양식을 설명하며, 이는 사회복지 실천에서도 클라이언트의 삶을 이해하고 변화시킬 수 있는 강력한 틀을 제공한다.

아들러의 이론은 궁극적으로 인간을 자율적이고 성장 가능성을 지닌 존재로 간주하며, 사회적 맥락 속에서 개인의 책임, 선택, 관계의 중요성을 강조하는 진보적인 심리학적 접근으로 평가된다.

2) 이론 형성에 영향을 준 사상적 기반

(1) 프로이트의 정신분석이론

정신분석의 기본 개념을 차용했으나, 인간에 대한 해석 방식은 근본적으로 달랐다. 프로이트가 인간행동의 동기를 무의식적 충동과 성적 에너지(libido)에서 찾았다면, 아들러는 인간을 본능에 수동적으로 반응하는 존재가 아니라, 목표를 향해 능동적으로 나아가는 존재로 이해하였다. 그는 자아를 단순한 충동 억제 기능이 아닌, 개인의 생활양식과 목표를 조직하는 중심 주체로 보았다.

(2) 바이힝거의 허구적 사고 개념

아들러는 한스 바이힝거(Hans Vaihinger)의 '허구적 사고 유발 개념(fictionalism)'에 영향을 받아, 인간이 실제보다 스스로 설정한 이상이나 목표에 따라 더 강하게 동기화된다고 보았다. 인간은 현실을 완벽히 인식하지 못하지만, 삶의 방향을 위해 허구적 개념을 활용한다는 관점은 아들러의 '허구적 최종목표' 개념으로 발전하였다.

(3) 자네의 열등감 개념

피에르 자네(Pierre Janet)의 연구를 통해 인간은 심리적 결함이나 약점을 보완하려는 동기를 지닌다고 보았고, 아들러는 이를 바탕으로 '열등감'을 중심 개념으로 체계화하였다. 인간은 내면의 부족함을 극복하려는 '우월성 추구(striving for superiority)'를 통해 심리적 성장과 자기실현을 이루어 간다고 설명하였다.

(4) 후설의 현상학적 관점

아들러는 에드문트 후설(Edmund Husserl)의 현상학으로부터 '주관적으로 체험된 현실'의 중요성을 받아들였다. 그는 객관적 사실보다 개인의 지각과 해석, 즉 주관적 세계관이 인간행동의 핵심 동기라고 보았다. 이는 개인의 생활양식과 세계관을 이해하는 데 해석학적 접근의 기반이 되었다.

(5) 베르트하이머의 형태주의 심리학

막스 베르트하이머(Max Wertheimer)의 형태주의 심리학은 인간 심리를 전체적이고 통합적으로 이해하려는 아들러의 관점에 영향을 주었다. 그는 인간의 행동을 개별 요소가 아닌 전체 맥락에서 해석해야 하며, 이는 생활양식(lifestyle) 개념과 긴밀히 연결된다고 보았다.

(6) 카를 마르크스의 사회구조론

아들러는 인간의 심리와 성격을 분석할 때 사회구조와 물질적 조건의 중요성을 간과하지 않았다. 그는 개인의 심리 문제를 사회적 맥락 속에서 이해하고자 하였으며, 이는 마르크스의 사회이론과 철학적 접점을 형성한다. 아들러는 '사회적 관심(social interest)' 개념을 통해 개인의 심리적 건강은 공동체 속에서 유대감과 기여를 실현하는 데 있다고 강조하였다.

(7) 니체의 힘에의 의지

프리드리히 니체(Friedrich Nietzsche)의 '힘에의 의지(Wille zur Macht)'와 '초인 사상'은 아들러에게 철학적 자극을 제공하였다. 니체가 인간의 자기초월을 강조했다면, 아들러는 이를 '우월성 추구'라는 심리학적 개념으로 발전시켜, 인간이 자신의 한계를 극복하고 성장하는 동기를 설명하였다. 이는 단순한 생존이 아닌 창조적이고 사회적 기여로 이어지는 인간 행위의 본질을 밝히려는 시도였다.

3) 아들러의 생애

알프레드 아들러는 오스트리아 빈(Vienna)에서 유대계 중산층 가정의 여섯 남매 중 둘째로 태어났다. 그는 어릴 적 심각한 건강 문제를 겪으며 죽음과 생존

알프레드 아들러
(Alfred Adler, 1870~1937)

에 대한 성찰을 하였고, 이러한 경험은 열등감 이론과 우월성 추구 개념 형성에 영향을 주었다. 그는 학업 성적 부진을 극복하고 스스로의 노력으로 자기효능감을 경험하였으며, 아동기의 병약함은 의학과 인간 심리에 대한 관심으로 이어졌다.

빈 대학교에서 의학을 전공한 후 안과의사와 일반 개업의로 활동하며 다양한 환자들을 접하였고, 이 과정에서 정신분석학에 관심을 갖게 되었다. 1902년 프로이트가 주도하던 빈 정신분석학회에 참여하였으나, 인간을 본능 중심의 존재로 보는 시각에 한계를 느끼고 1911년 독립하였다. 이후 그는 인간의 행동을 사회적 맥락과 목적 지향성에서 이해하는 '개인심리학'을 창시하였다.

아들러는 인간을 통합적 전체로 바라보며, 행동을 과거가 아닌 미래의 목표와 방향성에 따라 해석하였다. 그는 공동체 속에서 소속감과 기여감을 추구하는 사회적 존재로서의 인간을 강조하였다. 또한 빈을 중심으로 무료 아동상담소를 운영하고 교사·부모교육을 통해 심리학의 사회적 확산에 기여하였으며, 미국에서도 강연과 교육을 이어갔다.

1937년 스코틀랜드 애버딘에서 강연 중 심장마비로 사망하였으나, 그의 개인심리학은 루돌프 드레이커스 등 후속 학자들에 의해 교육 및 상담 분야로 확장되었다. 오늘날에도 아들러의 이론은 인간을 사회적이고 목적 지향적인 존재로 이해하는 심리학의 중요한 토대로 평가된다.

4) 인간관과 주요 관점

개인심리이론은 인간을 변화 가능하고 자율적이며 통합된 존재로 이해하는 낙관적이고 전체론적인 인간관에 기반하고 있다. 이는 심리치료, 교육, 사회복지 등 다양한 실천 분야에서 인간 이해의 이론적 토대를 제공한다.

(1) 인간관

① 낙관론적 인간관

아들러는 인간이 열등감을 극복하고 우월성을 추구함으로써 성장과 자기실현을 이룰 수 있다고 보았다. 인간을 병리적 존재가 아닌, 긍정적 변화를 지향하는 역동적 존재로 이해하며, 자율성과 공동체 기여의 가능성을 내포한 낙관주의적 시각을 견지하였다.

② 양비론적 인간관

아들러는 인간이 유전과 환경에 의해 단순히 결정되는 것이 아니라, 창조적 자아(creative self)를 통해 이를 해석하고 삶의 양식을 스스로 조직한다고 보았다. 인간은 자신의 삶을 재구성하고 방향성을 선택하는 자율적이고 주체적인 존재로 간주된다.

③ 자유론적 인간관

아들러는 인간이 과거 경험에 수동적으로 반응하는 존재가 아니라, 미래에 설정한 목표에 따라 자율적으로 삶을 조직하는 존재로 이해하였다. 인간은 자기결정성과 도덕적 책임을 지닌 자유로운 존재로서, 허구적 목표(fictional finalism)를 설정하고 이를 향해 행동한다.

(2) 주요 관점

개인심리이론은 인간을 심리, 행동, 정서, 신체, 사회적 관계 등 다양한 요소가 유기적으로 통합된 전체로 보는 전체론적 관점을 지닌다. 아들러는 개인을 단순한 특성의 집합이 아닌, 고유한 생활양식(lifestyle)을 지닌 유기체로 보았다. 그는 인간 이해를 위해 분절적 접근이 아닌 통합적 해석이 필요하며, 이는 실천현장에서 클라이언트의 문제를 총체적으로 파악하고 개입할 수 있는 근거가 된다.

5) 주요 개념

(1) 열등감과 보상

개인심리이론은 인간행동의 주요 동기를 열등감에서 찾는다. 아들러는 인간이 태생적으로 미성숙하고 의존적인 존재로 시작하기 때문에 누구나 다양한 형태의 열등감을 경험한다고 보았다. 이러한 열등감은 병리적 요소가 아니라 성장과 자기실현을 자극하는 심리적 에너지로 기능한다. 인간은 열등감을 극복하고자 하는 과정에서 자아를 발달시키며, 이는 삶의 전반적인 방향성과 행동 양식에 결정적인 영향을 미친다(Adler, 1927).

① 기관 열등감

기관 열등감은 선천적 또는 후천적 신체 결함으로 인해 개인이 경험하는 신체적 약점에서 비롯된다. 시각, 청각, 언어 기능, 운동 능력 등의 제한은 결핍감과 부적절성을 유발하며, 이는 심리적 균형을 회복하기 위한 보상 행동으로 나타난다. 예를 들어, 언어장애를 가진 아동이 글쓰기 능력이나 창의성을 발달시키는 경우는 기관 열등감의 긍정적 보상 양상을 보여 주는 대표적 사례이다.

② 보편적 열등감

보편적 열등감은 인간 존재 전반에 내재된 정상적인 심리적 현상으로, 성장 과정에서 누구나 경험하게 되는 자아 인식의 긴장 상태를 의미한다. 아들러는 타인과의 비교, 이상적 자아상과의 불일치, 사회적 기대에 대한 부담 등은 자신에 대한 부족함을 자각하게 하며, 이는 자기개선과 성장의 동기가 된다. 이러한 열등감은 병리적인 상태가 아니라, 오히려 자아 발달과 목표 지향적 행동을 유도하는 필수적인 심리적 자원으로 해석된다.

③ 보상

보상은 개인이 경험하는 열등감을 극복하기 위해 해당 영역을 강화하거나, 다른 분야에서 성취를 이루려는 적응적 심리 기제이다. 그러나 보상이 비현실적인 목표나 자기과시로 왜곡될 경우, 이는 과잉보상이나 우월 콤플렉스로 발전할 수 있다. 예를 들어, 왜소한 체격의 개인이 학업이나 사회적 영향력에서 두각을 나타내는 것은 대표적인 보상의 형태이다.

(2) 열등 콤플렉스

열등 콤플렉스는 개인이 자신을 지속적으로 결함 있거나 무가치한 존재로 인식하며 형성되는 고착된 심리 상태를 의미한다. 이는 일반적인 열등감이 성장의 계기가 되지 못하고 병리적 자기인식으로 고착된 결과로 발전할 수 있다(Adler, 1927). 자아개념의 손상과 낮은 자기효능감으로 성인기에는 부적응 행동이나 대인관계의 어려움으로 나타날 수 있다.

① 신체적 열등감

선천적 또는 후천적인 신체 기능의 결함은 자존감 저하, 사회적 위축, 자신감 결여로 이어질 수 있으며, 때로는 방어적 행동으로 나타난다. 보상을 통해 극복되지 못할 경우, 열등 콤플렉스로 고착될 수 있다.

② 과잉보호

과잉보호는 자율성과 독립성을 제한하여 자기효능감을 약화시키고 의존성을 심화시킨다. 결과적으로 성인이 되어도 자기불신과 무력감을 경험하게 되며, 열등 콤플렉스의 형성 요인이 된다(Adler, 1927).

③ 무관심과 정서적 박탈

정서적 지지 결여는 부정적 자아 인식을 강화하고 대인관계 위축을 유발한다. 아들러는 무관심한 환경이 아동의 자기비하 또는 과도한 자만심을 형성한다고 보았다.

④ 우월성 추구

우월성 추구(striving for superiority)는 인간행동을 이끄는 중심 동기로, 성격 형성의 핵심 원리이다. 인간은 본질적으로 불완전성을 지닌 존재로서 이를 극복하고자 하는 내적 동기를 지닌다. 이때의 우월성은 타인을 지배하려는 것이 아니라, 자기성장과 사회적 기여를 향한 긍정적 동기를 의미한다. 그러나 비현실적 이상과 결합될 경우, 방어기제로 작용하며 우월감 콤플렉스나 과잉보상으로 나타날 수 있다.

아들러는 우월성 추구가 반드시 사회적 관심(social interest)과 결합되어야 한다고 강조하였다. 개인의 성장이 공동체의 이익과 연결될 때, 이는 건강한 자기실현으로 이어질 수 있다.

(3) 생활양식

생활양식은 개인이 삶을 해석하고 목표를 향해 나아가는 독특하고 일관된 심리 구조를 의미한다. 아들러는 인간의 행동이 무작위적이거나 단순한 습관의 산물이 아니라, 목적에 따라 조직화된 일관된 패턴에 따라 전개된다고 보았다(Adler, 1929/1992). 생활양식은 아동기 초기에 형성된 경험과 열등감, 그리고 이를 해석하고 대처하는 방식에 따라 결정되며, 이후의 사고, 감정, 행동 전반에 영향을 미친다. 생활양식의 중심에는 허구적 최종목표(fictional final goal)가 존재하며, 이는 실현 가능성과 무관하게 개인에게 방향성과 의미를 부여한다. 예를 들어, '완벽해져야 한다'라는 내면의 목표는 사고 방식, 대인관계, 자기평가 전반에 영향을 미쳐 생활양식의 형태로 드러난다.

① 지배형

지배형은 타인을 통제하거나 지배함으로써 우월성을 확보하려는 유형이다. 권위적이고 자기중심적인 성향을 보이며, 실제로는 깊은 열등감이 내재해 있는 경우가 많다. 대인관계에서 갈등과 고립을 초래할 수 있으며, 상담에서는 통제 욕구 뒤에 숨겨진 불안을 인식하도록 돕는 것이 중요하다.

② 획득형

획득형은 타인의 도움과 보호를 통해 문제를 해결하려는 의존적 생활양식이다. 과잉보호적 양육 환경에서 자라날 경우 형성되며, 자율성과 자기결정성이 약화된다. 상담에서는 내담자가 자기결정적 태도를 형성할 수 있도록 지지하는 것이 중요하다.

③ 회피형

회피형은 실패에 대한 두려움이나 열등감으로 인해 삶의 도전 자체를 회피하는 생활양식의 유형이다. 비관적 태도, 무관심, 낮은 자기효능감이 특징이며, 반복된 실패 경험에서 기인한다(Ansbacher & Ansbacher, 1956). 상담에서는 내담자가 도전과 실패에 대한 두려움을 인식하고, 작은 성공 경험을 통해 자신감을 회복하는 데 중점을 둔다.

④ 사회적 유용형

사회적 유용형은 아들러가 이상적으로 제시한 생활양식으로, 타인에 대한 공감과 협력을 바탕으로 자신과 공동체의 성장을 추구한다. 건강한 애정과 격려를 받은 양육 환경은 이러한 유형의 발달을 돕는다(Ansbacher & Ansbacher, 1956). 사회적 유용형은 일, 사랑, 우정의 과제를 균형 있게 수행하며, 상담 목표는 내담자의 생활양식을 이 방향으로 전환하도록 돕는 것이다. 이는 건강한 자아와 성숙한 사회적 관계의 형성을 가능하게 한다. 〈표 4-1〉은 생활양식 유형을 표로 정리한 내용이다.

〈표 4-1〉 생활양식 유형

생활양식 유형	주요 특성 및 행동 방식	사회적 관심	대표적인 성격 경향	예시적 설명
지배형 (Dominant)	타인을 지배하거나 통제하려는 경향이 강하며, 공격적이거나 자기중심적인 행동을 보임	낮음	공격적, 권위적	자신의 감정과 욕구를 우선시하며 타인의 입장을 고려하지 않음
획득형 (Getting)	타인에게 의존하거나 수동적으로 도움을 받으려는 성향이 강함	낮음	의존적, 수동적	스스로 문제를 해결하기보다는 주변의 도움을 기대함
회피형 (Avoiding)	실패나 좌절을 피하려는 경향이 강해 도전을 회피하거나 현실을 부정함	매우 낮음	회피적, 소극적	책임을 회피하고 문제 상황을 외면하려는 경향
사회적 유용형 (Socially Useful)	자신과 타인의 가치를 존중하고 사회적 기여를 실현하려는 건강한 생활양식	높음	협동적, 책임감 있음	공동체 내에서 생산적으로 활동하며 타인과 조화롭게 관계 맺음

(4) 가족형상

개인심리이론에서 가족형상(family constellation)은 개인의 성격 형성과 생활양식 발달에 핵심적인 심리사회적 요인으로 간주된다. 아들러는 인간을 단순히 유전이나 환경의 산물로 보지 않고, 가족 내 위치에 대한 주관적 해석을 통해 성격이 형성된다고 보았다. 가족형상은 출생순위, 형제자매 간 상호작용, 부모의 양육 태도와 기대, 역할 인식 등을 포함하며, 특히 만 5세 이전의 경험이 성격의 기초를 형성하는 데 중요한 영향을 미친다고 하였다.

이 중 출생순위(birth order)는 핵심 요소로, 생물학적 순서보다는 개인이 인식하는 가족 내 심리적 위치가 성격에 영향을 준다. 장남은 책임감과 권위 지향성을, 둘째는 경쟁과 협동을, 막내는 자유로움과 창의성을 보일 가능성이 있다. 가족형상은 상담 과정에서 내담자의 현재 행동을 이해하고 해석하는 유용한 틀을 제공하며, 자기 인식을 증진시켜 변화를 위한 통찰을 가능하게 한다(Ansbacher & Ansbacher, 1956).

① 장남 · 장녀

장남 · 장녀(firstborn)는 부모로부터 집중적인 애정과 기대를 받는 위치에 있으며, 동생의 탄생은 상대적인 지위 상실을 초래한다. 이러한 변화는 책임감, 성취욕, 질서 지향적 성향을 강화시킬 수 있다. 이들은 종종 리더십 능력과 규범 의식을 갖추지만, 동시에 과도한 경쟁심, 완벽주의, 실패에 대한 두려움을 내면화할 가능성도 있다. 특히 부모의 애정이 동생에게로 옮겨졌다고 지각될 경우, 인정 욕구와 우월성 추구가 더욱 강화된다. 아들러는 출생순위 자체보다 개인이 해당 위치를 어떻게 해석하고 의미화하는지가 성격 형성에 결정적이라고 보았다.

② 둘째 · 중간 자녀

중간 자녀(second/middle child)는 형제 사이에서 경쟁과 협상의 역할을 맡으며 성장한다. 이들은 자신의 정체성과 가치를 확보하고자 경쟁심이 강하고, 독립적인 태도를 보이는 경우가 많다(Adler, 1928). 그러나 유연한 사고와 중재 능력, 협동심 등을 발달시키기도 하며, 가족 내 중재자 역할을 수행할 가능성도 있다. 반면, 장남과의 비교나 부모의 관심 부족은 열등감을 유발할 수 있고, 반항적 행동으로 나타날 수도 있다. 아들러는 양육 태도와 관계의 질이 이들의 생활양식 형성에 큰 영향을 미친다고 보았다.

③ 막내 자녀

막내 자녀(youngest child)는 가족 내 다양한 역할 모델을 관찰하며 자라고, 과잉보호나 과도한 애정을 받기 쉬운 위치에 있다. 이는 의존적 태도나 책임 회피 성향을 유발할 수 있지만, 동시에 창의성, 유연성, 유머 감각 등의 자원을 개발하는 데 유리한 조건이 되기도 한다. 또한 열등감을 극복하기 위해 과잉보상적 방식으로 강한 성취욕이나 경쟁심을 나타낼 수 있다.

④ 외동자녀

외동(only child)은 형제 간 경쟁 없이 부모의 관심을 독점하는 위치에서 성장한다. 이들은 조숙하고 언어 능력이 뛰어나며 성취욕이 강한 반면, 또래와의 사회적 상호작용 기회 부족으로 사회적 기술이 제한될 수 있다. 과보호 환경에서는 자기중심성, 완벽주의 성향이 나타날 수 있으며, 반대로 높은 집중력과 자기주도성도 발달할 수 있다. 아들러는 출생순서를 결정적 요인으로 보기보다는, 개인이 이를 어떻게 해석하고 내면화하는지를 더욱 중요하게 보았다.

(5) 사회적 관심

사회적 관심(social interest)은 아들러 개인심리이론의 핵심 개념으로, 인간이 공동체 속에서 타인과 협력하고 공감하며 살아가려는 성향을 의미한다. 이는 단순한 친절이나 사교성을 넘어, 타인의 입장을 이해하고 자신을 공동체의 일원으로 인식하는 윤리적이고 사회적인 감수성을 포함한다. 아들러는 사회적 관심이 인간에게 잠재된 능력으로 존재하며, 양육자의 태도, 가족 내 상호작용, 사회적 경험을 통해 발달한다고 보았다.

사회적 관심이 충분히 형성되면, 개인은 일, 우정, 사랑이라는 주요 삶의 과제를 조화롭게 해결할 수 있으며, 우월성 추구 역시 공동선을 지향하는 방향으로 나타난다. 반면, 사회적 관심이 결여될 경우 자기중심성, 고립감, 심리적 부적응으로 이어질 수 있다. 아들러는 상담의 주요 목표를 사회적 관심의 회복에 두었으며, 개인이 타자와의 관계 속에서 삶의 의미를 재구성하도록 돕고자 하였다.

(6) 창조적 자아

창조적 자아(creative self)는 인간이 자신의 삶을 능동적으로 해석하고 조직하는 주체적 기능을 의미한다. 아들러는 인간을 유전적 소질이나 환경적 조건에 의해 결정되는 존재가 아니라, 이를 바탕으로 자신만의 고유한 의미체계를 형성하는 창조적 존재로 이해하였다. 창조적 자아는 동일한 환경에서도 각기 다른 성격 특성과 행동을 만들어 내는 요인이며, 인간의 자유의지와 자기결정성을 강조하는 핵심 개념이다.

창조적 자아는 열등감, 가족 구조, 사회적 기대와 같은 외적 조건을 그대로 수용하기보다는, 이를 재해석하여 개인만의 생활양식을 구성하는 동력으로 작용한다. 상담에서는 내담자가 자신의 창조적 자아를 자각하고 삶의 방향을 재설정할 수 있도록 돕는 것이 중요하며, 이는 변화 가능성과 심리적 성장의 기반이 된다.

(7) 가상적 최종목표

가상적 최종목표(fictional finalism)는 인간이 설정한 이상적 자기상이나 궁극적 목표를 의미하며, 행동의 통일성과 방향성을 설명하는 데 핵심적인 역할을 한다. 이는 현실적으로 검증 가능한 목표가 아니라, 개인이 심리적으로 구성한 '완전함'이나 '성공'에 대한 내면적 기준이다. 이러한 목표는 아동기 열등감을 극복하려는 심리적 보상에서 비롯되며, 무의식적으로 사고와 감정, 행동을 조직하는 중심 축이 된다.

아들러는 인간이 과거보다 미래의 목표에 의해 더 강하게 움직인다고 보았다. 모든 행동은 이러한 가상적 목표와 연결되어 있으며, 심리적 증상이나 갈등도 이 목표 지향성 안에서 해석될 수 있다. 따라서 상담에서는 내담자가 자신의 가상적 목표를 인식하고, 그것이 현실적이고 사회적으로 유익한 방향인지 검토할 수 있도록 돕는 것이 중요하다.

6) 사회복지 실천에서의 적용

아들러의 개인심리이론은 인간을 목적지향적이고 사회적 존재로 이해하며, 개인의 행동을 삶 전체의 맥락 속에서 해석하는 통합적 관점을 제시한다. 이는 사회복지 실천에서 클라이언트를 단순한 문제의 집합체가 아닌, 자신의 삶을 조직하고 의미를 부여하는 주체로 간주하는 데 중요한 이론적 기반을 제공한다. 아들러는 행동을 병리적 증상으로 보기보다, 열등감 극복과 우월성 추구를 위한 적응 전략으로 해석하였다. 그는 행동의 기능과 목적을 중심으로 분석할 것을 강조하며, 클라이언트의 심리적 동기를 이해하는 데 초점을 둔다. 그의 이론에서 핵심 가치인 사회적 관심(social interest)은 사회복지의 실천 원리인 연대, 상호존중, 공동체 회복과 깊이 연결된다. 인간은 타인과의 관계 속에서 성장하며, 공동체 내에서 자신의 역할과 가치를 실현할 수 있을 때 심리적 안정과 성숙을 이룬다고 보았다.

사회복지 실천 현장에서는 생활양식 분석(lifestyle analysis)을 통해 클라이언트의 반복적 문제 행동의 심리적 의미를 파악하고, 자기효능감 향상을 위한 개입 전략을 구성할 수 있다. 이는 클라이언트가 자신의 삶을 재구성하고, 보다 건강한 방향으로 나아가도록 돕는 데 효과적이다. 아들러의 이론은 특히 가족상담, 학교사회복지, 청소년복지 등 다양한 영역에서 유용하게 적용되며, 인간을 전체적·사회적 존재로 조망하는 이론적 틀을 사회복지 실천에 제공한다.

2 심리사회이론 : 에릭슨

1) 이론적 배경

심리사회이론(Psychosocial Theory)은 에릭 에릭슨(Erik H. Erikson)에 의해 정립된 인간발달이론으로, 프로이트의 정신분석이론을 확장·비판하며 자아 발달에 사회적 맥락의 중요성을 통합한 점에서 의의가 있다(Corey, 2021).

에릭슨은 프로이트가 인간 발달을 성 본능 중심으로 제한하고, 초기 아동기에만 초점을 맞춘 점을 비판하며, 인간 발달은 전 생애에 걸쳐 지속적으로 이루어진다고 주장하였다. 그는 청소년기, 성인기, 노년기까지 포함하는 여덟 단계의 발달 과업을 제시하면서, 각 단계에서 개인은 심리사회적 위기(psychosocial crisis)를 경험하고 이를 해결하는 과정에서 자아가 성장한다고 보았다.

또한 에릭슨은 문화, 역사, 사회구조와 같은 환경적 요소들이 자아 발달에 결정적인 영향을 미친다고 강조하였다. 그는 개인을 폐쇄된 내면적 존재로 보았던 기존 이론과 달리, 자아가 사회적 상호작용과 문화적 조건 속에서 능동적으로 정체성을 형성하고 발전해 간다고 보았다(Erikson, 1963).

그의 이론은 자아심리학(Ego Psychology)에 기반하여, 자아를 단순히 원초아의 중재자가 아닌 환경에 적응하고 삶의 과제를 해결하는 자율적이고 창조적인 기능을 가진 존재로 이해하였다. 이러한 자아 중심 관점은 인간이 매 발달 단계에서 직면하는 위기를 해결하면서 성숙한 정체성을 형성해 나가는 과정에 초점을 둔다.

에릭슨의 심리사회이론은 특히 발달심리학, 교육학, 상담 및 사회복지 분야에서 널리 활용되며, 생애주기 전반에 걸친 발달 이해에 통합적 틀을 제공한다.

(1) 프로이트의 정신분석이론과의 관계

에릭슨의 이론은 프로이트의 기본 개념을 토대로 하되, 인간 이해의 범위를 확장하고자 하였다. 프로이트는 인간 정신을 의식, 전의식, 무의식의 세 층위로 구분하고, 자아, 원초아, 초자아라는 정신구조 간의 역동을 중심으로 성격 발달을 설명하였다(Freud, 1923). 그는 성욕(libido)을 중심으로 구강기, 항문기, 남근기, 잠복기, 생식기의 5단계 심리성적 발달이론을 제시하며, 성격은 초기 아동기의 경험에 의해 결정된다고 보았다(Freud, 1905).

에릭슨은 이러한 기본 구조를 수용하면서도, 성욕 중심의 발달 개념을 사회적 관계와 문화적 맥락 속에서의 자아 발달로 전환시켰다. 그는 자아가 단순히 본능의 중재자가 아닌, 환경과 상호작용하며 자신의 정체성을 확립해 가는 능동적 주체임을 강조하였다. 이로써 심리사회이론은 인간을 보다 역동적이고 사회적

이며 변화 가능한 존재로 이해할 수 있는 새로운 관점을 제시하였다.

(2) 점성 원리

에릭슨의 심리사회이론은 점성 원리(epigenetic principle)에 기초한다. 이는 인간 발달이 생물학적 성숙과 사회적 요구에 따라 일정한 순서와 단계로 진행된다는 이론적 원리로, 각 단계는 이전 단계의 성취를 바탕으로 성숙하며 그 순서를 건너뛸 수 없다는 점을 강조한다.

각 단계는 고유한 심리사회적 위기를 포함하며, 이를 성공적으로 해결할 경우 건강한 성격의 기초가 형성된다. 반대로 위기의 해결이 실패하거나 미완성될 경우, 다음 단계의 발달에 어려움을 초래할 수 있다. 점성 원리는 발달이 단절된 사건이 아닌 연속적인 과정임을 강조하며, 자아의 성숙이 단계 간 상호작용을 통해 이루어진다는 통합적 관점을 제공한다.

(3) 자아심리학의 영향

에릭슨의 이론은 자아심리학(Ego Psychology)의 영향을 받아 자아를 능동적이고 성장 가능한 존재로 설명한다. 자아심리학은 전통적 정신분석이 본능과 무의식에 초점을 맞췄던 것과 달리, 자아의 현실 적응 능력과 환경 반응을 강조한다.

하르트만(Hartmann, 1939)은 자아가 갈등이 없는 영역에서도 작동하며, 환경과의 상호작용 속에서 자율적으로 발달한다고 주장하였다. 에릭슨은 이를 바탕으로 자아를 단순한 충동 조절 기능을 넘어, 생애 전반에 걸쳐 심리사회적 과제를 해결하는 주체로 보았다. 자율성, 주도성, 근면성 같은 자아의 핵심 기능은 각 발달 단계에서 점진적으로 강화되며, 궁극적으로 자아 정체성 형성으로 이어진다. 이와 같은 관점은 심리사회이론이 개인 내적 갈등뿐 아니라 사회·문화 속 인간 발달을 포괄적으로 설명함을 보여 준다.

(4) 문화인류학의 영향

에릭슨은 인간 발달을 사회적·문화적 맥락에서 통합적으로 이해하고자 했다. 그는 다양한 문화권과의 상호작용을 통해 자아가 단지 개인 내면의 구조가 아닌, 문화와 사회 속에서 형성된다는 점에 주목하였다.

그는 미국 원주민 부족이나 중남미 마야족과 같은 집단을 대상으로 한 현장 연구를 통해, 발달 단계는 동일해도 자아 형성 방식은 문화에 따라 달라질 수 있음을 확인하였다. 예컨대, 부족 청소년의 정체성은 공동체 중심의 가치와 집단 의례 속에서 형성되었으며, 이는 서구 사회의 개인주의적 자아 형성과는 다른 양상을 보였다. 이러한 경험은 자아가 문화적 조건에 의해 구성된다는 점을 강조하게 했으며, 심리사회이론을 발달의 보편성과 문화적 특수성을 모두 반영하는 이론으로 발전시키는 데 기여하였다(Coles, 1970).

(5) 대상관계이론과의 연관성

심리사회이론은 자아를 고정된 내적 구조가 아닌, 사회적 관계 속에서 형성되고 변화하는 존재로 본다. 이 점에서 초기 양육자와의 관계를 성격 발달의 핵심으로 보는 대상관계이론(object relations theory)과 개념적 유사성을 지닌다.

에릭슨은 자아가 타자와의 반복적 상호작용 속에서 점진적으로 형성된다고 보았다. 유아기와 아동기 주 양육자와의 관계는 자아의 기본 기능인 신뢰감, 자율성, 주도성 등을 발달시키는 기초가 된다. 이는 초기 대상관계의 내면화가 자아 구조에 기여한다는 견해와 연결된다.

각 발달 단계의 심리사회적 위기는 특정한 대인관계 속에서 발생하며, 이 위기를 해결하는 과정에서 자아는 사회적 역할을 내면화하고 정체성을 강화해 간다. 예를 들어, 유아기의 '신뢰 대 불신' 위기나 청소년기의 '정체성 대 역할 혼란' 위기는 중요한 타인과의 관계를 통해 해결되며, 이는 자아가 사회적 관계 속에서 구성된다는 점을 잘 보여 준다. 대상관계이론은 심리사회이론이 자아를 관계 중심적으로 이해하는 데 이론적 정당성을 부여하며, 인간 발달을 보다 심층적이고 실천 지향적으로 해석할 수 있게 한다.

2) 에릭슨의 생애

에릭 홈브르거 에릭슨
(Erik Homburger Erikson, 1902~1994)

에릭슨은 자아 발달과 정체성 이론의 선구자로, 인간의 심리적 성장 과정을 사회문화적 맥락 속에서 설명한 심리사회이론을 정립한 대표적 학자이다. 그는 1902년 독일 프랑크푸르트에서 덴마크계 아버지와 덴마크계 유대인 어머니 사이에서 태어났다. 그러나 부모는 에릭슨이 태어나기 전 이혼하였고, 어머니는 그가 세 살이 되던 해 독일계 유대인 소아과 의사 테오도어 홈브루거와 재혼하였다. 에릭슨은 이 계부를 친부로 여기며 성장하였다.

그는 유대인 집안에서 성장했지만, 북유럽계 외모로 인해 유대인 친구들에게는 '이방인', 독일인 친구들에게는 '유대인'으로 간주되며 소속감의 혼란과 정체성의 혼동을 경험하였다. 이러한 배경은 후에 그의 이론에서 핵심 개념인 '자아정체성'의 형성에 중요한 이론적 기초가 되었다.

정규 대학 교육 없이 고등학교 졸업 후 유럽을 방랑하던 그는 예술가의 길을 모색하였고, 독서와 사색, 다양한 문화적 경험을 통해 인간에 대한 관심을 키웠다. 1927년, 프로이트의 딸 안나 프로이트가 운영하던 빈의 사립학교에서 교사로 일하게 되었고, 이때부터 정신분석에 입문하였다. 안나 프로이트의 분석을 받으며 아동 분석가로서의 훈련을 시작하였고, 빈 정신분석연구소에서 자격을 취득하였다. 이 과정에서 몬테소리 교육에도 관심을 보였다.

1933년, 나치의 박해를 피해 미국으로 이민한 에릭슨은 보스턴에서 미국 최초의 남성 아동 정신분석가로 활동하였다. 하버드 의과대학과 예일대학교 등에서 교수로 재직하며 아동 발달과 문화인류학 연구에 매진하였다. 특히 미국 원주민 부족을 대상으로 한 연구는 자아 발달의 문화적 다양성을 강조하는 이론 발전에 결정적 영향을 미쳤다.

1942년 캘리포니아 대학교 버클리로 자리를 옮긴 그는 1950년 매카시즘에 맞서 충성 맹세를 거부하며 교수직에서 물러났다. 이후 매사추세츠 오스틴 릭스 센터에서 임상 연구를 지속하며 1960년 하버드 대학으로 돌아가 인간 발달학 교수로 활동하다가 1970년에 은퇴하였다.

그는 『유년기와 사회』(1950), 『청년 루터』(1958), 『간디의 진리』(1969) 등의 저서를 남겼으며, 특히 『간디의 진리』로 퓰리처상과 미국도서상을 수상하였다. 에릭슨은 전 생애 발달, 자아 정체성, 사회적 상호작용의 중요성을 강조하며 현대 심리학에 깊은 영향을 남긴 학자로 평가받는다.

3) 인간관과 주요 관점

에릭슨의 심리사회이론은 인간을 전 생애에 걸쳐 지속적으로 성장하고 변화하는 존재로 이해한다. 그는 인간을 단순히 본능에 의해 움직이는 수동적 존재가 아니라, 사회적 관계 속에서 자아를 형성하고 발전시키는 능동적 주체로 보았다(Erikson, 1950). 이 이론은 인간 발달을 보다 총체적으로 설명하기 위해 다음 네 가지 관점을 중심으로 전개된다.

① **낙관론적 관점**: 각 발달 단계의 위기는 부정적 사건이 아니라 자아 성장의 기회로, 환경과의 상호작용을 통해 극복 가능하다. 예를 들어, 청소년기의 '정체성 대 역할 혼란'은 자아정체성 확립을 위한 필수적인 발달 단계로, 이 시기의 갈등은 성인기로의 건강한 이행을 돕는 기반이 된다.

② **환경론적 관점**: 자아 발달은 가족, 교육, 또래관계 등 사회적 환경과 긴밀히 연결되며, 문화와 사회구조에 의해 형성된다.

③ **결정론적 관점**: 발달은 일정한 순서에 따라 진행되며, 이전 단계의 해결 여

부가 다음 단계에 영향을 준다. 단, 이는 절대적 규정이 아니라 경향성을 제시한다.

④ **전체론적 관점**: 인간을 생물학적, 심리적, 사회문화적 요소가 통합된 전체로 보고, 자아를 사회적 주체로 이해한다.

4) 주요 개념

(1) 심리사회적 발달

인간의 자아는 생물학적 성숙과 더불어 심리 내적 갈등과 사회적 요구 사이의 상호작용 속에서 발달한다. 각 생애 단계마다 특정한 심리사회적 위기(psychosocial crisis)가 발생하며, 이를 해결하는 방식이 자아의 성숙을 결정짓는다.

(2) 자아정체성

심리사회이론의 중심 개념으로, 자아정체성은 "나는 누구인가"에 대한 통합적 감각을 의미한다. 특히 청소년기의 정체성 대 역할 혼미 단계에서 핵심적으로 다뤄지며, 개인은 내면의 욕구와 사회적 기대 사이에서 자아의 일관성을 형성한다.

(3) 에릭슨의 심리사회적 발달 단계

① **1단계(0~18개월) 신뢰감 대 불신감(Trust vs. Mistrust)**

영아 주 양육자의 일관된 돌봄은 신뢰감을, 무관심한 양육은 불신감을 형성한다. 신뢰는 이후 안정적 관계와 사회성의 기초가 된다. 신뢰감은 이후 삶에서 대인관계, 사회참여, 자아 안정성의 기반이 되며, 불신감은 외부 세계에 대한 경계심과 불안으로 이어질 수 있다.

② **2단계**(18개월~3세) **자율성 대 수치심과 의심**(Autonomy vs. Shame and Doubt)

유아의 신체적 · 인지적 능력 발달을 통한 자율성 시도는 격려로 강화되고, 과도한 통제는 위축된다. 자율성은 자기조절과 책임감의 토대이다. 이 시기의 긍정적 발달은 자신에 대한 믿음과 사회 규칙 내에서 독립적인 행동을 가능하게 한다.

③ **3단계**(3~5세) **주도성 대 죄책감**(Initiative vs. Guilt)

학령 전기 아동의 계획과 실행 경험은 주도성을, 반복적인 제지와 비난은 죄책감을 만든다. 주도성은 목표 설정과 도전 능력으로 발전한다. 긍정적 결과는 아동에게 문제 해결과 도전에 대한 자신감을 부여하지만, 부정적 경험은 실패에 대한 두려움과 과도한 자기비판으로 이어질 수 있다. 이는 성인의 사회적 기능과 연계된다.

④ **4단계**(5~12세) **근면성 대 열등감**(Industry vs. Inferiority)

아동은 학교 생활과 또래 관계에서의 성공은 근면성과 유능감으로 이어지며, 반복된 실패는 열등감을 형성한다. 근면성은 성실성과 사회적 협력 능력의 핵심이다. 이 시기의 성공은 학업적 성취뿐만 아니라 성실성, 인내력으로 나타나며, 실패할 경우 자신감 부족과 회피적 태도가 발달할 수 있다(Erikson, 1950).

⑤ **5단계**(12~18세) **자아정체감 대 역할 혼미**(Identity vs. Role Confusion)

청소년기는 다양한 가치와 역할을 탐색하며 자아정체감을 확립하는 시기이다. 실패 시 혼란과 부적응으로 이어지며, 정체감은 성인기의 자율적 선택과 사회참여의 토대가 된다.

⑥ **6단계**(18~40세) **친밀감 대 고립감**(Intimacy vs. Isolation)

성인 초기에는 타인과의 정서적 유대는 친밀감과 헌신을, 실패는 고립과 대인관계 어려움을 낳는다. 친밀감은 자아정체성 확립 이후 가능하며, 고립은 사회적 고립뿐 아니라 내면적 공허감과 우울의 원인이 될 수 있다(Erikson, 1963).

⑦ 7단계(40~65세) 생산성 대 침체감(Generativity vs. Stagnation)

중년기의 다음 세대를 위한 기여는 생산성과 '배려'라는 심리사회적 덕목이 형성된다. 이는 개인의 사회적 정체성과 밀접하게 연관되며, 긍정적 발달은 공동체에 대한 기여와 지속 가능한 유산의 형성으로 이어지지만, 실패 시 무력감과 자기몰입이 심화되어 자아정체성과 대인관계에 부정적인 영향을 미칠 수 있다.

⑧ 8단계(65세 이후) 자아통합 대 절망감(Integrity vs. Despair)

노년기로 생애 회고를 통해 삶의 의미를 재구성하고 수용하는 시기이다. 삶의 수용은 지혜로, 후회와 미해결된 과제는 절망으로 이어진다. 자아통합은 죽음을 초연하게 받아들이게 한다. 실패 시 절망감은 무의미감, 후회, 외로움으로 연결된다.

에릭슨의 심리사회적 발달이론은 인간이 생애 전 주기에 걸쳐 8단계의 심리사회적 위기를 겪으며 자아를 형성해 가는 과정을 설명한다. 각 단계는 특정한 발달 과업과 사회적 기대에 기반하며, 위기의 성공적 해결은 건강한 성격 발달과 적응 능력의 향상으로 이어진다. 〈표 4-2〉는 이러한 8단계 발달 과정을 간략히 정리한 것이다.

〈표 4-2〉 에릭슨의 심리사회적 발달 8단계

단계	생활 주기	심리사회적 위기	중요한 관계	주요 과업	주요 병리	자아 강점	심리 성적 발달 단계
1단계	0세~ 18개월	신뢰감 vs. 불신감	주 양육자 (가정)	안정된 애착 형성	분열, 불신, 의존성	희망	구강기
2단계	18개월~ 3세	자율성 vs. 수치심	부모 (가정)	자율적 신체 조절, 선택과 통제	강박, 의심, 수치심	의지	항문기
3단계	학령 전기 3~5세	주도성 vs. 죄책감	가족 (가정)	목표 설정과 실행, 역할 놀이	죄책감, 충동 통제 결핍	목적	남근기

단계	생활 주기	심리사회적 위기	중요한 관계	주요 과업	주요 병리	자아 강점	심리 성적 발달 단계
4단계	학령기 5~12세	근면성 vs. 열등감	교사 (학교)	과업 수행과 성취, 경쟁력 형성	열등감, 실패감	유능감	잠복기
5단계	청소년기 12~18세	정체성 vs. 역할 혼란	친구 (학교)	자아정체성 확립, 가치 탐색	역할 혼란, 자기상실	충실	생식기
6단계	성인 초기 18~40세	친밀감 vs. 고립감	이성 친구 (사회)	정서적 친밀감, 관계의 헌신	고립, 회피, 관계 공포	사랑	
7단계	성인 중기 40~65세	생산성 vs. 침체성	직장 동료 (사회)	자녀 양육, 사회 기여	자기중심성, 무의미감	배려	
8단계	노년기 65세 이후	통합감 vs. 절망감	모든 관계	삶의 회고와 수용, 죽음 수용	절망, 회한, 혐오감	지혜	

5) 사회복지 실천에서의 적용

심리사회이론은 발달을 심리 내적 요인과 사회적 환경의 상호작용 속에서 이해하며, 사회복지 실천의 유용한 이론적 틀을 제공한다. 사회복지사는 클라이언트의 발달 단계와 특성을 고려하여 심리사회적 자원을 사정하고 개입 전략을 수립할 수 있다. 현재의 문제를 고립된 사건이 아닌, 해결되지 못한 이전 발달 과업의 결과로 해석한다(Erikson, 1968).

예를 들어, 청소년의 정체성 혼란은 아동기 신뢰감이나 자율성 부족과 연결될 수 있다.

발달 단계별 과업인 신뢰감, 자율성, 근면성, 정체성, 친밀감, 생산성, 자아통합은 실천 개입의 핵심 지표가 된다. 다문화 청소년은 문화 정체성 지원, 중년 실직자는 생산성 회복, 노년층은 회고와 세대 간 소통 프로그램을 통해 지원할 수 있다(Sokol, 2009). 이로써 사회복지사는 전 생애주기에 걸쳐 개인의 성장 가능성을 체계적으로 지원한다.

요점정리

- 아들러의 개인심리이론은 인간행동의 동력을 '우월성 추구'와 '사회적 관심'에서 찾는다. 열등감은 성장을 촉진하지만 과도하면 콤플렉스로 발전하며, 생활양식은 아동기 경험과 가족환경에서 형성되나 성인기에도 변화 가능하다. 사회복지 실천에서는 개인을 사회적 맥락 속에서 이해하고 공동체 성장에 기여하도록 돕는다.
- 에릭슨의 심리사회이론은 전 생애를 8단계로 구분하고 각 단계마다 심리사회적 위기를 제시한다. 위기를 성공적으로 해결하면 덕목과 사회 적응이 촉진되며, 실패하면 성격과 관계에서 어려움이 발생한다. 발달과업은 이전 단계 성취와 연결되며, 사회복지 개입은 이를 재학습·보완하는 과정이 된다.
- 두 이론 모두 개인을 전체 맥락에서 이해하는 관점을 제공한다. 아들러는 생활양식과 사회적 관심을, 에릭슨은 발달 단계와 위기 해결을 강조한다. 사회복지사는 이를 결합해 발달 단계별 맞춤 개입, 열등감 극복, 사회적 유대 강화, 정체성 확립을 지원한다.

생각해 볼 문제

1. 두 이론에서 공통적으로 강조하는 인간 이해의 관점은 무엇인가?
2. 에릭슨 8단계 중 가장 의미 있는 단계와 그 이유를 서술하시오.
3. 생활양식 분석이 사회복지 현장에서 어떻게 활용될 수 있는지 사례로 설명하시오.

Chapter 05

인지발달이론

개 요

인지발달이론은 인간이 외부 정보를 인식 · 해석 · 처리하여 문제를 해결하는 정신 과정을 설명하는 심리학 이론이다. '인지'는 사고, 지각, 기억, 추론 등 고등 정신 과정을 포함하며, 외부 자극을 의미 있는 지식으로 전환하고 감정과 행동에 영향을 준다고 본다.

인지발달이론의 주요 흐름은 두 가지이다.

첫째, 피아제의 인지발달이론은 인간이 환경과 능동적으로 상호작용하면서 지식을 재구성해 나가는 주체라고 본다. 그는 아동의 인지발달이 감각운동기, 전조작기, 구체적 조작기, 형식적 조작기의 네 단계를 거쳐 질적으로 변화한다고 설명하였다.

둘째, 엘리스는 현실에 대한 개인의 해석이 정서와 행동에 결정적 영향을 미친다고 보고, 비합리적 신념을 합리적으로 바꾸는 합리적 정서행동치료(REBT)를 제시하였다.

학습목표

1. 피아제의 인지발달이론에서 제시한 주요 개념(도식, 동화, 조절, 평형화)의 의미를 설명할 수 있다.
2. 인지발달 4단계(감각운동기, 전조작기, 구체적 조작기, 형식적 조작기)의 주요 특징을 비교하여 설명할 수 있다.
3. 엘리스의 합리적 정서행동치료(REBT)의 ABCDE 모델을 이해하고, 비합리적 신념이 정서에 미치는 영향을 사례를 통해 분석할 수 있다.
4. 인지발달 이론이 사회복지 실천에 어떻게 적용될 수 있는지를 평가하고, 그 한계를 비판적으로 분석할 수 있다.

1 인지발달이론 : 피아제(Piaget)

인간은 태어나면서부터 주변 환경과 상호작용하며 지적 능력을 발달시킨다. 이 과정에서 인지능력은 단순히 지식이 축적되는 것이 아니라, 질적으로 변화하고 조직화되는 방식으로 발달한다는 점에 주목한 것이 바로 인지발달이론이다. 인지발달이론은 인간의 사고 능력이 시간의 흐름에 따라 어떻게 성장하고 변화하는지를 탐구하는 이론으로, 인간을 환경에 수동적으로 반응하는 존재가 아니라 능동적으로 자신의 인지 구조를 구성해 나가는 주체로 본다.

장 피아제
(Jean Piaget, 1896~1980)

피아제(Jean Piaget)는 아동이 환경과의 상호작용을 통해 기존의 인지 구조인 '도식'을 '동화'와 '조절' 과정을 거쳐 정교화하며, 감각운동기, 전조작기, 구체적 조작기, 형식적 조작기의 네 단계를 거쳐 사고 능력을 발달시킨다고 보았다. 이 과정에서 아동은 새로운 정보를 기존의 지식체계에 통합하는 동화 또는 기존 체계를 수정하는 조절을 통해 인지적 균형을 추구하며, 점진적으로 더 높은 수준의 사고 능력을 발달시킨다는 이론이다.

1) 피아제의 생애와 인간관

장 피아제(Jean Piaget)는 스위스 출신의 심리학자로, 아동 인지발달 연구에 독보적인 업적을 남겼다. 그는 생물학의 '적응' 개념을 심리학과 철학으로 확장하여 인간의 지식 습득 과정을 탐구했다. 어린 시절 연체동물이 환경에 따라 껍데기 형태를 바꾸는 현상을 관찰하며 '적응'이라는 개념에 주목했고, 이는 훗날 그의 이론의 핵심 원리가 되었다.

생물학 박사 학위 취득 후, 파리의 알프레드 비네 연구소에서 아동용 지능검사를 개발하던 중, 아이들이 특정 유형의 문제에서 일관된 오류를 보인다는 사실에 흥미를 느꼈다. 특히 같은 양의 물이라도 컵의 모양에 따라 양이 달라졌다고 생각하는 아동의 반응을 통해, 아동의 사고가 성인의 사고와 단순히 양적으로 부족한 것이 아니라 질적으로 다르다는 통찰을 얻었다. 이를 계기로 그는 아동과 직접 대화하며 사고 과정을 추적하는 '임상적 방법(clinical method)'을 발전시켰다.

피아제는 자신의 세 자녀를 면밀히 관찰하며 이론을 구체화했다. 사라진 물체를 찾지 못하는 행동에서 '대상영속성'의 부재를 발견하고, 놀이를 통해 상징적 사고가 발달하는 과정을 포착했다. 이러한 연구들을 통해 감각운동기, 전조작기, 구체적 조작기, 형식적 조작기의 4단계 인지발달이론을 완성했다.

피아제는 인간을 환경과 능동적으로 상호작용하며 지식을 구성하는 존재로 보았다. 그는 아동을 '작은 과학자'에 비유하며, 아동이 탐구와 실험을 통해 자신만의 사고체계인 '도식'을 발전시킨다고 설명했다. 또한, 기존의 사고 방식으로 해결할 수 없는 문제에 부딪혔을 때 발생하는 '인지적 불균형'을 해소하고 '평형' 상태를 되찾으려는 내적 동기가 인지발달의 핵심 추동력이라고 보았다. 이 평형화 과정은 새로운 정보를 기존 도식에 맞추는 '동화'와 기존 도식을 수정하는 '조절'의 끊임없는 상호작용을 통해 이루어진다. 피아제는 아동 중심의 능동적 학습 환경을 강조했으며, 이러한 그의 구성주의적 관점은 현대 교육 철학에 지대한 영향을 미쳤다.

2) 주요 개념

피아제(Jean Piaget)의 인지발달이론은 아동이 지식을 어떻게 구성해 나가는지에 대한 혁신적인 관점을 제공하였다. 피아제는 아동을 외부 환경에서 정보를 단순히 받아들이는 수동적 존재가 아니라, 환경과 능동적으로 상호작용하며 스스로 지식을 구성하는 능동적 주체로 바라보았다(Miller, 2011). 그는 아동의 인지 발달이 나이에 따라 서로 다른 성격의 단계들을 거쳐 이루어진다고 보았으며, 이 과정을 도식, 적응(동화와 조절), 조직화, 평형화라는 핵심 개념으로 설명했다.

(1) 도식(Schema)

도식은 아동이 세상을 이해하고 반응할 때 사용하는 조직화된 행동이나 사고의 틀을 말한다(Piaget, 1952). 예를 들어, 영아는 사물을 잡고 입으로 가져가는 행동을 통해 기본적인 행동 도식을 형성한다. 나이가 들어감에 따라 이러한 행동 도식은 점차 문제 해결이나 사물 분류와 같은 인지적 도식으로 발전한다. 도식은 새로운 경험을 통해 끊임없이 변화하고 확장된다.

(2) 적응(Adaptation) : 동화와 조절

인지발달은 적응의 과정이다. 적응은 생물학적으로 환경과 상호작용하는 능력을 인지 차원으로 확장한 개념이며, 동화(assimilation)와 조절(accommodation)의 두 방식으로 이루어진다(Flavell, 1963).

동화는 새로운 정보를 이미 존재하는 도식에 맞추어 받아들이는 과정이다. 예를 들어, 네 발 달린 모든 동물을 '강아지'라고 부르는 아이의 경우가 이에 해당한다. 이때 아동은 새로운 정보를 기존의 도식에 무리 없이 편입시키려고 시도한다. 그러나 만약 새로운 정보가 기존 도식으로 처리되지 않는다면, 조절이 발생한다. 즉, 도식을 변경하거나 새로운 도식을 형성하여 환경에 적응하게 된다(Ginsburg & Opper, 1988).

- **동화**(Assimilation) : 개인이 새로운 정보나 대상을 접했을 때, 이를 자신이 이미 보유한 인지 구조, 즉 도식에 적용하여 이해하는 인지 과정을 의미한다. 가령, '둥근 것'을 '공'이라는 도식으로 이해하는 아동이 오렌지를 처음 보고 이를 '공'이라고 부르는 것은, 새로운 대상(오렌지)을 기존의 도식으로 해석

하려는 동화의 대표적인 예시이다.

- **조절**(Accommodation) : 기존의 도식으로는 새로운 대상을 완전히 이해할 수 없을 때, 개인은 기존의 도식을 수정하거나 새로운 정보에 맞는 별개의 도식을 형성하여 인지적 불균형을 해소한다. 오렌지가 공처럼 튀지 않고 먹는 과일이라는 새로운 특성을 알게 된 아동이, '공' 도식의 한계를 깨닫고 '과일' 또는 '오렌지'라는 새로운 범주를 만들어 내는 과정이 바로 조절에 해당한다.

(3) 조직화(Organization)

피아제는 도식들을 상호 연결하여 체계적이고 일관된 인지 구조를 형성하려는 경향성을 조직화라고 하였다(Piaget, 1952). 이는 독립적인 도식들을 보다 복잡하고 통합된 방식으로 연결함으로써 효율적인 사고체계를 구축하는 과정이다. 예를 들어, 초기에는 '잡기 도식'과 '빨기 도식'이 따로 존재하지만, 점차 이 두 도식이 통합되어 '잡아서 입으로 가져가 빨기'라는 더 복잡한 도식으로 발전한다.

(4) 평형화(Equilibration)

평형화는 피아제 이론에서 인지발달을 이끄는 가장 중요한 원리이다(Bringuier, 1980). 평형화는 아동이 자신의 인지 구조와 환경 간의 균형을 유지하려는 욕구로 설명된다. 인지적 불균형이 발생할 때, 아동은 이를 해소하기 위해 동화와 조절을 반복적으로 수행하여 다시 평형 상태를 찾는다.

예를 들어, 새가 모두 날 수 있다고 믿던 아이가 날지 못하는 펭귄을 처음 본다면 인지적 불균형 상태가 발생한다. 이때 아이는 '날 수 없는 새'라는 새로운 도식을 형성하거나 기존의 새 도식을 수정하여 인지적 균형을 회복한다. 이러한 평형화 과정을 통해 인지 구조는 점차 더 복잡하고 정교해진다(Siegler & Alibali, 2005).

3) 인지발달 단계

피아제는 아동의 인지발달이 단순한 지식 축적이 아니라, 질적으로 변화하는 과정임을 설명했다. 그는 인간을 환경과 능동적으로 상호작용하며 지식을 구성하는 존재로 보았다. 인지발달은 네 단계로 이루어지며, 아동은 반드시 이 과정을 순차적으로 거친다. 초기에는 감각과 운동에 의존하지만, 점차 상징적 사고, 구체적 논리, 그리고 추상적 사고로 확장된다. 각 단계는 이전 단계의 구조를 통합하면서 점점 더 복잡하고 고차원적인 사고로 발전한다.

(1) 감각운동기(Sensorimotor Stage, 0~2세)

감각운동기는 출생부터 약 2세까지의 시기로, 감각과 운동은 영아가 세상을 이해하고 탐색하는 데 가장 기본적인 수단이다. 이 단계에서 영아는 자신의 행동이 환경에 영향을 미친다는 사실을 점차 깨닫는다. 이 시기 아동의 행동은 반사적이고, 외부 자극에 대한 즉각적인 반응이 주를 이룬다. 그러나 시간이 지나면서 단순한 반사 행동에서 벗어나 의도적이고 목적 지향적인 행동으로 발전한다.

초기에는 대상영속성이 부족하여, 물건이 시야에서 사라지면 그 존재를 인지하지 못한다. 그러나 약 8개월 무렵부터 영아는 대상영속성을 점진적으로 획득하여 보이지 않는 물건도 존재한다는 사실을 이해하게 된다(Siegler, R. et al., 2019). 예를 들어, 돌 무렵의 아이가 장난감이 담요 아래에 숨겨져 있어도 그것을 찾아낸다면 대상영속성을 획득한 것으로 볼 수 있다. 이는 인지적 발전의 중요한 지표로 평가된다. 〈표 5-1〉은 이 시기 아동이 보이는 인지적 특성을 보여 준다.

〈표 5-1〉 감각운동기 단계별 아동의 특징

세부 단계	시기(월령)	특징 및 주요 행동	대상영속성 발달
반사 운동기	출생~1개월	빨기, 잡기, 울기 등 선천적 반사 행동에 의존하여 환경에 적응한다. 외부 자극에 대한 단순 반응이 주를 이룬다.	없음
1차 순환반응기	1~4개월	자신의 신체를 활용한 우연히 일어난 행동(예 손가락 빨기)을 반복한다. 재미와 만족을 위해 같은 행동을 반복한다.	없음
2차 순환반응기	4~8개월	외부 환경의 사물에 관심을 갖고, 우연히 일어난 행동(예 딸랑이를 흔들어 소리내기)을 반복한다. 자신의 행동이 환경에 영향을 미침을 인식한다.	약간의 관심
2차 순환반응의 협응기	8~12개월	목적지향적인 행동이 나타나며, 두 가지 이상의 행동 도식을 결합하여 새로운 방법으로 문제를 해결한다. 숨긴 물체를 찾으려는 시도가 보인다.	처음 숨긴 장소에서 찾음
3차 순환반응기	12~18개월	새롭고 다양한 시도를 통해 환경을 적극적으로 탐색한다. 같은 행동이라도 다양한 방식으로 실험한다. (예 블록을 여러 방법으로 쌓기)	여러 곳을 살펴봄
정신적 표상기	18~24개월	내적 표상이 가능해지며, 행동 전에 머릿속으로 문제를 해결한다. 지연모방, 상상놀이, 보이지 않는 대상의 위치 추론이 가능하다.	보이지 않는 곳도 추론

- **대상영속성**(Object Permanence) : 대상이 눈앞에서 사라져도 존재함을 인식하게 된다. 예를 들어, 엄마가 방을 나가도 존재한다고 이해한다.
- **감각과 운동의 통합** : 손가락을 입에 넣고 빠는 행동, 장난감을 손으로 잡고 흔드는 행동 등 감각과 운동이 결합된 행동이 나타난다.
- **의도적 탐색** : 성냥갑을 잡으려면 손을 치워야 한다는 것을 이해하고, 의도적으로 손을 치우는 행동을 보인다.

(2) 전조작기(Preoperational Stage, 2~7세)

이 시기는 대략 2세부터 7세로, 아동은 언어 능력과 상징적 사고력이 급격히 발달한다. 아동은 단어, 이미지, 사물과 같은 상징을 사용하여 실제로 존재하지 않는 대상을 표현하거나, 상상놀이와 모방을 통해 다양한 사회적 역할을 경험한다. 예를 들어, 바나나를 전화기처럼 사용하거나 인형에게 밥을 먹이는 행동은 상징적 사고의 대표적인 예시이다.

이 시기의 아동은 자신의 내면적 표상을 언어로 표현하는 능력이 향상되지만, 논리적 조작 능력은 아직 미숙하여 사물의 외형적 특성에 쉽게 현혹된다. 전조작기 아동은 자기중심적 사고를 보이며, 타인의 관점에서 사물을 바라보는 능력이 부족하다.

예를 들어, 자신이 보는 것을 다른 사람도 똑같이 본다고 여기거나, 자신의 입장에서만 상황을 해석하는 경향이 강하다. 또한, 이 시기에는 사물의 양이나 질이 변하지 않는다는 보존 개념을 이해하지 못하고, 물의 양이 컵의 모양에 따라 달라진다고 믿는 등 지각에 의존한 직관적 사고가 두드러진다.

이처럼 전조작기는 아동이 언어와 상징적 사고를 바탕으로 인지적 세계를 확장해 나가지만, 논리적이고 가역적인 사고는 아직 발달하지 않은 과도기적 단계라고 할 수 있다(김정민 역, 2006).

다음은 이 시기 아동이 보이는 인지적 특성이다.

① 상징적 사고

사물이나 사건을 언어, 그림, 모형 등 다양한 상징으로 표현할 수 있다.

예 나무토막을 자동차로 상상하거나, 인형에게 밥을 먹이는 소꿉놀이를 즐긴다.

② 자기중심적 사고(Egocentrism)

타인의 관점이나 입장을 이해하는 능력이 부족하다. 대표적으로 '세 산 모형 실험'에서 아동은 자신이 보는 장면과 타인이 보는 장면이 다름을 인식하지 못한다.

③ 비가역적 사고(Irreversibility)

어떤 변화나 과정을 거꾸로 생각하지 못한다.

예 같은 양의 물을 큰 컵에서 작은 컵으로 옮기면 물 높이만 보고 양이 달라졌다고 판단하고, 다시 옮기면 같아진다는 것을 이해하지 못한다.

④ 물활론적 사고(Animism)

무생물에도 생명이나 감정이 있다고 믿는다.

예 인형이 아프다고 생각하거나, 자동차가 슬프다고 말한다.

⑤ 보존개념의 결여(Lack of Conservation)

사물의 외형이 변해도 본질적인 속성(양, 수, 부피 등)은 변하지 않는다는 개념을 이해하지 못한다.

예 넓은 컵의 물을 가는 컵에 부으면 물의 양이 달라졌다고 생각한다.

⑥ 불완전한 분류 능력

사물을 분류하는 능력이 미숙하다.

예 사과와 바나나가 모두 과일이라는 점을 이해하지 못하고, 각각을 별개의 범주로 생각한다.

⑦ 중심화(Centration)

사물의 한 가지 특성에만 주의를 기울이고, 다른 속성은 무시한다.

예 물의 양을 판단할 때 컵의 높이만 보고 판단한다.

(3) 구체적 조작기(7~11세)의 인지 특성

구체적 조작기는 아동의 논리적 사고가 구체적인 사물과 실제 상황에 한정되어 발달하는 시기이다. 이 단계(약 7~11세)의 아동은 직접 경험하거나 다룰 수 있는 구체적인 사물과 사건을 통해 논리적으로 사고하며, 직접적인 경험을 바탕으로 인지를 획득한다. 이 시기 아동은 추상적 사고는 아직 미숙하지만, 보존개념의 이해, 분류와 서열화 능력, 탈중심화, 가역성 등 논리적 사고의 기초를 습득한다(권중돈 외, 2005).

이 시기 아동은 다음과 같은 능력을 획득한다.

① **보존개념의 획득(Conservation)**

사물의 외형이 변해도 양, 수, 길이, 무게 등 본질적인 속성은 변하지 않는다는 것을 이해한다.

예 물을 모양이 다른 컵에 옮겨도 양이 같다는 것을 인식한다.

② **분류 능력의 획득(Classification)**

사물을 공통된 속성에 따라 분류하고, 상위 개념과 하위 개념 간의 관계를 알 수 있다.

예 사과와 바나나가 모두 과일에 속한다는 것을 안다.

③ **서열화 능력의 획득(Seriation)**

사물을 크기, 길이, 무게 등의 순서대로 배열할 수 있다.

예 막대기를 짧은 것부터 긴 것까지 차례로 늘어놓을 수 있다.

④ **탈중심화(Decentration)**

사물의 여러 속성을 동시에 고려할 수 있다.

예 컵의 높이와 넓이를 모두 고려하여 물의 양을 판단한다.

⑤ **가역성(Reversibility)**

사고의 방향을 바꿔 생각할 수 있다.

예 더해진 것을 다시 뺄 수 있다는 논리를 이해한다.

⑥ **조합 기술(Combination Skills)**

여러 가지 정보를 동시에 조합하여 문제를 해결할 수 있다.

예 다양한 색과 모양의 구슬을 기준에 따라 분류하거나 조합하는 활동이 가능하다.

(4) 형식적 조작기(Formal Operational Stage, 11세 이후~)

이 시기는 11세 이후부터 성인이 되는 시기로, 개인은 추상적이고 가설적인 사고가 가능해진다. 이 시기에는 실제로 경험하지 않은 상황도 머릿속에서 상상하고, 논리적으로 문제를 해결할 수 있다. 또한, 비판적 사고와 메타인지 능력이 발달하여 복잡한 문제와 윤리적 문제도 생각할 수 있게 된다. 예를 들어, 이 단계의 청소년은 사회적 이슈에 대해 토론하면서 다양한 관점과 가능성을 탐색하고, 복잡한 수학적 문제를 해결하는 등 추상적 사고 능력을 발휘한다. 이 시기 아동은 다음과 같은 능력을 획득한다.

① 추상적 사고(Abstract Thinking)

구체적인 경험 없이도 개념이나 원리를 이해하고, 상징적·이론적인 내용을 사고할 수 있다.

예 '정의'나 '자유'와 같은 추상적 개념을 토론하거나, 수학에서 x, y와 같은 미지수를 다루는 문제를 해결할 수 있다.

② 가설적 추론(Hypothetical Reasoning)

'만약 ~라면'과 같은 조건적 상황을 설정하고, 그 결과를 논리적으로 예측할 수 있다.

예 "만약 지구에 중력이 없다면 어떻게 될까?"라는 질문에 대해, 다양한 결과를 상상하고 논리적으로 설명할 수 있다.

③ 체계적 문제 해결(Systematic Problem Solving)

문제를 해결할 때 무작정 접근하지 않고, 계획을 세우고 여러 변인을 동시에 고려하며 체계적으로 접근한다.

예 과학 실험에서 변인을 하나씩 조작하여 결과를 비교하거나, 수학 문제에서 여러 가지 풀이 방법을 시도해 보는 것과 같다.

④ **자기성찰**(Metacognition)

자신의 사고 과정을 되돌아보고, 자신의 생각이나 전략을 점검 · 조절하는 능력이다.

예 시험을 본 후, 어떤 부분에서 실수했는지 스스로 분석하거나, 공부 방법을 바꿔야겠다고 판단하는 것을 의미한다.

⑤ **명제적 사고**(Propositional Thinking)

언어적 진술(명제)의 논리적 타당성을 평가하고, 복잡한 논리를 이해할 수 있다.

예 "모든 새는 날 수 있다. 펭귄은 새다. 그러므로 펭귄은 날 수 있다"와 같은 명제의 논리적 오류를 발견할 수 있다.

⑥ **다원적 사고**(Multiple Perspective Thinking)

한 가지 관점에만 머무르지 않고, 다양한 관점과 해결책을 탐구한다.

예 사회적 이슈(환경 문제 등)에 대해 찬성과 반대 입장을 모두 고려하며 토론할 수 있다.

⑦ **미래에 대한 예측**(Future Prediction)

현재의 행동이 미래에 미칠 영향을 예측하고, 장기적인 계획을 세울 수 있다.

예 "지금 공부를 열심히 하면 원하는 대학에 갈 수 있다"라는 식의 장기적 목표 설정과 계획 수립과 같다.

⑧ **내면의 가치체계와 도덕적 판단력**(Internal Value System & Moral Judgment)

외부의 기준이 아니라, 자신만의 가치관과 도덕적 기준을 형성하고 판단할 수 있다.

예 친구가 잘못된 행동을 했을 때, 단순히 어른의 지시가 아니라 자신의 도덕적 신념에 따라 옳고 그름을 판단한다.

결론적으로, 피아제는 인지발달이 유전적 요인과 환경과의 상호작용을 통해 이루어진다고 보았다. 아동은 환경과의 능동적 상호작용을 통해 자신의 인지구조(도식)를 점차 조직화하고, 각 단계에서 환경에 적응해 나간다. 인간은 단순히 환경에 반응하는 데 그치지 않고, 환경을 해석하고 조직하며 스스로 변화하는 존재이다. 피아제의 인지발달이론은 인간의 성장과 발달 과정에서 매우 중요한 교육적 지침이 된다. 이를 통해 각 발달 단계에서의 적절한 환경 조성과 교육적 개입을 할 수 있다.

4) 피아제 이론의 적용과 평가

(1) 사회복지 실천 현장에서의 적용

피아제는 인간의 사고와 문제 해결 능력이 발달 단계에 따라 점진적으로 변화한다고 본다. 이 이론은 사회복지사가 클라이언트의 인지 수준을 고려하여 개입 전략을 계획하고 실행하는 데 실질적인 이론적 기반을 제공한다(전재일 외, 2015).

① 발달 수준에 맞춘 개입 전략

사회복지사는 클라이언트의 인지발달 수준을 파악하여, 대상자의 이해력과 인지능력에 적합한 개입 방식을 선택한다.

> **사례** 초등학생 아동에게 정서 조절을 교육할 때, "화를 참아야 한다"라는 추상적인 설명보다 '감정 온도계' 그림을 보여 주며 현재 감정 상태를 시각적으로 표현하게 하는 활동을 활용한다. 이를 통해 아동은 자신의 감정을 인식하고 조절하는 기술을 실제 경험을 통해 익히게 된다.

② 교육 및 상담 프로그램 설계

사회복지 프로그램 설계 시 대상자의 인지적 특성에 맞춘 교육과 상담 전략을 개발하는 데 유용하다.

> **사례** 청소년 대상 진로탐색 프로그램에서 '직업 가치관 토론'이나 '미래 시나리오 작성' 활동을 통해 청소년이 스스로 선택과 결과를 추론하며 의사결정 능력을 기를 수 있도록 한다. 이는 형식적 조작기 특성인 추상적 사고와 논리적 추론 능력을 활용한 전략이다.

③ 가족상담과 부모교육의 활용

부모교육 및 가족상담에서 아동의 사고 방식을 이해하고 발달 단계에 따른 적절한 양육 전략을 제시하는 데 중요한 근거로 활용된다. 특히 부모가 자녀의 인지적 특성을 이해하고 발달단계에 맞는 소통과 상호작용을 할 수 있도록 지원함으로써 부모-자녀 관계의 질을 높이는 데 기여한다.

> **사례** 전조작기(4세) 아동을 둔 부모에게는 "왜 그랬어?"라는 질문보다는 "이럴 땐 어떻게 해야 할까?"처럼 선택지를 주는 방식이 더 효과적임을 안내한다. 이는 아동이 아직 논리적 추론이 어려운 시기에 직관적 사고에 기반한 의사결정을 하기 때문이다.

④ 집단 프로그램에서의 적용

집단상담과 교육 프로그램에서 참가자들의 인지 수준에 맞추어 효과적인 학습과 상호작용을 촉진할 수 있다. 이를 통해 대상자의 참여를 증진시키고 사회적 기술을 효과적으로 습득하도록 돕는다.

> **사례** 초등 고학년을 대상으로 하는 또래 관계 향상 프로그램에서, '상황별 역할극'을 통해 감정과 행동의 연결을 이해하게 한다. 이는 구체적 조작기 아동들이 상황과 감정을 실제 사례를 통해 배우는 데 효과적이다.

(2) 평가

피아제의 인지발달이론은 현대 교육학, 특히 발달심리학 및 구성주의 교육 접근의 토대를 마련했다는 점에서 지대한 공헌을 했지만, 동시에 몇 가지 한계와 비판에도 직면하고 있다.

피아제 이론의 공헌점은 다음과 같다.

① 발달 단계에 따른 체계적 이해 제공

피아제는 인간의 사고가 연령에 따라 어떻게 변화하고 발달하는지 체계적으로 설명하여, 사회복지사가 대상자의 인지 수준을 이해하고 적절한 개입 방안을 수립할 수 있는 근거를 제공하였다.

② 대상자의 인지 능력에 기반한 실천 강조

사회복지 프로그램 설계 시 대상자의 인지적 특성을 고려하여 맞춤형 개입을 할 수 있는 이론적 기반을 제공함으로써, 사회복지 개입의 효과성을 높였다.

③ 아동 및 청소년 복지 분야에 광범위한 적용

피아제의 이론은 특히 아동과 청소년 복지 분야에서 교육, 상담, 가족 개입 등 다양한 실천 현장에 폭넓게 활용되었으며, 대상자의 인지적 성장을 촉진하는 데 중요한 역할을 하였다.

피아제 이론의 한계점으로는 다음과 같다.

① 단계 개념의 경직성

피아제의 발달 단계 개념은 개인의 차이나 발달 속도의 다양성을 충분히 반영하지 못한다는 비판을 받는다. 실제 사회복지 실천 현장에서는 개개인의 발달 속도나 단계가 명확히 구분되지 않는 경우도 많다.

② 문화적 다양성 고려 부족

피아제 이론은 주로 서구 사회에서 연구되고 형성된 이론으로, 문화적 · 사회적 환경에 따른 인지발달의 차이를 충분히 설명하지 못한다는 한계를 지닌다. 따라서 다양한 문화권에서 사회복지 실천을 할 때 적용에 신중함이 요구된다.

③ 사회적 요인의 간과

피아제는 주로 아동의 개인적인 탐색과 구성 과정에 초점을 맞췄기 때문에, 언어와 사회적 상호작용이 인지발달에 영향을 미치는 부분을 충분히 반영하지 못했다는 비판을 받는다. 이 점은 비고츠키 이론과의 주요한 차이로 지적된다.

④ 성인기 이후의 발달 설명 부족

피아제는 주로 아동과 청소년의 발달에 초점을 맞추었기 때문에, 성인과 노년기 인지발달에 대한 설명이 부족하여 성인을 대상으로 하는 사회복지 현장에 적용하기에는 제한적이다.

2 합리적 정서행동치료(REBT) 이론 : 엘리스(Ellis)

합리적 정서행동치료(REBT : Rational Emotive Behavior Therapy)는 개인의 정서적 고통이 외부 사건 그 자체가 아니라, 그 사건에 대해 개인이 지닌 비합리적 신념에서 비롯된다고 보는 인지 중심의 심리치료이론이다. 이 이론은 인간이 현실을 어떻게 지각하고 해석하느냐가 정서와 행동에 결정적인 영향을 미친다는 점에 주목한다. 알버트 엘리스(Albert Ellis)는 이러한 관점에서, 심리적 문제는 인지적 왜곡 즉 비합리적 신념에 기인한다고 보고 이를 합리적으로 재구조화하는 치료 기법으로 REBT를 개발하였다. 그는 인간이 자신의 신념체계를 점검하고, 비합리적 신념을 합리적인 신념으로 대체함으로써 정서와 행동을 변화시킬 수 있다고 보았다. 따라서 REBT는 사고의 변화를 통해 감정과 행동을 긍정적 방향으로 이끄는 인지-정서-행동 통합적 접근이라 할 수 있다.

1) 엘리스의 생애와 인간관

알버트 엘리스
(Albert Ellis, 1913~2007)

알버트 엘리스(Albert Ellis, 1913~2007)는 20세기 심리치료의 선구자로, 합리적 정서행동치료(REBT)를 창안하며 인간의 고통이 사건 자체가 아니라 그것을 해석하는 신념체계에서 비롯된다는 혁신적 관점을 제시했다.

그는 펜실베이니아주 피츠버그에서 태어나 뉴욕에서 성장했으며, 아버지의 잦은 부재와 어머니의 냉담한 태도로 힘든 유년기를 보냈다. 잦은 병원 생활 속에서도 독서를 통해 자립심을 길렀다. 내성적인 성격으로 대중 앞 발언과 대인관계에 어려움을 겪었지만, 19세 때 브롱크스 식물원에서 낯선 여성 100명에게 말을 거는 훈련을 통해 "거절은 극복 가능한 불편"임을 깨닫게 되었고, 이는 훗날 REBT 기법인 '수치심 공격하기'의 기반이 되었다.

처음에는 작가를 꿈꾸었으나, 성과 사랑, 인간관계에 관한 글을 쓰며 상담을 요청받게 되자 심리학으로 진로를 바꿨다. 컬럼비아대학교에서 임상심리학 박사를 취득했으며, 정신분석에 매료되었으나 과거에만 매달린다는 한계를 인식하고, 비합리적 신념이 정서적 고통의 근원임을 발견했다(김수정 외, 2023).

1955년 그는 '합리적 치료(Rational Therapy)'를 발표해 심리치료계에 큰 반향을 일으켰고, 이는 곧 '합리적 정서치료'를 거쳐 현재의 REBT로 발전했다. 이 접근법은 무의식적 갈등보다 현재의 왜곡된 신념 교정에 집중했다.

엘리스는 인간을 합리성과 비합리성을 동시에 지닌 존재로 보고, 스스로 신념을 바꿀 수 있는 힘을 믿었다. 이는 스토아 철학자 에픽테토스의 "우리를 혼란케 하는 것은 사건이 아니라 그것을 바라보는 관점"이라는 가르침에 기반했다. 1959년 그는 합리적 생활 연구소를 설립해 REBT를 보급했으며, 미국 임상심리학자들로부터 역사상 두 번째로 영향력 있는 치료자로 평가받았다. 그는 무조건적 자기수용과 타인수용을 강조하며, 모든 인간이 행복을 추구할 권리가 있다고 보았다(Yankura, 2011).

93세로 생을 마칠 때까지 연구와 강연을 이어간 그는, 신념을 바꿔 더 나은 삶을 만들 수 있다는 희망을 전하며 현대 심리치료에 큰 영향을 남겼다. 사회복지 실천에서도 REBT는 클라이언트가 비합리적 사고를 수정하고 합리적 관점을 가질 수 있도록 돕는 중요한 도구이며, 자기수용과 타인수용의 철학은 사회복지사의 실천 윤리와도 맞닿아 클라이언트의 자존감과 사회적 기능 향상에 기여한다.

2) 주요 개념

합리적 정서행동치료(REBT)는 인지행동치료의 시초로, 정서적 고통이 비합리적 신념에서 비롯된다고 보았다. REBT는 이러한 비합리적인 신념을 합리적인 신념으로 변화시킴으로써 정서적 · 행동적 문제를 해결하고자 하는 적극적이고 지시적인 접근법이다(Yankura, 2011).

(1) 정서장애

REBT는 심리적 문제를 '정서장애'로 정의한다. 이는 개인이 비합리적 신념에 근거해 현실을 왜곡하고, 그 결과 부적절한 정서와 행동을 보이는 상태를 말한다. 이때 REBT는 현실적 원인에서 비롯된 건강한 부정적 감정(예 슬픔, 분노)과, 비합리적 신념에서 기인한 건강하지 못한 부정적 감정(과도한 죄책감, 두려움)을 구분한다.

예를 들어, 중요한 시험에 떨어졌을 때 실망이나 좌절은 자연스러운 반응이다. 그러나 "나는 실패자야, 아무 가치 없어"라는 신념을 가지면 우울이나 극심한 불안 같은 파괴적 감정을 경험하게 된다. 따라서 REBT는 감정을 억제하는 것이 아니라, 건강하지 못한 감정을 보다 건설적이고 현실적인 감정으로 전환하는 데 목적이 있다(박경애, 2013).

(2) 비합리적 신념의 요인

엘리스는 수많은 비합리적 신념의 기저에 세 가지 핵심적인 당위적 사고(musturbatory thinking)가 자리 잡고 있다고 보았다. 'must'와 'should'가 포함된 이러한 절대적이고 경직된 요구는 정서장애의 핵심 원인이다.

① 자신에 대한 당위성

"나는 반드시 훌륭하게 일을 수행해야만 하고, 중요한 타인들로부터 인정을 받아야만 한다. 만약 그렇지 못하면, 그건 끔찍한 일이고 나는 무가치한 인간이다." 이러한 신념은 불안, 우울, 수치심, 자기비하와 같은 감정으로 이어진다.

② 타인에 대한 당위성

"다른 사람들은 반드시 나를 공정하고 친절하게 대해야만 한다. 만약 그들이 그렇게 행동하지 않으면, 그들은 나쁜 사람들이며 벌을 받아 마땅하다." 이러한 신념은 분노, 적개심, 복수심과 같은 감정으로 이어진다.

③ 세상 및 조건에 대한 당위성

"세상은 반드시 내가 원하는 것을 쉽고 편안하게 얻을 수 있는 곳이어야 한다. 만약 그렇지 않다면, 세상은 끔찍하고 나는 그런 곳에서 살 수 없다." 이러한 신념은 자기연민, 좌절에 대한 인내심 부족, 문제 회피 등으로 이어진다.

세 가지 핵심적인 당위적 사고에서 파생되는 비합리적 사고의 네 가지 주요 형태는 다음과 같다.

- **과장성과 파국화**(Awfulizing/Catastrophizing) : 어떤 일이 자신의 바람대로 되지 않았을 때, 그 결과를 실제보다 훨씬 더 끔찍하고 최악인 것처럼 과장하여 생각하는 경향이다. "시험에 떨어지는 것은 끔찍한 일이야."

- **좌절에 대한 인내력 부족**(Low Frustration Tolerance, LFT) : 불편하거나 힘든 상황을 견디지 못하고, 행복하기 위해서는 반드시 모든 좌절과 불편함이 없어야 한다고 믿는 경향이다. "힘들게 공부하는 것은 참을 수 없어."
- **자기, 타인, 세상에 대한 비하**(Global evaluation of human worth) : 하나의 부정적인 행동이나 특성을 근거로 자신이나 타인, 세상 전체를 무가치하고 나쁜 것으로 단정짓는 경향이다. "실수를 한 나는 쓸모없는 인간이다."
- **당위적 사고**(Demandingness, "Must-urbation") : 자신의 소망이나 선호를 절대적인 명령이나 요구로 격상시키는 것이다. "나는 반드시 성공해야만 한다."

(3) 합리적 신념과 비합리적 신념

합리적 신념은 유연하고 선택적이며 건설적인 특성을 가진다. 이러한 신념을 가질 때 결과는 자기에게 도움이 되고 긍정적인 변화를 이끈다.

REBT의 핵심은 비합리적 신념(Irrational Beliefs, iB)을 합리적 신념(Rational Beliefs, rB)으로 바꾸는 것이다. 〈표 5-2〉는 두 신념의 특징을 비교한 것이다.

〈표 5-2〉 비합리적 신념과 합리적 신념의 비교

구분	비합리적 신념 (iB)	합리적 신념 (rB)
특성	절대적, 당위적, 경직됨("~해야만 한다")	유연함, 선호, 소망("~하면 좋겠다")
논리성	비논리적, 현실과 맞지 않음	논리적, 현실에 기반함
실용성	목표 달성을 방해하고 정서적 고통을 유발함	목표 달성에 도움이 되고 정서적 안정을 줌
결과	부적절한 부정적 감정(불안, 우울, 분노) 및 자기파괴적 행동	적절한 부정적 감정(실망, 슬픔, 불쾌함) 및 건설적 행동
예시	"나는 모든 사람에게 사랑받아야만 한다."	"나는 모든 사람에게 사랑받으면 좋겠지만, 그렇지 않아도 괜찮다."

(4) 무조건적 자기수용(Unconditional Self-Acceptance)

무조건적 자기수용은 REBT의 핵심 가치이자 목표로, 성적 · 성공 · 타인의 평가와 상관없이 단점과 실수를 포함한 자신을 존중하고 받아들이는 태도이다(Ellis, 1977). 엘리스는 많은 사람들이 외부 성취에 자신감을 의존하는 비합리적 신념 때문에 고통받는다고 보았다.

예컨대 "실패하면 나는 가치 없는 인간"이라는 사고는 자기혐오와 우울로 이어진다. REBT는 이를 깨뜨리고 "나는 실패하더라도 여전히 성장할 수 있는 존재"라는 태도를 갖도록 돕는다. 즉, 잘못된 행동은 거부하되, 자신 전체를 부정하지 않는 것이다.

이 자기수용은 나태나 자기합리화와 다르다. 이는 '있는 그대로의 자신을 인정하되 더 나아지려는 노력'을 포함하며, 자존감과 정신 건강을 높인다. 완벽해야만 자신을 사랑하는 조건부 수용을 버릴 때, 변화와 발전을 위한 심리적 에너지가 생긴다.

(5) ABC 모델

엘리스는 인간의 신념을 합리적 신념과 비합리적 신념으로 구분하고, 실제 사건보다 그 사건을 바라보는 개인의 신념이 정서와 행동에 더 큰 영향을 미친다고 보았다. 이를 설명하는 ABC 모델은 선행 사건(A), 신념(B), 결과(C)의 순서로 이루어지며, 전통적 관점이 "사건(A)이 곧 결과(C)를 낳는다"라고 보는 것과 달리 REBT는 신념(B)이 결과(C)에 매개 역할을 한다고 강조한다. 이 원리는 인지치료의 핵심 개념으로 널리 활용되고 있다.

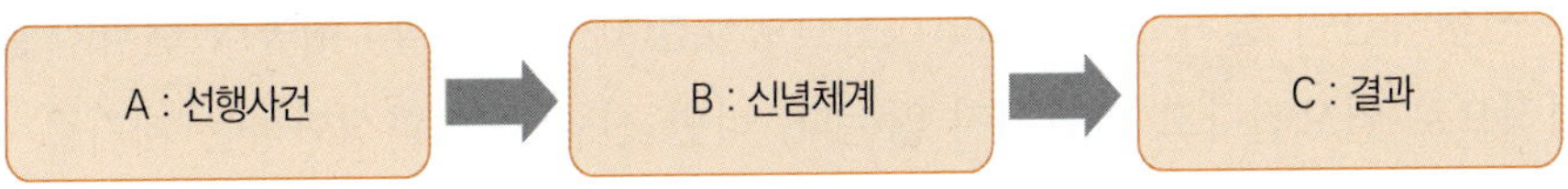

[그림 5-1] ABC 모델

3) 합리적 정서행동치료 : ABCDE 모델

REBT의 치료 과정은 내담자가 자신의 문제를 ABC 모델에 따라 분석한 후, 비합리적 신념을 논박(D, dispute)하여 합리적 신념으로 바꾸고, 이를 통해 새로운 인지적·정서적 효과(E, effective new belief)를 경험한다. 이 전체 과정을 ABCDE 모델이라고 한다(홍경자, 2020).

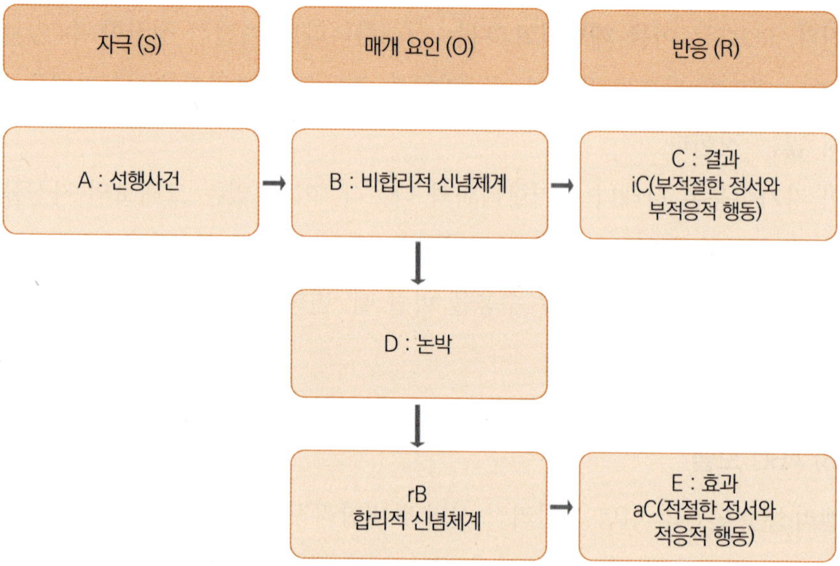

[그림 5-2] 엘리스 ABCDE 모델(홍경자, 2020)

(1) 선행사건(Activating Event) : A

선행사건(A)은 개인의 정서적 반응을 촉발하는 구체적인 사건이나 상황을 의미한다. 예를 들어, 중요한 시험 실패, 연인과의 이별, 직장에서의 비판 등이 모두 선행사건이 될 수 있다. REBT는 선행사건(A)이 정서적·행동적 결과(C)를 직접적으로 일으킨다고 판단하지 않는다. 다만 신념(B)을 활성화하는 계기로 작용할 뿐이다.

(2) 신념체계(Belief System) : B

신념체계(B)는 선행사건(A)에 대해 개인이 가지는 생각, 태도, 가치관 등을 총칭하며, REBT 이론의 핵심 요소이다. 엘리스는 신념을 '합리적 신념(Rational Beliefs, RBs)'과 '비합리적 신념(irrational Beliefs, iBs)'으로 구분하였다.

① 합리적 신념(Rational Beliefs, RBs)

현실에 기반하며, 논리적이고 유연한 사고 방식이다. 이는 소망, 선호, 바람의 형태(~했으면 좋겠다, ~하는 것을 선호한다)로 나타난다. 합리적 신념은 선행사건에 대해 실망, 슬픔, 걱정 등 '건강한 부정적 정서'를 느끼게 하지만, 삶의 목표 달성을 방해하거나 극심한 고통으로 이어지지는 않는다.

② 비합리적 신념(irrational Beliefs, iBs)

비현실적이고, 비논리적이며, 경직된 사고 방식이다. '반드시 ~해야만 하며(must)', '절대 ~해서는 안 된다(should not)'와 같은 당위적 · 절대주의적 표현으로 나타난다.

(3) 결과(Consequences) : C

결과(C)는 신념체계(B)로 인해 나타나는 정서적 · 인지적 · 행동적 반응을 의미한다. 비합리적 신념(iB)은 불안, 우울, 분노, 죄책감과 같은 '건강하지 못한 부정적 정서'와 자기파괴적이고 회피적인 행동으로 이어진다. 반면, 합리적 신념(rB)은 슬픔, 우려, 실망 등 '건강한 부정적 정서'와 문제 해결을 위한 건설적인 행동을 낳는다. 따라서 치료의 핵심은 A를 바꾸는 것이 아니라, A에 대한 B를 변화시켜 C를 바꾸는 것이다.

(4) 논박(Disputation) : D

논박(D)은 REBT 치료 과정의 가장 핵심적인 개입 기법이다. 이는 내담자가 그동안 믿어온 비합리적 신념에 의문을 제기하고 스스로 도전하도록 돕는 과정이다. 상담자는 내담자 스스로 자신의 신념을 논박할 수 있도록 다양한 질문과 과제를 활용하며, 이 과정은 크게 세 가지 방법으로 이루어진다(박경애, 2022 ; DiGiuseppe, 2021).

① **현실성/경험적 논박**(Empirical/Realistic Disputing) : 해당 신념이 현실과 부합하는지에 대한 증거를 묻는다.

"당신이 반드시 모든 사람에게 인정받아야 한다는 증거가 어디에 있는가?"
"그것이 끔찍한 일이라는 것은 사실인가, 아니면 당신의 생각인가?"

② **논리적 논박**(Logical Disputing) : 신념의 논리적 타당성을 검토한다.

"단지 원하는 것을 얻지 못했다고 해서, 그것을 절대 견딜 수 없다는 결론이 논리적으로 타당한가?"
"한 번 실패했다는 사실로부터 당신이 완전한 실패자라는 결론이 나오는가?"

③ **실용적/기능적 논박**(Pragmatic/Functional Disputing) : 해당 신념을 가짐으로써 얻는 실질적인 이득과 손해를 따져본다.

"그런 식으로 생각하는 것이 당신의 목표를 달성하는 데 도움이 되는가?"
"'나는 반드시 완벽해야 해'라는 믿음이 당신의 정신 건강에 어떤 영향을 미치고 있는가?"

이 외에도 상담자는 유머를 사용해 신념의 불합리성을 재치있게 보여 주거나, 역할 연기, 합리적-정서적 심상법, 수치심 공격 과제 등 다양한 인지적 · 정서적 · 행동적 기법을 활용하여 논박 과정을 촉진한다.

(5) 효과(Effect) : E

효과(E)는 논박을 통해 비합리적 신념이 합리적 신념으로 바뀌며 일어나는 긍정적 변화를 말한다. 이는 단순히 기분이 나아지는 것을 넘어, 문제를 대하는 근본적인 관점의 전환을 포함한다.

① **인지적 효과** : 당위적이고 경직된 사고에서 벗어나 유연하고 현실적인 사고

방식을 갖게 되는 것이다. 예를 들어, "나는 반드시 성공해야 한다"라는 신념이 "성공하면 좋겠지만, 실패해도 나의 가치를 결정하지는 않는다"라는 신념으로 대체된다.

② **정서적 효과** : 과도한 우울 · 불안 · 분노 같은 건강하지 못한 부정적 감정이, 상황에 맞는 슬픔 · 걱정 · 실망과 같은 건강한 부정적 감정으로 바뀌는 것이다.

③ **행동적 효과** : 회피하거나 자기 파괴적이던 행동 패턴에서 벗어나, 문제 해결을 위한 건설적이고 목표 지향적인 행동을 실천하게 되는 것이다.

4) 엘리스의 합리적 정서행동 치료(REBT)의 적용과 평가

(1) 사회복지 실천 현장에서의 적용

사회복지 실천 현장에서 REBT는 클라이언트의 비합리적 사고를 수정하고 보다 현실적이고 합리적인 관점을 갖도록 지원하는 중요한 도구로 활용될 수 있다. 특히 자기수용과 타인 수용의 철학은 사회복지사의 실천 윤리와도 깊이 연결되어, 클라이언트의 자존감 증진과 사회적 기능 향상에 크게 기여한다.

① 비합리적 신념의 인식과 수정

사회복지사는 클라이언트가 겪는 감정적 어려움의 근원이 잘못된 신념에 있다는 점을 이해하도록 돕는다.

> **사례** 한 대학생이 시험 성적이 기대에 못 미치자 "나는 아무것도 잘하지 못해"라며 자책한다. 사회복지사는 그가 '항상 완벽해야 한다'라는 비현실적 기대를 갖고 있음을 파악하고, "실패는 성장 과정의 일부"라는 대안적 사고로 전환하도록 지원한다.

② ABC 모델을 활용한 상담 기법

ABC 모델은 사고의 흐름을 구조적으로 이해하고 개입하는 데 유용하다. 사회복지사는 클라이언트와 함께 사건(A)이 아니라 이를 해석하는 신념(B)이 부정적 결과(C)를 초래한다는 사실을 인식하고, 신념을 재구성하도록 돕는다.

> **사례** 한 취업 준비생이 면접에서 탈락하자 "나는 쓸모없는 사람이다"라고 느낀다. 사회복지사는 "면접 탈락이 아닌, 그에 대한 해석(Belief)이 감정적 반응을 유발한다"라는 점을 설명하고, '한 번의 실패가 나의 가치를 결정하지 않는다'라는 새로운 인지를 형성하도록 돕는다.

③ 집단 프로그램의 적용

집단 속에서 서로의 경험을 공유하며 신념을 점검하고 변화하는 과정은 치료적 효과를 높일 수 있다.

> **사례** 자존감 향상 집단에 참여한 청소년들이 "사람들이 나를 싫어할 거야"라는 공통된 생각을 나누면서, 사회복지사는 이 신념이 얼마나 자주 왜곡되어 있는지를 함께 탐색한다. 서로의 경험을 통해 공감과 현실 검증이 이루어지며, 대안적 사고로의 전환이 촉진된다.

④ 스트레스 관리와 위기 개입

스트레스 관리와 위기 개입 상황에서도 활용된다. 특히 불안, 우울, 분노 등의 정서적 문제를 가진 클라이언트가 감정을 다루고 행동을 조절하는 데 필요한 사고 재구조화를 가능하게 한다.

> **사례** 이혼 후 분노와 불안을 반복적으로 호소하는 중년 여성에게 사회복지사는 "모든 일이 내 뜻대로 되어야 한다"라는 당위적 사고를 점검하게 하고, "완벽하지 않아도 괜찮다"라는 유연한 관점을 받아들이도록 돕는다. 이 과정을 통해 감정 반응이 완화되고, 새로운 생활에 적응하는 자신감을 갖게 된다.

(2) 평가

엘리스의 합리적 정서행동치료(REBT)는 현대 심리치료, 특히 인지행동치료 발전에 지대한 공헌을 했지만, 동시에 몇 가지 한계와 비판에 직면하기도 한다.

엘리스 이론의 공헌점은 다음과 같다.

① 단기적이고 효과적인 접근

문제의 원인을 과거에서 찾기보다 '지금-여기(here and now)'의 비합리적 신념에 초점을 맞추므로 비교적 단기간에 효과를 볼 수 있다. 클라이언트가 자신의 사고 방식을 빠르게 인식하고 변화를 경험할 수 있는 실용적 기법을 제공한다. 이는 다양한 사회복지 현장에서 즉각적으로 적용 가능하며, 클라이언트의 자발적이고 능동적인 참여를 유도한다(최희철, 2021).

② 인지적 개입의 이론적 기반 제공

엘리스는 정서적 문제의 핵심이 사고 방식에 있다는 점을 명확히 하여, 사회복지 실천에서 인지적 개입의 중요성을 강조했다. 이는 인지행동치료(CBT) 등 후속 인지치료 접근법의 발전에 기초를 제공하였다.

③ 내담자의 주체성 강조

클라이언트가 자기사고와 감정을 분석하고 스스로 해결하는 능력을 강화함으로써 자신의 삶을 변화시킬 수 있는 주체적인 존재로 인식하도록 돕는다.

④ 폭넓은 적용 범위

REBT는 개인상담, 집단상담, 스트레스 관리, 학교상담 등 사회복지 실천의 다양한 영역에 폭넓게 적용되며, 효과적인 개입 방법론을 제공하였다.

엘리스 이론의 한계점으로는 다음과 같다.

① 정서와 행동의 과도한 인지적 강조

REBT는 인간의 정서와 행동 문제를 지나치게 인지적으로 설명하며, 정서적이고 무의식적인 요소를 충분히 고려하지 못한다는 비판을 받는다.

② 치료자 중심적 접근

치료자가 내담자의 신념을 적극적으로 논박하고 도전하는 과정이 일부 내담자에게는 지나치게 공격적이거나 지시적으로 느껴질 수 있다. 이는 치료적 관계 형성을 저해할 수 있다는 비판을 받는다.

③ 사회적 맥락 고려 부족

엘리스의 이론은 개인 내적 요소에 초점을 두어 사회적 맥락이나 구조적 환경 요인이 클라이언트의 사고와 행동에 미치는 영향을 충분히 반영하지 못했다는 평가를 받는다.

④ 문화적 민감성 결여

서구 중심적인 개인주의적 가치관을 반영한 REBT는 집단주의적 가치관이 강한 문화권에서는 일부 적용에 한계를 가질 수 있다.

요점정리

- 피아제의 인지발달이론은 인간을 환경과 능동적으로 상호작용하며 지식을 구성하는 주체로 본다. 발달은 감각운동기, 전조작기, 구체적 조작기, 형식적 조작기의 네 단계를 거쳐 질적으로 변화하며, '도식'을 통해 세상을 이해하고 동화·조절을 반복해 인지적 균형을 이룬다. 이러한 평형화 과정은 발달의 핵심 동력이며, 단계별 사고·학습 방식은 교육과 사회복지 실천의 중요한 지침이 된다.
- 피아제는 발달 수준에 맞는 환경 자극이 인지 성장을 촉진한다고 보았다. 구체적 조작기 아동은 사물 조작을 통한 논리 훈련이, 형식적 조작기 청소년은 추상적·가설적 사고 활동이 적합하다. 사회복지 실천에서는 발달 특성을 고려한 교육·상담 설계를 통해 개입 효과를 높일 수 있다.
- 엘리스의 REBT는 정서와 행동이 사건 자체가 아니라 그 사건에 대한 신념에서 비롯된다고 본다. ABC 모델을 통해 선행사건(A)과 결과(C) 사이에 신념(B)이 작용한다고 설명하며, 비합리적 신념을 논박해 합리적 신념으로 전환함으로써 건강한 정서·행동을 촉진한다. 사회복지 현장에서는 자존감 회복, 스트레스 관리, 위기 대처 등에 효과적으로 활용된다.

생각해 볼 문제

1. 피아제의 '도식, 동화, 조절' 개념이 아동 발달 지원 프로그램에 어떻게 적용될 수 있는지 사례를 들어 설명하시오.
2. 엘리스의 REBT 핵심 당위적 사고와 이를 완화하기 위한 개입 전략을 사례와 함께 제시하시오.
3. 인지발달이론과 REBT를 비교하여, 발달 단계에 따른 인지 수준을 고려한 정서적 개입의 효과를 논하시오.

Chapter 06

행동주의이론

개 요

행동주의는 인간의 행동을 환경과의 상호작용을 통해 학습된 결과로 보고, 관찰 가능한 행동을 중심으로 연구하는 심리학 이론이다. 파블로프의 고전적 조건형성과 왓슨의 실증주의적 접근을 계승한 스키너는 조작적 조건형성을 통해 보상과 처벌이 행동에 미치는 영향을 체계화하였다. 행동은 환경 자극과 그 결과에 따라 형성되며, 강화와 처벌을 통해 조절될 수 있다고 본다. 이후 반두라는 인간이 타인의 행동을 관찰하고 모방함으로써 학습할 수 있음을 강조하며, 관찰학습과 자기효능감 개념을 포함한 사회인지이론으로 행동주의를 확장하였다. 행동주의는 인간행동 변화에 있어 환경의 중요성을 부각하며, 실천 현장에서 유용한 이론적 토대를 제공한다.

학습목표

1. 스키너의 조작적 조건형성 이론의 핵심 개념(강화, 처벌, 소거 등)을 이해하고, 설명할 수 있다.
2. 반두라의 사회학습이론과 사회인지이론의 주요 개념(모델링, 자기효능감 등)을 이해하고 적용할 수 있다.
3. 스키너와 반두라 이론의 유사점과 차이점을 비교 분석할 수 있다.
4. 행동주의이론이 사회복지 실천에 어떻게 적용될 수 있는지를 평가하고, 그 한계를 비판적으로 분석할 수 있다.

1 조작적 조건형성이론 : 스키너(Skinner)

조작적 조건형성이론은 인간행동이 타고나는 것이 아니라 환경과의 상호작용을 통해 학습되고 변화한다는 전제에 기반한다. 그는 행동이 그 결과에 따라 강화되거나 약화되어 학습이 이루어진다고 설명하였다.

즉, 보상이 주어진 행동은 반복될 가능성이 높아지고, 처벌이 뒤따르는 행동은 줄어든다. 조작적 조건형성이란 자발적 행동에 대해 환경이 보상이나 처벌을 제공함으로써 행동 빈도를 조절하는 학습 과정을 의미한다. 스키너는 인간을 내면보다는 외부 환경에 반응하는 존재로 보았으며, 학습을 단순한 지식 습득이 아니라 경험을 통한 관찰 가능한 행동의 변화로 정의하였다.

1) 스키너의 생애와 인간관

20세기 행동주의 심리학의 발전에 큰 영향을 미친 대표적 심리학자이다. 그의 조작적 조건형성이론은 인간행동이 환경과의 상호작용, 특히 행동의 결과에 의해 형성되고 유지되는 과정을 설명하며, 심리학·교육·사회학·조직 관리 등 다양한 분야에 깊은 영향을 주었다.

버러스 프레더릭 스키너
(Burrhus Frederic Skinner, 1904~1990)

그는 미국 펜실베이니아의 작은 마을에서 태어나 어려서부터 기계 조립과 발명에 재능을 보였고, 이는 이후 '스키너 상자' 개발로 이어졌다. 해밀턴 칼리지에서 영문학을 전공하며 작가를 꿈꾸었으나, 인간행동을 과학적으로 이해하고자 하버드에서 심리학을 공부했다. 이곳에서 행동주의와 조건반사 연구에 자극을 받아 본격적인 연구를 시작했다(Bjork, 1997).

스키너는 쥐나 비둘기의 행동을 정밀하게 관찰하기 위해 ‘스키너 상자’를 고안했다. 동물은 지렛대를 누르거나 원반을 쪼면 먹이를 보상으로 받았고, 이를 통해 보상이 행동 빈도를 증가시킨다는 사실을 확인하였다. 그는 이를 ‘조작적 조건형성’이라 명명하며, 모든 유기체의 행동이 강화 원리에 의해 학습된다고 보았다.

스키너는 인간행동의 원인을 내면의 동기나 자유의지보다 환경적 요인과 강화 경험에서 찾았다. 자유의지를 “과학 이전의 착오”라 비판하며, 인간행동을 과학적으로 예측 · 분석하기 위해서는 관찰 가능한 행동과 환경적 변인에 집중해야 한다고 주장했다(Skinner, 1971).

그는 이론을 사회적 차원에도 적용하고자 했다. 소설 『월든 투(Walden Two)』에서 조작적 조건형성 원리를 활용한 이상적 공동체를 제시했고, 교육에서는 학습 효율을 높이기 위한 ‘프로그램 학습’과 ‘교수기계’를 고안했다. 이는 학습을 작은 단계로 나누고 즉각적 피드백을 제공해 학습자가 자기 속도에 맞게 효과적으로 학습하도록 돕는 방식이다(Skinner, 1968).

그러나 그의 이론은 인간의 내적 과정과 자율성을 무시한다는 비판을 받았다(Chomsky, 1959). 인본주의 심리학자들은 기계론적 인간관이 인간의 존엄성과 창의성을 약화시킨다고 지적했다. 그럼에도 스키너는 인간행동의 원리를 과학적으로 탐구하고 이를 사회문제 해결에 적용하려는 실용적 접근으로 심리학사에 큰 족적을 남겼다.

결론적으로 스키너는 인간행동을 환경과의 상호작용 속에서 과학적으로 이해하려 했다. 그는 행동이 환경에 의해 결정된다고 보았지만, 동시에 환경을 설계 · 통제함으로써 인간행동을 긍정적으로 변화시키고 사회를 개선할 수 있다고 믿었다. 그의 이론은 행동주의 심리학을 넘어 현대 심리치료, 교육, 조직 관리 등 여러 분야의 중요한 토대가 되었다.

2) 주요 개념

스키너는 인간의 행동이 단순한 자극-반응의 결과로만 설명되지 않으며, 환경에 어떤 결과를 유발하기 위해 스스로 행하는 '조작적 행동'이라고 보았다. 이러한 조작적 행동은 그것에 뒤따르는 결과에 따라 그 빈도가 증가하거나 감소하며, 이 과정을 설명하는 주요 개념으로는 강화, 처벌, 소거 등이 있다(Skinner, 1953).

(1) 조작적 조건형성(Operant Conditioning)

조작적 조건화는 유기체가 환경에 능동적으로 작용하여 얻는 결과에 따라 특정 행동의 빈도가 변화하는 과정이다. 이는 파블로프의 고전적 조건형성(classical conditioning)과는 구분된다. 이는 유기체의 의지와 무관하게 특정 자극에 대한 자동적이고 반사적인 반응(respondent behavior)을 설명하는 반면, 스키너는 조작적 행동이 보상과 처벌이라는 환경적 결과에 의해 빈도가 조절된다고 보았다.

그가 고안한 '스키너 상자(Skinner Box)'는 이러한 원리를 실험적으로 증명하는 데 사용된 대표적인 도구이다. 스키너 상자 안의 쥐나 비둘기는 특정 지렛대를 누르거나 원반을 쪼는 행동을 통해 먹이(강화물)를 얻게 되거나, 전기 충격(혐오자극)을 피하게 되는 경험을 반복한다. 이 과정을 통해 유기체는 특정 행동이 특정 결과로 이어진다는 것을 학습하며, 강화된 행동은 점차 증가하고 처벌된 행동은 감소하게 된다.

조작적 조건형성의 핵심 메커니즘은 다음과 같다.

① **반응**(Response) : 유기체가 자발적으로 어떤 행동을 한다.

② **결과**(Consequence) : 그 행동의 결과로 특정 자극(강화 또는 처벌)이 뒤따른다.

③ **학습**(Learning) : 결과가 유쾌하거나 바람직할 경우(강화), 해당 행동의 미래 발생 확률이 증가한다. 결과가 불쾌하거나 바람직하지 않을 경우(처벌), 해당 행동의 미래 발생 확률이 감소한다.

사례 1_ 지렛대를 누르는 행동이 강화되는 경우

쥐가 우연히 지렛대를 누른다.		자발적 행동
지렛대를 누를 때마다 먹이가 나온다.	→	자발적 행동의 결과 (보상)
지렛대를 누르는 행동 빈도가 증가한다.	→	조건화된 결과로 학습된 행동의 변화

사례 2_ 지렛대를 누르는 행동이 처벌되는 경우

쥐가 우연히 지렛대를 누른다.		자발적 행동
지렛대를 누를 때마다 전기 충격이 가해진다.	→	자발적 행동의 결과 (처벌)
지렛대를 누르는 행동 빈도가 감소한다.	→	조건화된 결과로 학습된 행동의 변화

(2) 강화(Reinforcement)

강화는 특정 행동의 발생 빈도를 높이는 과정을 의미한다. 즉, 어떤 행동 뒤에 따르는 결과가 유쾌하고 만족스러우면 그 행동은 앞으로 다시 일어날 확률이 높아진다. 강화는 정적 강화와 부적 강화의 두 가지 유형으로 나뉜다(이인정 · 최해경, 2020).

① **정적 강화**(Positive Reinforcement)

특정 행동 후에 선호하는 자극(강화물)을 제공함으로써 그 행동의 빈도를 높이는 것이다. 예를 들어, 아이가 숙제를 다 마쳤을 때 칭찬을 해주거나(칭찬 제공) 용돈을 주면(금전 제공), 아이는 앞으로 숙제를 더 열심히 하게 될 것이다. 여기서 칭찬과 용돈은 정적 강화물이다.

② **부적 강화**(Negative Reinforcement)

특정 행동이 이루어진 다음에 혐오스러운 자극을 제거함으로써 그 행동의 빈도를 높이는 것이다. 이는 처벌과 혼동하기 쉽지만, 부적 강화는 행동의 빈도를 '증가'시킨다는 점에서 처벌과 근본적으로 다르다. 예를 들어, 안전벨트를 매지 않았을 경우 울리는 경고음은 혐오 자극이다. 운전자가 안전벨트를 매는 행동을 하면 경고음이 사라지므로(혐오 자극 제거), 앞으로 차에 타면 바로 안전벨트를 매는 행동이 증가하게 된다.

(3) 처벌(Punishment)

처벌은 특정 행동의 발생 빈도를 낮추는 과정을 의미한다. 어떤 행동 뒤에 따르는 결과가 불쾌하거나 혐오스러우면 그 행동은 앞으로 다시 일어날 확률이 낮아진다. 처벌 역시 정적 처벌과 부적 처벌로 구분된다(손광훈, 2010 ; 최옥채 외, 2023).

① **정적 처벌**(Positive Punishment / 수여성 처벌)

특정 행동 후에 혐오 자극을 제공함으로써 그 행동의 빈도를 낮추는 것이다. 예를 들어, 동생과 다툰 아이에게 꾸중을 하거나(혐오 자극 제공) 벌을 세우면, 아이는 앞으로 동생과 다투는 행동을 덜 하게 될 것이다.

② **부적 처벌**(Negative Punishment / 박탈성 처벌)

특정 행동 후에 선호하는 자극을 제거함으로써 그 행동의 빈도를 낮추는 것이다. 예를 들어, 늦게까지 컴퓨터 게임을 한 아이에게서 스마트폰을 압수하거나(선호 자극 제거) 외출 금지 조치를 내리면, 아이는 게임 시간을 줄이게 될 것이다.

〈표 6-1〉은 강화물과 처벌물에 따른 행동 변화 결과를 나타낸다.

〈표 6-1〉 강화 및 처벌물에 따른 반응 차이

과정 \ 결과		강화(Reinforcement)	처벌(Punishment)
		반응 혹은 행동의 증가	반응 혹은 행동의 감소
정적(Positive)	제공	정적 강화물 : 음식, 고기, 칭찬, 상, 안아주기 등	정적 처벌물 : 전기쇼크, 신체적 고통, 야단치기 등
부적(Negative)	제거	부적 강화물 : 고통스러운 결과를 줄 수 있는 것을 없애 줌	부적 처벌물 : 기쁨이나 만족을 주는 것을 제거시킴

출처 : 손광훈(2010).

(4) 소거(Extinction)

과거에 강화받았던 행동이 더는 강화되지 않아 행동의 빈도가 점차 줄어드는 현상이다. 예를 들어, 장난감을 사달라고 바닥에 드러누워 떼쓰던 아이의 행동을 부모가 이전에는 들어주었지만(강화), 이제는 완전히 무시하기로 결정했다면(강화 중단), 아이의 떼쓰는 행동은 일시적으로 더 심해지다가 결국 점차 사라지게 된다(김미영, 2010).

(5) 강화 계획(Schedules of Reinforcement)

스키너는 강화가 제공되는 방식, 즉 강화 계획이 행동의 학습 속도와 유지에 큰 영향을 미친다는 것을 발견했다. 강화 계획은 크게 연속적 강화와 간헐적 강화로 나뉜다(장수한 외, 2023).

① 연속적 강화(Continuous Reinforcement)

바람직한 행동을 할 때마다 강화를 제공하는 방식이다. 이는 새로운 행동을 학습시키는 초기 단계에 매우 효과적이지만, 강화가 중단되면 행동이 금방 소거

된다는 단점이 있다. 예를 들어 아이가 장난감을 정리(목표 행동)할 때마다 즉시 칭찬 스티커를 주거나 크게 칭찬(보상/강화물)을 하면, 아이는 자신의 행동이 즉각적인 긍정적 반응을 이끌어낸다는 것을 배우고, 해당 행동을 더 자주 하려고 한다. 따라서 연속적 강화는 새로운 기술이나 행동을 처음 가르칠 때 매우 유용하지만, 일단 행동이 학습된 후에는 그 행동을 꾸준히 유지시키기 위해 간헐적 강화로 전환하는 것이 일반적이다.

② **간헐적 강화**(Intermittent Reinforcement)

가끔씩 강화를 제공하는 방식이다. 행동의 유지가 더 오래 지속되며, 소거에 대한 저항이 강하다. 간헐적 강화는 강화가 제공되는 기준(시간 또는 행동 횟수)과 예측 가능성(고정 또는 변동)에 따라 네 가지 주요 유형으로 나뉜다. 행동 유지력 측면에서는 특히 변동 비율 계획이 가장 강력한 효과를 보이며, 그 다음으로 변동 간격, 고정 비율, 고정 간격 순으로 일반적으로 효과적이다.

- **고정 간격 계획**(Fixed-Interval Schedule) : 정해진 시간이 지난 후의 첫 행동에 강화한다. 강화가 제공되는 시점에 가까워질수록 반응 빈도가 증가하다가, 강화 직후에는 반응 빈도가 일시적으로 감소하는 '휴지기(scallop)' 현상을 보인다.
  - 예 월급 – 매월 25일이 되면 월급이 나온다. 사람들은 월급날이 가까워질수록 일에 집중하지만, 월급을 받은 직후에는 일의 강도가 잠시 느슨해질 수 있다.
- **변동 간격 계획**(Variable-Interval Schedule) : 평균적인 일정한 시간 간격으로 강화하지만, 실제 강화 시점은 예측 불가능하다. 언제 강화가 주어질지 모르기 때문에 비교적 꾸준하고 안정적인 반응 빈도를 보인다.
  - 예 수시 퀴즈 – 선생님이 언제 퀴즈를 낼지 예측할 수 없는 경우, 학생들은 항상 준비된 상태를 유지하기 위해 꾸준히 공부하게 된다.
- **고정 비율 계획**(Fixed-Ratio Schedule) : 정해진 횟수의 행동 후 강화한다. 강화 후에는 잠시 반응이 없다가(휴지기), 이내 매우 높고 일관적인 반응 속도를

보인다. 더 많은 행동을 할수록 더 많은 강화를 얻을 수 있기 때문이다.

예 성과급 - 생산직 공장 노동자가 100개의 제품을 만들 때마다 일정 금액의 성과급을 받는 경우, 노동자는 돈을 더 벌기 위해 제품 생산에 매우 집중하고 빠른 속도를 유지한다.

- 변동 비율 계획(Variable-Ratio Schedule) : 평균적인 횟수를 정해두고 강화하지만, 실제 강화가 이루어지는 행동 횟수는 예측할 수 없게 불규칙적으로 변하는 방식이다. 즉, 몇 번의 행동 후에 강화가 올지 알 수 없다. 이 방식이 가장 중독성이 강하고 소거에 대한 저항이 크다. 언제 보상이 터질지 모른다는 기대감 때문에 행동이 끈질기게 유지된다.

  예 슬롯머신, 낚시, 복권 구매

3) 조작적 조건형성이론의 원리

스키너의 이론은 특정 행동을 의도적으로 형성하고 변화시키는 구체적인 원리들을 포함한다. 이러한 원리들은 복잡한 행동을 학습시키거나, 여러 행동을 연결하여 하나의 과제를 수행하게 만드는 데 효과적으로 사용된다. 주요 원리로는 행동조성(shaping), 변별 자극(discriminative stimulus), 그리고 행동 연쇄(chaining)가 있다.

(1) 행동조성(Shaping)

행동조성은 목표 행동을 한번에 가르치기 어려울 때, 목표 행동에 점진적으로 가까워지는 행동들을 단계적으로 강화하는 방법이다. 이를 '점진적 접근법(method of successive approximations)'이라고도 한다. 예를 들어, 서커스에서 곰이 자전거를 타게 훈련시키는 과정은 행동조성의 대표적인 사례다. 조련사는 먼저 곰이 자전거 근처에 가는 행동을 강화하고, 다음으로 자전거에 앞발을 올리는 행동, 안장에 앉는 행동, 페달에 발을 올리는 행동, 그리고 마침내 페달을 밟아 앞으로 나아가는 행동 순으로 점진적으로 강화한다. 이처럼 최종 목표 행동을 여러 작은 단계로 나누어 차례대로 강화함으로써, 처음에는 전혀 할 수 없었던 복잡한 행동을 성공적으로 학습시킬 수 있다.

(2) 변별 자극(Discriminative Stimulus)

변별 자극은 특정 행동이 강화될 가능성이 있는지를 알려주는 단서가 되는 신호이다(송현철, 2024). 유기체는 어떤 자극이 있을 때 특정 행동이 보상받고, 어떤 자극이 있을 때는 보상받지 못하는지를 학습하게 된다. 예를 들어, 스키너 상자 안의 쥐는 초록불이 켜졌을 때 지렛대를 누르면 먹이가 나온다는 것을 학습한다. 이때 '초록불'은 지렛대를 누르는 행동이 강화될 것임을 알려주는 변별 자극이다. 반면, 빨간불이 켜졌을 때는 지렛대를 눌러도 먹이가 나오지 않는다면 '빨간불'은 강화가 없음을 알려주는 자극이 된다. 이처럼 인간은 신호등의 파란불(변별 자극)을 보고 길을 건너는 행동을 하고, 수업 종료 벨(변별 자극)이 울리면 책을 덮는 행동을 한다. 변별 자극은 우리가 언제, 어디서 특정 행동을 해야 하는지를 안내하는 중요한 역할을 한다.

(3) 행동 연쇄(Chaining)

행동 연쇄는 여러 개의 개별적인 행동들을 순서대로 연결하여 하나의 복잡한 과제를 완성하도록 만드는 기법이다. 각 행동은 다음 행동을 유발하는 변별 자극의 역할을 하며, 동시에 이전 행동에 대한 강화물로 작용한다. 예를 들어, 손을 씻는 과정은 '수도꼭지를 튼다 → 손에 비누를 묻힌다 → 손을 비빈다 → 물로 헹군다 → 수건으로 닦는다'와 같은 여러 행동의 연쇄로 이루어져 있다. 여기서 '비누를 묻히는 행동'은 '수도꼭지를 트는 행동'에 대한 강화물이자, '손을 비비는 행동'을 유발하는 변별 자극이 된다. 이 기법은 자폐 스펙트럼 장애 아동이나 발달 지연 아동에게 식사 준비, 옷 입기, 양치질하기와 같은 일상생활 기술을 가르치는 데 매우 효과적으로 사용된다(Cooper, Heron, & Heward, 2020).

4) 스키너 이론의 적용과 평가

(1) 사회복지 실천 현장에서의 적용

스키너의 행동주의 관점에서는 인간의 행동이 환경적 자극과 강화에 의해 형성된다고 주장한다. 이 이론은 사회복지 실천 현장에서 클라이언트의 행동을 긍정적으로 변화시키기 위한 효과적인 개입 기법을 제공한다(전재일 외, 2015 ; 권중돈, 2021).

① 행동수정 기법의 활용

사회복지사는 강화와 처벌의 원리를 활용하여 클라이언트의 바람직한 행동을 촉진하고 문제 행동을 감소시키도록 돕는다. 아동복지 현장에서는 문제행동을 보이는 아동에게 적절한 보상을 제공함으로써 긍정적인 행동을 유도할 수 있다.

> **사례** 주의가 산만한 아동에게 수업 시간 동안 자리에 잘 앉아 있으면 스티커를 제공하여 정적인 행동을 강화한다.

② 토큰 경제(Token Economy)의 적용

사회복지 실천 현장에서는 토큰 경제 시스템을 통해 클라이언트의 바람직한 행동을 강화할 수 있다. 정신건강시설이나 아동복지시설 등에서 목표 행동이 나타날 때마다 토큰을 제공하고, 이를 일정 기준에 따라 실제 보상으로 교환하게 함으로써 동기를 부여하고 행동 변화를 유도한다.

> **사례** 아동복지시설에서 아이가 정해진 시간에 숙제를 완료할 때마다 별 모양 토큰을 지급하고, 일정 수량이 모이면 장난감이나 간식으로 교환할 수 있도록 한다.

③ 체계적 탈감작(Systematic Desensitization)

불안이나 공포 등 정서적 문제를 지닌 클라이언트를 점진적으로 문제 상황에 노출시키고, 동시에 이완 기법이나 긍정적 강화를 병행하여 불안을 완화시킨다.

> **사례** 대인기피가 있는 청소년에게 처음에는 상담자와 짧은 대화를 시도하고, 이후 그룹 활동에 천천히 참여하게 하며, 참여에 대한 칭찬과 긍정 피드백을 지속적으로 제공한다.

④ 기술 습득 및 훈련 프로그램

행동주의 이론은 사회기술 훈련, 직업 훈련, 일상생활 기술 훈련 프로그램 등에 활용된다. 클라이언트는 반복적이고 체계적인 학습과 강화 전략을 통해 필요한 기술을 익히고 생활의 질을 향상시킬 수 있다.

> **사례** 발달장애 성인을 대상으로 옷 개기, 식사 준비 등 일상생활 기술을 단계별로 지도하고, 과제를 수행할 때마다 칭찬이나 소정의 보상을 제공하여 학습을 촉진한다.

(2) 평가

조작적 조건형성이론은 행동을 과학적으로 분석하고 통제할 수 있다는 점에서 교육, 상담, 사회복지 등 다양한 실천 분야에서 유용하게 활용되며, 이를 바탕으로 여러 실용적 기법이 개발되었다. 반면 인간행동을 자극과 반응의 결과로만 설명해 내면의 동기나 자율성을 간과했다는 비판도 받고 있다.

스키너 이론의 공헌점은 다음과 같다.

① 행동의 과학적 분석 토대 마련

스키너는 행동을 관찰·측정 가능한 대상으로 보고, 환경 요인과 행동 간의 체계적 관계를 규명함으로써 심리학의 객관성과 실증성을 강화했다. 그의 정밀한 실험 방법론은 행동 연구의 기준을 마련했다(Schunk, 2012).

② 효과적인 행동수정 기법 개발

강화, 처벌, 소거, 행동조성 등의 원리는 교육, 심리치료, 재활, 조직 관리 등 다양한 분야에서 문제 행동을 수정하고 바람직한 행동을 증진시키는 매우 효과적이고 실용적인 도구를 제공했다(Miltenberger, 2016).

③ 환경의 중요성 강조

스키너는 행동의 원인을 개인의 내면이 아닌 환경에서 찾음으로써, 긍정적인 행동 변화를 위해 환경을 재구성하고 설계하는 것의 중요성을 일깨워 주었다. 이는 개인의 '의지'나 '성격'만을 탓하던 관점에서 벗어나 실질적인 해결책을 모색하는 데 기여했다.

스키너 이론의 한계점은 다음과 같다.

① 인간의 내면적 경험 간과

행동주의이론은 인간의 행동을 외부 자극과 반응만으로 설명하며, 개인의 내적 사고나 감정과 같은 주관적 경험을 충분히 고려하지 않는다는 비판을 받는다.

② 단기적 효과에 초점

스키너의 개입 방법은 행동의 즉각적이고 단기적인 변화에 초점을 맞추기 때문에, 장기적인 내적 변화나 자기주도적 행동 변화를 유지하는 데 어려움이 있을 수 있다.

③ 자유의지와 자율성의 무시

행동주의는 인간의 행동을 외부 환경 자극에 대한 단순한 반응으로만 간주하여 개인의 자율적 의지나 선택 능력을 과소평가한다는 비판을 받고 있다.

④ 윤리적 문제 가능성

강화와 처벌의 사용은 윤리적인 문제를 일으킬 수 있다. 특히 처벌 중심의 개입은 클라이언트의 심리적 손상이나 관계 악화 등의 부작용을 초래할 위험이 있다(최옥채 외, 2023).

2 사회학습이론 : 반두라(Bandura)

사회학습이론은 반두라(Albert Bandura)가 제안한 이론으로, 인간은 직접적인 경험뿐만 아니라 타인의 행동과 그 결과를 관찰함으로써도 새로운 행동을 학습할 수 있다고 보는 이론이다. 이는 단순한 자극-반응의 반복에 의존하는 행동주의적 관점에서 벗어나, 학습이 관찰과 모방을 통해 이루어진다는 점에서 차별된다. 이때의 학습 과정을 모델링이라고 한다.

반두라는 개인이 타인의 행동과 그에 따른 보상이나 처벌을 관찰하고, 이를 바탕으로 유사한 행동을 수행하거나 억제하는 학습 과정이 가능하다고 보았다. 이 과정에서는 기대, 판단, 자기효능감 등 인지적 요인이 함께 작용하며, 인간은 환경 속에서 모델을 관찰하고, 그 결과에 대한 기대와 자신의 능력에 대한 믿음을 바탕으로 행동을 선택하고 실행한다.

이러한 관점은 기존 행동주의가 간과했던 사회적 맥락과 인지적 요소의 중요성을 강조하며, 행동주의와 인지주의를 연결하는 이론적 다리 역할을 하였다. 반두라는 학습이 단순한 자극과 반응의 결과가 아니라, 개인, 환경, 행동이 서로 영향을 주고받는 상호결정론에 따라 이루어진다고 설명하였다. 이후 그는 이 이론을 '사회인지이론'으로 발전시켰으며, 그 핵심 개념인 '자기효능감을 통해 학습자의 주체성과 동기를 설명하였다. 자기효능감은 개인이 특정 행동을 성공적으로 수행할 수 있다는 자신의 능력에 대한 신념을 의미하며, 이는 학습자의 행동 선택과 지속성에 영향을 미치는 중요한 이론적 기반이 된다.

1) 반두라의 생애와 인간관

알버트 반두라(Albert Bandura)는 캐나다의 시골 마을에서 태어난 폴란드계 이민자 가정 출신으로, 20세기 심리학에 큰 전환점을 마련한 학자이다. 그는 행동주의가 지배하던 시대에 인지 과정을 통합하여 사회학습이론을 정립했고, 이는 심리학의 패러다임 변화를 이끌었다(Bandura, 2006).

어려운 환경 속에서 자율적으로 학습하며 성장한 그는 브리티시컬럼비아 대학에서 심리학을 전공한 뒤 아이오와 대학에서 임상심리학 박사 학위를 취득했다. 학습이론 연구의 중심지였던 이곳에서 행동주의와 정신분석을 비판적으로 검토하며 독창적 연구 기반을 다졌다.

알버트 반두라
(Albert Bandura, 1925~2021)

1953년 스탠퍼드 대학에 부임한 그는 공격성이 관찰과 모방을 통해 학습될 수 있다는 가설을 세우고 '보보 인형 실험(Bobo Doll Experiment)'을 진행했다(Bandura, Ross, & Ross, 1961). 아동들이 모델의 공격적 행동을 그대로 모방하는 결과는, 학습이 반드시 강화 경험을 통해서만 이루어지는 것이 아님을 보여 주었다.

반두라는 인간을 환경에 수동적으로 반응하는 존재가 아닌, 개인(Person) · 행동(Behavior) · 환경(Environment)이 상호작용하는 상호결정론 속의 주체적 존재로 보았다(Bandura, 1986). 그는 인간이 예견, 자기규제, 상징화 능력을 바탕으로 스스로 행동을 선택하고 환경을 변화시킬 수 있다고 강조했다.

특히 핵심 개념인 자기효능감(self-efficacy)은 개인이 특정 과제를 성공적으로 수행할 수 있다는 신념을 뜻한다. 자기효능감이 높은 사람은 더 도전적 목표를 세우고, 어려움 속에서도 노력과 회복력이 강하다.

결론적으로 반두라는 인간을 생각하고 계획하며 자기 삶을 주도하는 능동적 행위자로 이해했다. 그의 사회학습이론과 사회인지이론은 학습과 성격 발달에서 관찰과 인지의 역할을 강조하며, 행동주의와 인지심리학을 잇는 다리 역할을 했다. 이는 교육, 상담, 보건 등 여러 실천 영역에 지속적 영향을 미쳤다.

2) 주요 개념

반두라의 사회학습이론의 핵심은 인간의 학습이 반드시 직접적인 강화나 처벌에 의해서만 일어나는 것이 아니라, 타인의 행동을 관찰하고 모방함으로써도 가능하다는 것이다. 이를 설명하는 주요 개념으로는 모델링, 관찰학습, 상호결정론, 자기규제 그리고 자기효능감이 있다(Bandura, 1986).

(1) 모델링(Modeling)

모델링은 타인의 행동을 관찰하고 이를 정보원으로 삼아 자신의 행동을 형성해 나가는 과정으로, 관찰학습의 핵심적인 원리이다. 이때 학습의 준거가 되는 모델은 부모나 교사와 같이 주변에서 직접 접하는 '실제 인물'일 수도 있고, 미디어나 서적에 등장하는 인물과 같은 '상징적 모델'일 수도 있다. 즉, 모델은 특정 개인에 국한되지 않으며, 행동의 본보기가 될 수 있는 다양한 형태로 존재한다.

① **교수 효과** : 관찰자는 모델의 행동을 보고 이전에 할 수 없었던 새로운 기술이나 행동을 학습한다.

예 교사의 시범을 보고 수학 문제를 푸는 법을 배움

② **억제 및 탈억제 효과** : 모델의 행동이 어떤 결과를 가져오는지를 보고 특정 행동에 대한 억제가 강화되거나 약화된다. 모델이 특정 행동으로 처벌받는 것을 보면(대리 처벌) 그 행동을 억제하게 되고(억제 효과), 반대로 처벌받지 않거나 보상받는 것을 보면(대리 강화) 스스럼없이 그 행동을 하게 된다(탈억제 효과).

예 친구가 거짓말을 해서 혼나는 것을 보고 거짓말을 하지 않게 됨

③ **유발 효과** : 모델의 행동이 관찰자가 이미 알고 있는 행동을 하도록 자극하거나 유도하는 역할을 한다.

예 한 사람이 하늘을 쳐다보자 주변 사람들도 덩달아 하늘을 쳐다봄

(2) 관찰학습

관찰학습은 직접적인 경험이나 강화를 통하지 않고, 타인(모델)의 행동과 그 결과를 지켜보는 사회적 맥락 속에서 새로운 행동 양식이나 인지적 전략을 습득하는 대리적 학습과정이다. 이는 행동주의의 직접 강화 원리를 넘어, 학습을 능동적인 인지적 정보처리 과정으로 간주하는 반두라 이론의 핵심을 이룬다.

관찰학습은 다음 네 가지 인지적 과정을 거쳐 일어난다.

① 주의(Attention) 단계

학습이 일어나려면 관찰자는 모델의 행동에 주의를 기울이고 중요한 특징들을 정확하게 지각해야 한다. 모델의 매력, 지위, 행동의 독특성 등이 관찰자의 주의에 영향을 미친다.

② 파지(Retention) 단계

관찰한 행동을 나중에 수행하기 위해서는 그 정보를 기억 속에 저장해야 한다. 관찰된 내용은 언어적 부호나 심상(mental images)의 형태로 인지적으로 저장된다. 이 과정을 통해 모델이 없어도 행동을 기억하고 떠올릴 수 있다.

③ 재생(Reproduction) 단계

기억된 행동을 실제로 수행해 보는 단계이다. 이 과정은 저장된 상징적 표상을 실제 행동으로 전환하는 것을 포함하며, 자신의 신체적 능력과 기술 수준에 따라 행동의 정확성이 달라진다. 피드백과 연습을 통해 행동을 교정하고 정교화할 수 있다.

④ 동기(Motivation) 단계

관찰한 행동을 실제로 수행하고자 하는 동기가 작용하는 과정이다. 동기는 직접강화, 모델이 보상받는 것을 보는 대리강화, 스스로 만족감을 느끼는 자기강화 등에 의해 촉진된다.

- **직접강화**(Direct Reinforcement) : 학습자가 특정 행동을 수행한 후 직접적으로 보상을 받음으로써 동기가 유발되는 경우
  - 예 아이가 부모님의 심부름을 한 뒤 용돈을 받자, 앞으로도 부모님의 부탁을 들어줄 동기가 생겼다.
- **대리강화**(Vicarious Reinforcement) : 학습자가 모델이 특정 행동을 수행한 뒤 보상을 받는 것을 목격함으로써 동기가 유발되는 경우
  - 예 한 학생이 친구가 발표를 잘해 교장선생님에게 상을 받는 모습을 보고, 자신도 발표를 잘하면 상을 받을 수 있다는 기대감에 다음 발표 준비에 더욱 힘쓴다.
- **자기강화**(Self-Reinforcement) : 학습자가 스스로 정한 기준이나 목표를 달성했을 때 내적으로 만족감이나 성취감을 느낌으로써 동기가 유발되는 경우
  - 예 매일 꾸준히 운동해 체중 감량 목표를 이룬 사람이 거울을 보며 "내가 해냈어! 정말 자랑스럽다!"라고 느끼며 성취감을 맛본다. 이는 운동 습관을 지속하도록 동기를 강화한다.

(3) 상호결정론(Reciprocal Determinism)

상호결정론은 인간의 행동, 개인적 요인(인지, 감정 등), 그리고 환경적 요인이 독립적으로 존재하는 것이 아니라, 끊임없이 상호작용하며 서로에게 영향을 미치고 결정한다는 핵심 개념이다. 이는 인간의 행동이 단순히 환경에 의해 결정되거나, 오로지 내적인 요인에 의해 결정되는 것이 아니라, 개인(P), 행동(B), 환경(E) 세 요소의 지속적인 상호작용에 의해 결정된다고 본다.

- **개인**(Person) : 신념, 기대, 태도, 지식, 감정과 같은 내적 인지 요인을 포함한다.
- **행동**(Behavior) : 개인이 실제로 수행하는 관찰 가능한 행위이다.
- **환경**(Environment) : 물리적, 사회적 외부 환경과 자극을 의미한다.

예를 들어, '수학을 잘할 수 있다'라는 신념(P)은 공부하는 행동(B)으로 이어지고, 이는 좋은 성적과 칭찬이라는 환경(E)을 만들며, 이 환경은 다시 신념(P)을 강화한다. 이는 인간이 환경에 영향을 미치는 능동적 존재임을 강조한다.

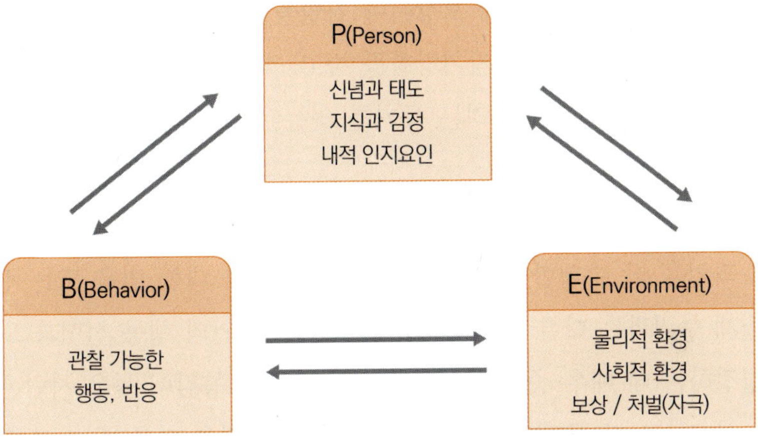

[그림 6-1] 반두라의 상호결정론 모델

(4) 자기규제

자기규제는 개인이 자신의 행동을 의도적으로 조절하고 관리하는 능력을 의미한다. 이는 스스로 목표를 설정하고 자신의 행동을 통제하며 필요에 따라 수정해 나가는 내적 과정이다. 자기규제의 구성 요소는 주로 다음 세 가지 상호 연결된 과정으로 이루어진다(최옥채 외, 2007).

① **자기관찰**(Self-observation)

자신의 생각, 행동, 감정을 주의 깊게 살피고 기록하는 단계로, 현재 상태와 행동 패턴을 객관적으로 파악하는 출발점이다. 예컨대 공부 습관을 개선하려면 언제, 어디서, 어떻게 공부하는지를 점검하는 과정이 이에 해당한다.

② **판단 과정**(Judgmental Process)

자기관찰을 통해 얻은 정보를 개인 목표나 가치, 사회적 규범에 비추어 평가하는 단계이다. 예를 들어 시험에서 90점을 목표로 했는데 80점을 받았다면, 목표 달성 여부와 부족한 점을 분석하는 것이 포함된다.

③ 자기반응(Self-reaction)

평가 결과에 따라 자신에게 보상이나 처벌을 주는 단계이다. 목표를 달성하면 만족감이나 보상을 통해 자기강화를 하고, 실패 시에는 실망이나 페널티를 부여해 행동을 수정·개선하려는 동기를 얻는다

(5) 자기효능감(Self-efficacy)

특정 과업을 잘 수행할 수 있다는 자신의 능력에 대한 믿음 또는 신념이다. 이는 실제 능력과는 다른 주관적인 판단이지만, 개인의 행동 선택과 노력의 수준을 결정하는 데 매우 중요한 역할을 한다. 자기효능감이 높은 사람은 도전적 과제를 선호하고 더 끈기 있게 노력한다. 자기효능감은 다음 네 가지 요인에 의해 형성된다(Bandura, 1999).

첫째, 직접적 성취 경험이다. 과거에 특정 과제를 성공적으로 수행했던 경험으로 가장 강력한 정보원이다.

둘째, 대리적 성취 경험이다. 자신과 비슷한 사람이 과제를 성공적으로 수행하는 모습을 관찰하는 경험이다.

셋째, 사회적 설득(언어적 설득)이다. 다른 사람으로부터 “너는 해낼 수 있어”와 같은 격려나 지지를 받는 경험을 말한다.

넷째, 정서적 및 신체적 상태이다. 과제 수행 시 느끼는 불안, 스트레스, 피로감 등의 신체적·정서적 반응을 말한다.

3) 반두라 이론의 실제 : 보보 인형 실험

반두라가 1961년에 수행한 유명한 실험으로, 아이들이 어른의 행동을 관찰하고 모방하는 경향을 보여 주었다. 이 실험은 관찰학습의 중요한 사례로, 특히

공격적인 행동이 어떻게 학습될 수 있는지를 보여 준 사례이다. 이는 미디어의 폭력적인 콘텐츠가 사람들에게 영향을 미칠 가능성이 있다는 논의를 발전시키는 데 중요한 역할을 했다.

[그림 6-2]는 그룹별로 어른들의 행동을 관찰한 뒤 나타난 변화를 보여 준다.

실험 과정

① 세 그룹의 아이들
- 그룹 1 : 어른이 보보 인형을 때리거나 발로 차는 등 공격적인 행동을 하는 모습을 관찰.
- 그룹 2 : 어른이 보보 인형에게 친절하게 대하는 것을 관찰.
- 그룹 3 : 어른 없이 아이들끼리만 놀게 함 (통제 그룹).

② 관찰 후 아이들의 행동
- 그룹 1 : 다른 그룹에 비해 보보 인형에게 더 공격적인 행동을 보임.
- 그룹 2 : 보보 인형에게 친절한 행동을 보임.
- 그룹 3 : 공격성이 낮은 행동을 보임.

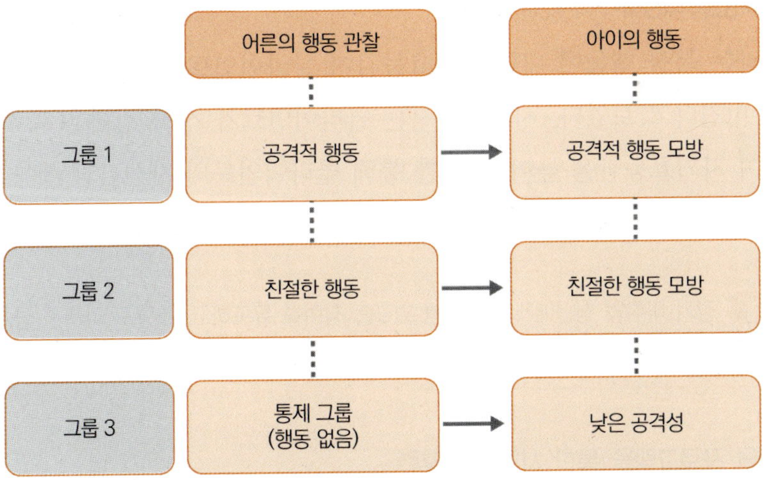

[그림 6-2] 보보 인형 실험 과정(Bobo Doll Experiment)

4) 사회학습이론의 적용과 평가

(1) 사회복지 실천 현장에서의 적용

반두라의 사회학습이론은 인간은 타인의 행동을 보고 학습하며, 이를 모방해 새로운 행동을 학습한다고 주장한다. 이 이론은 사회복지 실천 현장에서 클라이언트의 긍정적 행동과 사회적 기술 향상을 위한 효과적인 개입 근거를 제공한다(권중돈, 2021).

① 모델링(Modeling)을 통한 행동 변화

사회복지사는 클라이언트에게 긍정적 역할 모델을 제공함으로써 바람직한 행동과 태도를 학습하도록 돕는다.

> **사례** 청소년복지관에서 또래 선도 학생이 예의 바른 대화와 협력적인 태도를 보이는 모습을 보여 주고, 참여 청소년이 이를 따라하며 사회적 행동을 학습하도록 돕는다.

② 자기효능감(Self-efficacy) 강화

반두라는 특정 행동에 대한 자기효능감이 클라이언트의 행동 변화에 중요한 영향을 미친다고 보았다. 사회복지사는 클라이언트가 성공 경험을 축적하도록 지원하여 자기효능감을 높이고, 이를 통해 클라이언트의 자신감과 행동 변화를 촉진한다.

> **사례** 장기 미취업 청년에게 직업탐색 워크숍 참여를 유도하고, 소규모 과제를 성공적으로 수행하게 하여 자신감을 높이고 구직 활동으로 이어지도록 지원한다.

③ 집단 프로그램을 통한 사회기술 훈련

집단상담이나 집단 프로그램에서 참가자 간의 상호작용을 통해 사회적 기술을 습득하고 자기효능감을 향상시키는 데 효과적으로 활용된다. 참가자들은 타인의 행동을 관찰하고 모방하는 과정을 통해 긍정적인 행동과 태도를 자연스럽게 익히게 된다.

> **사례** 자존감이 낮은 청소년 집단 프로그램에서 참가자들이 서로의 발표나 인사 행동을 모방하며 점차 원활한 의사소통 능력을 갖추도록 유도한다.

④ 미디어와 사회적 캠페인을 통한 사회적 행동 촉진

공익광고나 영상 콘텐츠를 활용해 긍정적인 행동 모델을 제시하고, 사회 구성원들이 이를 관찰하며 모방하게 함으로써 사회적 변화를 유도할 수 있다.

> **사례** 아동학대 예방 캠페인에서 '존중하는 부모 역할'을 보여 주는 영상물을 배포하고, 부모 교육 프로그램과 연계하여 긍정적 양육 행동을 확산시킨다.

(2) 평가

반두라의 이론은 행동주의와 인지이론을 성공적으로 통합하여 인간행동을 폭넓게 설명했다는 점에서 높은 평가를 받지만, 몇 가지 측면에서 비판을 받기도 한다.

반두라 이론의 공헌점은 다음과 같다.

① 구체적이고 실천적인 개입 근거 제공

사회학습이론은 구체적이고 이해하기 쉬운 방식으로 행동 습득 과정을 설명하여 사회복지사가 현장에서 쉽게 적용할 수 있는 실천적 도구를 제공하였다.

② 자기효능감의 중요성 강조

반두라는 행동 변화에서 자기효능감이 차지하는 중요성을 밝혀, 클라이언트의 내적 자원을 강화하는 사회복지 실천의 방향성을 제시하였다.

③ 관찰학습의 중요성 입증

직접 경험을 통한 학습만을 강조했던 전통적 행동주의와 달리, 관찰과 모방이라는 사회적 학습의 역할을 과학적으로 입증함으로써 인간의 복잡한 사회적 행동 습득 과정을 설명할 수 있게 되었다.

④ 미디어 활용을 통한 사회적 변화 촉진

이 이론은 대중매체와 사회적 캠페인을 통해 사회적 행동 변화를 촉진하는 전략적 접근을 가능하게 하였다.

⑤ 인간의 능동성과 자기규제 능력 조명

상호결정론과 자기효능감 개념을 통해 인간을 환경에 수동적으로 반응하는 존재가 아닌, 스스로의 삶과 환경을 만들어 가는 능동적이고 자기규제적인 존재로 보는 관점을 제시했다.

반두라 이론의 한계점으로는 다음과 같다.

① 개인의 내적 요인 간과

사회학습이론은 주로 관찰 가능한 행동의 학습에 초점을 맞추어, 개인의 무의식적 충동, 감정적 상태와 같은 내적 요인을 충분히 고려하지 않았다는 비판을 받는다.

② 행동의 복잡성과 자율성 과소평가

반두라는 행동을 주로 모방과 강화로 설명하며 인간행동의 복잡성과 자율성을 다소 단순화하고 있다는 비판을 받는다.

③ 발달적 변화에 대한 설명 부족

반두라의 이론은 학습이 일어나는 과정에 대해서는 정교하게 설명하지만, 연령이 증가함에 따라 인지 능력이나 정보 처리 방식이 어떻게 질적으로 변화하는지에 대한 발달적 관점은 상대적으로 부족하다는 지적이 있다.

④ 장기적 행동 유지의 한계

모방과 강화 중심의 접근은 행동의 즉각적인 변화를 촉진할 수 있지만, 행동의 장기적인 유지와 내면화를 보장하기 위한 추가적인 개입 전략이 필요하다는 한계를 지닌다.

⑤ 실험실 연구의 한계

보보 인형 실험과 같은 실험실 연구는 통제된 환경에서 이루어졌기 때문에, 그 결과를 복잡하고 다양한 변인이 작용하는 실제 생활에 그대로 일반화하기에는 한계가 있다는 비판이 제기된다.

요점정리

- 스키너의 조작적 조건형성이론은 행동이 그 결과에 따라 강화되거나 약화된다고 본다. 보상은 행동의 빈도를 높이고, 처벌은 행동의 빈도를 낮추며, 각각 정적·부적 강화와 정적·부적 처벌로 구분된다. 이러한 원리는 행동을 예측하고 통제할 수 있게 하여 교육, 상담, 사회복지 등 다양한 분야에서 활용된다. 특히 바람직한 행동을 촉진하고 문제행동을 감소시키는 행동수정 기법의 이론적 기반이 된다.
- 반두라의 사회학습이론은 인간이 직접 경험뿐 아니라 타인의 행동을 관찰하고 모방함으로써 학습한다고 본다. 모델링 과정은 주의집중, 파지, 재생, 동기화 단계로 이루어지며, 관찰 후 강화나 처벌을 통해 행동이 유지·변화한다. 특히 자기효능감이 학습 성취와 행동 변화에 핵심적 역할을 하며, 사회적 맥락 속에서 강화가 이루어진다는 점에서 조작적 조건형성과 차별성을 가진다.
- 사회복지 실천에서 두 이론은 행동 수정과 동기 부여 전략의 핵심 기반이 된다. 조작적 조건형성은 문제행동 감소와 긍정적 행동 촉진에, 사회학습이론은 긍정적 모델 제시와 자기효능감 향상을 통한 지속적 변화를 이끈다. 두 접근을 병행하면 행동과 인지 과정을 아우르는 통합적 개입이 가능하며, 아동·청소년 지도, 재활, 심리치료 등 다양한 영역에서 효과를 높일 수 있다.

생각해 볼 문제

1. 조작적 조건형성에서 부적 강화와 부적 처벌의 차이를 사례를 들어 설명하시오.
2. 사회학습이론에서 자기효능감이 낮은 내담자에게 적용할 수 있는 개입 전략을 제시하시오.
3. 두 이론을 통합하여 청소년 비행 예방 프로그램을 설계할 때 고려해야 할 요소는 무엇인가?

Chapter 07

인본주의이론

개 요

인본주의 심리학은 20세기 중반, 정신분석과 행동주의의 한계를 비판하며 등장한 제3의 심리학이다. 인간을 수동적 존재가 아닌 능동적이고 긍정적인 존재로 보며, 주관적 경험과 자유의지, 자아실현 가능성을 강조한다. 로저스는 내담자 중심 치료를 통해 자기실현 경향성과 자아개념의 통합을 강조하였으며, 매슬로우는 욕구위계이론을 통해 인간의 동기를 생리적 욕구에서 자아실현 욕구에 이르는 위계로 설명하였다. 이들은 인간을 환경의 지배를 받는 수동적 존재가 아닌, 자율성과 창조성을 지닌 능동적 존재로 보며, 상담 · 교육 · 사회복지 등 다양한 영역에 긍정적 영향을 미쳤다. 특히 인간의 전인적 이해와 내적 동기를 기반으로 한 자아실현 개념은 심리적 성장의 핵심으로 작용하며, 현대 긍정심리학의 기초가 되었다.

학습목표

1. 로저스의 핵심 개념(자기실현 경향성, 자아개념, 일치성)을 이해하고 설명할 수 있다.
2. 매슬로우의 욕구위계이론의 구조와 개념을 단계별로 설명할 수 있다.
3. 인본주의이론의 구성 요소와 그 이론 간 유사점 및 차이점을 분석할 수 있다.
4. 인본주의이론이 사회복지 실천에 어떻게 적용될 수 있는지를 평가하고, 그 한계를 비판적으로 분석할 수 있다.

1 인간중심이론: 로저스(Rogers)

인간중심이론은 로저스의 인본주의 심리학으로, 인간을 본래 성장과 변화의 잠재력을 지닌 존재로 전제하며 개인의 주관적 경험과 자아실현 가능성을 중시한다. 그는 인간 이해에서 객관적 사실보다 개인의 경험과 해석을 강조했고, 인간을 외부 자극에 수동적으로 반응하는 존재가 아니라 세계에 의미를 부여하는 주체적 존재로 보았다.

이러한 관점은 현상학적 접근과도 연결된다. 현상학은 객관적 사실보다 개인이 지각하고 해석한 의미에 주목하며, 사람들은 삶의 맥락 속에서 의미를 구성하는 과정을 통해 행동과 태도를 형성한다고 본다(신기원 외, 2023).

로저스는 인간이 본래 자아실현을 지향하며, 자기이해와 수용을 통해 심리적 건강을 유지할 수 있다고 주장하였다. 이를 토대로 그는 인간중심이론을 제시했고, 상담에서는 내담자의 주관적 경험을 존중하며 진정성, 공감, 무조건적 긍정적 존중을 제공할 때 내담자가 스스로 문제를 통찰하고 잠재력을 실현할 수 있다고 보았다(최희철, 2021).

1) 로저스의 생애와 인간관

칼 로저스는 인본주의 심리학의 창시자 중 한 명으로, '내담자중심 치료'를 통해 상담 분야에 혁신을 일으킨 미국의 심리학자이다. 보수적인 기독교 가정의 엄격하고 정서적 교류가 부족한 환경에서 자라며 사색에 몰두했던 경험은, 훗날 그가 개인의 주관적 경험과 진솔한 관계의 중요성을 강조하는 이론을 발전시키는 데 영향을 주었다(Rogers, 1961).

칼 로저스
(Carl Ransom Rogers, 1902~1987)

대학 시절 신학을 공부하던 그는 교리를 따르는

것에 회의를 느끼고, 컬럼비아 대학교에서 임상·교육심리학을 전공해 박사 학위를 취득했다. 이후 아동 문제와 비행 청소년 상담 등 임상 경험을 통해 전통적 지시·진단 중심의 상담 방식보다, 내담자 스스로 문제를 해결할 힘을 지닌 존재임을 발견하고 '비지시적 상담'을 제안했으며, 이는 후에 '내담자중심 치료'로 발전했다(Rogers, 1951).

로저스는 인간을 신뢰할 수 있고 건설적이며 미래지향적인 존재로 보았다. 그의 인간관의 핵심은 모든 유기체가 자신을 유지하고 성장시키려는 선천적 경향, 즉 자기실현 경향성(Actualizing Tendency)에 대한 믿음이었다. 그는 최적의 조건이 주어지면 인간은 마치 씨앗이 나무로 성장하듯 잠재력을 발휘한다고 보았다.

또한 그는 행동을 결정하는 것은 객관적 현실이 아니라 개인이 지각하고 해석한 주관적 현실, 즉 '현상학적 장(Phenomenal Field)'이라고 강조했다. 따라서 개인을 이해하기 위해서는 그의 내적 참조틀(internal frame of reference), 즉 그 사람의 눈으로 세상을 바라보는 것이 필요하다.

결론적으로 로저스는 인간을 결핍적 존재가 아닌, 성장과 자기실현의 잠재력을 가진 긍정적 존재로 보았다. 그는 인간이 자신의 삶을 스스로 이끌어갈 수 있는 자율성과 능력을 지닌 주체임을 강조했으며, 그의 이론은 개인이 온전한 자기자신으로 살아가도록 돕는 데 초점을 두었다.

2) 주요 개념

로저스의 이론은 인간의 주관적 경험을 중심에 두고, 현상학적 장, 자기, 자기실현 경향성, 완전히 기능하는 인간 등의 개념을 통해 성장과 발달을 설명한다. 이들은 서로 연결되어 있으며, 인간의 심리적 건강과 성장을 이해하는 중요한 틀을 제공한다. 인간중심이론은 개인이 경험을 어떻게 인식하고 자아를 형성하며, 잠재력을 실현하는지를 설명하는 데 초점을 둔다.

(1) 현상학적 장(Phenomenal Field)

현상학적 장은 개인이 세상을 인식하고 해석하는 주관적 경험의 총체로, 현재 순간의 생각·감정·기억·기대 등 내면적 세계를 포함한다. 로저스는 인간이 외부 현실 그 자체가 아니라 지각된 현실에 따라 행동한다고 보았으며, 따라서 인간행동을 이해하려면 그 사람이 어떻게 세상을 경험·해석하는가를 파악해야 한다고 강조했다. 같은 상황이라도 사람마다 전혀 다른 반응을 보이는 이유가 여기에 있다(Rogers, 1951).

현상학적 장의 특징은 다음과 같다.

① **개인 고유성**: 경험, 환경, 가치관에 따라 고유한 현상학적 장이 형성되므로 동일한 사건도 다르게 인식·반응한다.

② **지각된 현실이 행동을 결정**: 인간은 객관적 현실이 아닌 지각된 현실을 기준으로 사고·행동한다. 예컨대 실제로는 위협적이지 않아도 위협적으로 지각하면 불안이나 회피 행동이 나타난다.

③ **상담의 핵심 전제**: 인간중심상담은 내담자의 현상학적 장을 존중하고, 상담자가 그 세계를 공감적으로 이해하는 데서 출발한다. 상담자는 가치판단을 배제하고 내담자가 지각한 세계를 수용해야 하며, 이는 내담자가 경험을 왜곡 없이 바라보고 성장할 수 있도록 돕는 기반이 된다.

예를 들어, 한 학생이 시험에서 80점을 받고도 크게 좌절한다면, 그의 현상학적 장에는 "90점 이하는 실패"라는 내적 기준이 작동하고 있을 수 있다. 상담자는 이 기준의 형성과 그로 인한 심리적 반응을 내담자의 관점에서 탐색해야 한다.

결론적으로, 현상학적 장은 인간의 행동·감정·정체성을 이해하는 핵심 개념이며, 로저스는 인간이 자신의 내면 세계를 존중받고 이해받을 때 변화와 성장이 가능하다고 보았다. 〈표 7-1〉은 객관적 현실과 현상학적 장의 비교이다.

〈표 7-1〉 객관적 현실과 현상학적 비교

구분	객관적 현실	현상학적 장
정의	누구에게나 동일한 외부 현실	개인이 지각하고 해석하는 주관적 현실
초점	물리적 사실, 외부 사건	감정, 기억, 기대, 해석 등 내면의 경험
행동의 기준	객관적 조건에 따른 반응	지각된 경험에 기반한 반응
상담 접근법	문제 행동에 대한 외적 설명 중심	내담자의 경험 세계를 공감하고 존중
예시	시험에서 80점이면 평균 이상	"80점은 실패"로 인식하고 좌절감을 느낌

(2) 자기(자아개념, Self-concept)

자아개념은 현상학적 장 안에서 '나(I)' 혹은 '나에게(me)'로 인식되는 부분이 분화되어 형성된, 자신에 대한 일관된 인식과 가치체계이다. 여기에는 '현재의 나(real self)'와 '되고 싶은 나(ideal self)'에 대한 생각이 포함되며, 인간의 경험을 조직화하고 해석하는 중심적 틀로 기능한다(Rogers, 1959).

로저스는 자아개념을 현실 자아와 이상적 자아로 설명하였다. 현실 자아는 개인이 현재 경험하는 실제 모습(감정, 행동, 사고 등)을 의미하고, 이상적 자아는 자신이 바람직하다고 여기는 이상적 모습이다. 자아개념과 실제 경험의 일치(congruence) 혹은 불일치(incongruence) 정도는 심리적 안정성과 직결된다. 두 자아가 가까울수록 통합된 자아감을 유지할 수 있지만, 간극이 클수록 불안·우울 등 심리적 문제가 생기며, 경험과의 괴리는 자기수용을 어렵게 하고 심리적 갈등을 유발한다(권석만, 2012).

또한 로저스는 자아를 고정된 실체가 아니라 경험과 환경의 상호작용 속에서 형성·변화하는 과정적 존재로 보았다. 개인은 다양한 경험을 통해 자아개념을 강화하거나 변화시켜 나간다. 자아 개념은 다음과 같은 특징을 지닌다.

- **주관적 경험 기반** : 자아는 외부의 객관적인 기준이 아니라, 개인이 자신을 어떻게 인식하고 해석하느냐에 따라 형성된다.
- **변화 가능성** : 자아는 고정된 구조가 아니라, 새로운 관계나 경험 속에서 유

연하게 변화할 수 있다.

- **의미 부여의 중심** : 자아는 개인이 자신의 경험을 해석하고 삶의 방향을 설정하는 핵심 기준이 된다.
- **자기가치감과 연결** : 자아에 대한 긍정적 인식은 자기수용과 자기존중감으로 이어지며, 이는 심리적 건강에 핵심적인 역할을 한다.

(3) 자아실현 경향성(Actualizing Tendency)

자아실현 경향성은 모든 유기체가 자신의 잠재력을 발휘·유지·향상시키려는 선천적이고 보편적인 동기를 의미한다(Rogers, 1959). 로저스 인간중심이론의 핵심 개념으로, 인간이 단순한 생존을 넘어 자율성과 창조성을 통해 정신적·정서적 성장을 지향한다는 점을 강조한다. 이는 인간을 긍정적이고 건설적인 방향으로 이끄는 내부의 힘이자, 자율성과 자기조절 능력의 기반이다(권석만, 2012).

로저스는 이 경향성이 발현되려면 적절한 환경 조건이 필요하다고 보았다. 조건적 수용, 타인의 평가에 따른 자기왜곡, 자기수용 부족 등이 지속되면 개인은 자신의 진정한 감정을 억압하고, 자아실현 경향성은 차단된다. 그 결과 내적 욕구와 외적 기대 사이의 갈등으로 성장 방향을 잃게 된다.

예를 들어, 그림에 재능을 지닌 청소년이 부모의 강요로 의대 진학을 요구받는다면, 그는 예술을 통한 자아표현 욕구를 억압하게 되고 정체감 혼란을 겪을 수 있다. 반대로 예술적 재능을 지지받는다면, 그림을 통해 자아를 탐색하고 삶의 의미를 창조하며 심리적 성숙에 이를 수 있다.

요약하면, 자아실현 경향성은 인간 내면의 본능적 성장 동력으로 자율성·창조성·자기수용을 통해 실현된다. 이를 위해서는 무조건적 긍정적 존중, 경험의 개방성, 자기신뢰가 필요하며(최옥채 외, 2023), 상담자는 내담자가 이 경향성을 회복하고 자기답게 살아가도록 지지적 환경을 제공해야 한다.

(4) 일치성(Congruence)과 불일치성(Incongruence)

일치성과 불일치성은 자아개념과 실제 경험의 관계를 설명하는 개념으로, 심리적 건강의 중요한 기준이 된다. 로저스는 불일치성을 줄이고 일치성을 회복하는 과정을 상담의 핵심 목표로 보았다. 이를 위해 상담자는 내담자에게 무조건적 긍정적 존중, 공감적 이해, 진솔성을 제공해야 하며, 이러한 환경 속에서 내담자는 내면 경험을 왜곡 없이 수용하고 자아개념과 조화를 이루도록 변화한다. 상담이 진정성 있고 수용적으로 유지될 때, 내담자는 감정과 욕구를 수용하며 경험과 자아개념 사이의 일치를 회복해 심리적 통합과 성장을 경험한다 (Rogers, 1959).

① 일치성(Congruence)

일치성이란 개인의 감정 · 사고 · 행동이 자아개념과 조화를 이루는 상태를 말한다. 예를 들어, 자신을 '솔직한 사람'이라고 생각하면서 실제로도 그렇게 행동하는 경우이다. 이러한 사람은 경험을 왜곡하지 않고 수용하며, 환경과의 상호작용에서도 안정감과 적응력을 보인다(Rogers, 1959 ; 권석만, 2012). 로저스는 자기수용(self-acceptance)이 일치성의 핵심 조건이며, 이는 자아실현 경향성의 건강한 발현을 가능하게 한다고 보았다.

② 불일치성(Incongruence)

불일치성은 자아개념과 실제 경험 간의 괴리를 의미한다. 개인이 특정 감정이나 충동을 경험하면서도 자아개념과 맞지 않는다고 여겨 이를 억압하거나 왜곡할 때 발생한다. 예컨대 '나는 항상 친절하다'라는 자아개념을 가진 사람이 분노를 느끼면서 억지로 친절하게 행동한다면 이는 불일치를 보여 준다. 이러한 상태가 지속되면 내적 갈등, 불안, 우울, 자기부정으로 이어지며, 방어기제가 강화되고 심리적 부적응을 초래할 수 있다.

(5) 가치의 조건(Conditions of Worth)과 무조건적 긍정적 존중(Unconditional Positive Regard)

로저스는 인간의 심리적 성장과 왜곡된 자아 형성을 설명하기 위해 가치의 조건과 무조건적 긍정적 존중 개념을 제시하였다. 두 개념은 개인이 자신을 어떻게 받아들이고 평가하는지를 결정짓는 핵심 환경 요인이다.

① 가치의 조건

가치의 조건은 개인이 중요한 타인의 인정을 받기 위해 내면화한 외적 기준을 의미한다. 예컨대 "착해야 사랑받는다", "공부를 잘해야 칭찬받는다"는 메시지는 특정 행동을 해야만 사랑받을 수 있다는 인식을 심어준다. 이 과정에서 개인은 진정한 욕구나 감정을 억압한 채 외부 기대에 맞추려 하며, 자아는 경험과 괴리된 방향으로 형성된다. 이는 불일치성의 근본 원인이 되어 자기경험을 왜곡·부정하게 하고, 지속적인 심리적 긴장과 불안을 유발한다(권석만, 2012).

② 무조건적 긍정적 존중

반대로 무조건적 긍정적 존중은 개인의 감정·행동·경험에 조건을 달지 않고, 존재 자체를 존중하고 수용하는 태도이다. 로저스는 이를 치료적 변화와 건강한 자아 형성의 핵심 조건으로 보았다(Rogers, 1959). 이러한 환경을 경험한 개인은 감정과 욕구를 자유롭게 표현하며 자아와 경험의 일치를 이루고, 긍정적 자기개념과 심리적 안정을 발달시킨다(최옥채 외, 2024).

예를 들어, 아동이 부모에게서 "어떤 감정을 느껴도 괜찮아. 너는 소중한 존재야"라는 메시지를 받는다면, 자신의 감정을 솔직히 받아들이고 표현할 수 있으며, 긍정적 자기수용 태도를 형성하게 된다.

(6) 완전히 기능하는 사람(The Fully Functioning Person)

자신의 잠재력을 최대한 인식하고 실현해 나가는, 심리적으로 건강하고 통합된 인간의 이상적인 모습을 의미한다. 이는 고정된 성취 상태나 도달 지점이 아니라, 끊임없이 자신을 실현해 나가는 역동적 과정이다(Rogers, 1961). 이러한 인간상을 설명하면서 로저스는, 완전히 기능하는 사람은 자아와 경험 사이의 일치성을 유지하며, 외부의 기준보다는 자신의 내면 경험을 신뢰하고 존중하는 삶을 살아간다고 보았다. 나아가 그는 이들의 주요 특징을 다음과 같이 제시하였다 (Gelly, 2001).

① 경험에 대한 개방성

자신의 감정, 생각, 신체 감각, 경험 등을 방어하거나 왜곡하지 않고 있는 그대로 수용하는 태도이다. 긍정적인 감정뿐만 아니라 분노, 슬픔, 두려움 같은 부정적인 감정도 부인하지 않고 받아들이며, 이를 통해 자신에 대한 통합적 이해를 이루게 된다.

② 실존적인 삶

과거의 후회나 미래의 불안에 머물기보다, 지금 이 순간의 경험에 몰입하고 충실히 살아가는 태도를 말한다. 현재에 집중함으로써 삶의 진정성과 자율성을 회복하게 된다.

③ 자신에 대한 신뢰

타인의 기대나 사회적 기준에 휘둘리기보다, 자신의 내면 감각과 직관을 신뢰하고 따르는 태도이다. 이는 개인이 자신의 욕구와 판단에 대해 충분한 신뢰를 형성했을 때 가능하며, 자율적인 선택과 행동으로 이어진다.

④ 선택의 자유와 책임

자신의 삶과 행동을 외부의 통제가 아닌 스스로 선택하고 주도한다고 느끼는 상태를 말한다. 동시에 그 선택의 결과에 대해 책임지는 태도를 갖는다. 자유와 책임의 균형을 통해 성숙한 자아를 형성한다.

⑤ 창조성과 적응력

완전히 기능하는 사람은 환경적 제약이나 변화 속에서도 유연하고 창의적인 방식으로 적응하며, 문제를 해결하고 새로운 가능성을 탐색한다. 이는 삶의 다양한 영역에서 능동적인 참여와 자발적인 기여로 나타난다. 이러한 모습은 로저스가 상담을 통해 지향한 현실적인 목표라 할 수 있다.

3) 로저스 이론의 원리

(1) 인간중심상담(Person-Centered Therapy)

로저스는 인간중심상담(또는 내담자중심 치료)을 통해 내담자가 자신의 내면세계를 탐색하고, 왜곡된 자기개념을 수정하며, 자율적으로 성장할 수 있도록 돕고자 했다. 이 치료적 접근은 특정 기법보다 상담자의 태도와 내담자와의 관계를 통해 심리적 변화를 이끌어 내는 것을 핵심으로 한다(Rogers, 1959).

① 치료 목표

궁극적인 목표는, 내담자가 자신의 내면 세계를 탐색하고 스스로 문제를 인식하고 해결해 나갈 수 있도록 심리적 조건을 조성하는 것이다. 이를 통해 내담자는 자아개념과 실제 경험 간의 불일치 상태에서 벗어나, 점차 일치성을 회복하게 된다.

② 치료자의 역할

치료자는 내담자 중심의 비지시적이며 촉진적인 치료관계를 기반으로 한다. 로저스는 치료자가 진단하거나 해석하고 지시하는 전문가가 아니라, 내담자의 성장을 지원하는 조력자로서 기능해야 한다고 보았다. 로저스는 치료적 변화를 위해 상담자가 지녀야 할 핵심적인 태도를 세 가지로 제시하였다(Rogers, 1959 ; 박아청, 2001).

- **진실성 또는 일치성** : 치료자가 내담자와의 관계에서 솔직하고 진실하며, 자신의 감정을 있는 그대로 인식하고 표현하는 태도
- **무조건적 긍정적 존중** : 내담자의 감정, 생각, 행동을 비판하거나 평가하지 않고 있는 그대로 수용하고 존중하는 태도

- **공감적 이해** : 치료자는 내담자의 주관적인 세계를 마치 자신의 것처럼 느끼고 이해하며, 그 이해를 내담자에게 공감적으로 전달하는 것

이러한 치료적 환경 속에서 내담자는 방어기제를 내려놓고, 자신을 안전하게 탐색하며, 왜곡되었던 경험들을 자기개념 속으로 통합하여 '완전히 기능하는 사람'으로 나아갈 수 있다.

③ 상담 과정 예시

예를 들어, 자신을 "늘 강해야 한다"라고 믿는 내담자가 상담실에서 무력함이나 슬픔을 표현할 때, 상담자가 "지금 그런 감정을 느끼고 계시다는 건, 그만큼 마음속에 오래된 무게가 있었던 것 같네요"라고 진심으로 반응할 경우, 내담자는 처음으로 자신의 연약한 감정을 수치심 없이 인정할 수 있는 경험을 하게 된다. 이러한 경험은 내담자에게 "내가 있는 그대로 존중받을 수 있는 존재"라는 자기수용의 감각을 회복하게 하며, 이는 자아실현 경향성의 회복과 밀접하게 연결된다.

4) 로저스 이론의 적용과 평가

(1) 사회복지 실천 현장에서의 적용

로저스의 인간중심이론은 인간의 성장 가능성과 자율성, 긍정적 자기개념의 형성을 강조함으로써 다양한 사회복지 현장에서 실천적 기반을 제공한다. 특히 '수용', '공감', '진실성'이라는 상담자의 핵심 태도는 전문적 관계 형성과 클라이언트 중심 실천의 철학적 기초로 널리 적용되고 있다(Rogers, 1951 ; 권석만, 2012).

① 관계 중심의 실천 태도

사회복지사는 클라이언트를 단순한 서비스 수혜자가 아닌, 성장 잠재력을 지닌 주체적인 존재로 인식한다. 클라이언트의 감정, 경험, 가치관을 판단 없이 수용하고 공감적으로 이해함으로써 심리적 안정과 신뢰를 구축한다. 이는 낙인과

불신의 경험이 많은 위기 상황의 대상자에게 특히 효과적이다.

> **사례** 가정폭력 피해로 불신이 깊은 여성 클라이언트에게 사회복지사가 감정에 공감하며 판단 없이 경청하자, 점차 신뢰가 형성되고 이후 지원 요청이 활발해졌다.

② 자기결정권 존중

인간은 스스로 문제를 인식하고 해결할 수 있는 내적 자원을 지닌 존재라는 관점은, 클라이언트가 자신의 삶을 주도할 수 있다는 믿음과 연결되며, 이는 사회복지 실천의 핵심 가치이다. 사회복지사는 선택지를 제시하되, 결정은 클라이언트가 내리도록 지지한다. 이는 특히 사례관리, 자립 지원, 정신건강복지 등에서 중요한 실천 원리로 작용한다.

> **사례** 자립을 준비 중인 한 청년에게 다양한 직업훈련 프로그램을 안내하고, 본인이 원하는 경로를 스스로 선택하도록 함으로써 자율성과 책임감을 키울 수 있도록 돕는다.

③ 상담관계 형성 기술로서의 적용

로저스가 제시한 무조건적 긍정적 존중, 진실성, 공감적 이해의 태도는 초기 면접과 상담관계 형성에서 필수적이다. 이러한 태도를 통해 클라이언트는 자기 탐색의 안정적인 환경을 경험하게 되며, 이는 치료적 개입의 효과성과 지속성을 높인다.

> **사례** 우울감을 호소하는 청소년에게 상담자가 일관된 태도로 감정을 받아들이고 진심 어린 관심을 보이자, 청소년은 자신의 고민을 점차 솔직하게 털어놓게 되었다.

④ 사회복지 교육 및 실무자 훈련

로저스의 이론은 사회복지 전공자와 실무자들이 상담 기술을 배우고 자기성찰 능력을 키우는 데 중요한 기초가 된다. 특히 인간에 대한 존중과 비판 없이 받아들이는 태도는, 현장에서 윤리적 갈등 상황에 직면했을 때 흔들리지 않고 대응할 수 있는 심리적 기반을 마련해 준다.

> **사례** 사회복지사 예비 교육 과정에서 인간중심 접근을 중심으로 한 역할극을 진행한 결과, 학생들이 '판단 없이 듣는 태도'의 중요성을 직접 체험하고 실천 역량을 향상시킬 수 있었다.

(2) 평가

사회복지 실천 현장에 많은 영향을 미친 이론 중 하나로, 클라이언트 중심의 가치, 관계 중심의 실천, 인간의 잠재력에 대한 신념을 강조함으로써 사회복지의 철학과 개입 방법에 긍정적인 기여를 하였다. 그러나 동시에 몇 가지 한계와 비판점도 존재한다.

로저스 이론의 공헌점은 다음과 같다.

① 인간 존중의 철학적 기반 제공

로저스는 인간을 본질적으로 선하고 성장 지향적인 존재로 간주하며, 각 개인은 내면의 자원을 통해 스스로를 이해하고 변화할 수 있는 능력을 갖고 있다고 보았다. 이 관점은 사회복지의 핵심 가치인 인간 존엄성과 자기결정권 존중의 철학적 기반이 되었다.

② 클라이언트 중심 실천의 이론적 틀 제공

로저스의 인간 중심 상담은 클라이언트를 단순한 '서비스 대상자'가 아닌 능동적인 변화의 주체로 바라보도록 하였다. 이는 사회복지 실천에서 클라이언트 중심 접근(client-centered approach)을 촉진시키는 데 기여하였다.

③ 관계 중심의 개입 강조

로저스는 상담자의 태도가 심리적 변화를 이끄는 핵심 조건이라 보며, 특히 무조건적 긍정적 존중, 진실성, 공감적 이해의 태도는 초기 면접과 상담관계 형성에서 필수적이다. 이러한 태도를 통해 클라이언트는 자기를 강조하였다. 이는 사회복지사가 클라이언트와 신뢰 기반의 관계를 형성하고 유지하는 데 중요한 기준으로 작용하였다.

④ 실천 전반의 적용성 확대

로저스의 이론은 정신건강 상담뿐 아니라, 아동복지, 부모교육, 위기 개입, 집단 프로그램, 사례관리 등 다양한 사회복지 실천 영역에 폭넓게 적용되며, 공감적 소통 기술과 내담자 중심 의사결정의 기초를 제공하였다.

로저스 이론의 한계점으로는 다음과 같다.

① 개념의 모호성과 과학적 한계

'자기실현 경향성', '완전히 기능하는 사람' 등 로저스 이론의 핵심 개념은 추상적이고 정량화하기 어려워, 엄밀한 실증 연구와 평가에 제약이 있다는 비판을 받는다.

② 지나치게 낙관적인 인간관

로저스는 인간을 본래 선하고 성장 지향적이라 보았으나, 이는 인간의 파괴성, 공격성, 현실 회피 등의 부정적 측면을 간과한 이상주의적 접근이라는 지적이 있다.

③ 구조화된 개입 기술 부족

비지시적 태도에 중점을 둔 로저스의 상담은 구체적인 기술이나 절차가 부족하다는 한계를 가진다. 이는 위기 상황이나 심각한 정신적 문제를 가진 클라이언트에게 적용하기에는 실천적 한계를 드러낸다.

④ 문화적 편향 가능성

로저스 이론은 개인의 자율성과 독립성을 강조하는 서구적 가치관에 기반하고 있어, 집단주의 문화권(예 한국, 일본)에서는 가족 또는 공동체와의 관계를 중시하는 가치와 충돌할 수 있다.

2 욕구위계이론 : 매슬로우(Maslow)

매슬로우는 인간의 행동이 욕구 충족을 향한 동기에 의해 설명될 수 있으며, 이러한 욕구가 위계적 구조를 가진다고 보았다. 그는 인간에게 생존을 위한 결핍 욕구와 성장·발달을 지향하는 실현 욕구가 있다고 전제하였다. 이를 토대로 욕구를 생리적 욕구, 안전 욕구, 사회적 욕구, 존중 욕구, 자아실현 욕구의 다섯 단계로 구분하고, 하위 욕구가 충족되어야 상위 욕구가 동기로 작용한다고 제시하였다. 이 이론은 인간 행동을 결핍 해소를 넘어 잠재력 실현을 향한 성장 과정으로 이해하는 틀을 제공한다.

1) 매슬로우의 생애와 인간관

아브라함 해럴드 매슬로우
(Abraham Harold Maslow, 1908~1970)

아브라함 매슬로우(Abraham H. Maslow)는 뉴욕 브루클린 출신의 심리학자로, 인본주의 심리학의 창립을 주도한 핵심 인물이다. 유대인으로서 겪은 소외와 차별은 그가 안전·소속감·잠재력에 관심을 갖는 계기가 되었다. 러시아계 유대인 부모의 장남으로 태어난 그는 가난과 반유대주의 속에서 외로움을 겪었으며, 독서 속에서 위안과 학문적 흥미를 찾았다(Maslow, 1971).

위스콘신 대학교에서 심리학을 전공하며 해리 할로우의 지도로 원숭이 애착 행동 연구로 박사 학위를 받았다. 초기에는 행동주의자로 출발했으나, 제2차 세계대전의 참상과 첫 아이의 탄생 경험을 통해 인간을 단순한 자극-반응체계로 설명하는 한계를 절감했다. 그는 "아이를 본 후에도 행동주의를 믿는다면 제정신이 아니다"라고 말하며 사랑·가치·창조성 같은 고차원적 측면을 설명할 새로운 심리학을 모색했다(Hoffman, 1988).

이후 아들러, 베르트하이머, 호나이, 베네딕트 등과 교류하며 영향을 받았고, 특히 베르트하이머와 베네딕트의 성숙한 인격을 본보기 삼아 심리적으로 건강하고 뛰어난 사람들의 특징을 연구하기 시작했다. 이는 곧 '자아실현인' 연구의 출발점이 되었다(Maslow, 1971).

매슬로우는 인간을 본질적으로 선하고 성장 지향적인 존재로 보았다. 그는 프로이트가 병리를 탐구했다면 자신은 건강한 사람을 통해 인간의 잠재력을 이해하고자 했다. 그는 인간에게 생존 경향(신체적 안전과 생명 유지에 해당하는 결핍 욕구)과 실현 경향(잠재력 발휘와 성장을 향한 본성적 욕구)이라는 두 가지 근본적 경향성이 있다고 보았다. 욕구는 무작위가 아니라 위계적 구조를 가지며, 생리적 욕구에서 자기실현 욕구로 단계적으로 발전한다.

결론적으로 매슬로우는 심리학의 관심을 결핍 · 질병에서 성장 · 건강으로 전환시킨 선구자였다. 그의 이론은 인간의 긍정적 잠재력에 대한 믿음을 바탕으로 하며, 오늘날에도 교육 · 상담 · 조직심리 등 다양한 분야에 영향을 미치고 있다.

2) 주요 개념

매슬로우의 이론은 욕구 위계, 결핍 욕구와 성장 욕구, 자아실현인의 특징과 같은 핵심 개념으로 구성된다. 이 개념들은 인간이 특정 방식으로 행동하고, 삶의 만족을 느끼며, 궁극적으로 어떤 목표를 향해 나아가는지에 대한 중요한 설명 틀을 제공한다(Maslow, 1954).

(1) 욕구 위계 이론(Hierarchy of Needs Theory)

매슬로우는 인간의 욕구가 중요도와 우선순위에 따라 피라미드 형태의 위계를 이룬다고 설명한다. 가장 하위에 있는 기본적인 욕구가 어느 정도 만족되어야만, 그 다음 상위 단계의 욕구에 대한 동기가 유발된다는 것이 핵심이다. 그러나 이는 상위 욕구로 가기 위해 하위 욕구가 100% 충족되어야 한다는 의미는 아니며, 상대적인 만족도를 의미한다(Maslow, 1943). 예를 들어, 생리적 욕구가 85% 정도 충족되면 안전 욕구가 70%, 사랑의 욕구가 50% 정도로 나타나는 복합적인 형태로 존재할 수 있다.

이 위계는 절대적이거나 고정된 것이 아니라 개인과 문화에 따라 유연하게 적용될 수 있다. 매슬로우의 욕구 위계 단계별 특징과 예시는 다음 〈표 7-2〉에서 확인할 수 있다.

〈표 7-2〉 매슬로우의 욕구 위계 5단계

단계	욕구	특징	예시
5단계	자아실현 욕구 (성장 욕구)	자신의 잠재력을 충분히 발휘하고, 삶의 의미와 목적을 추구하려는 욕구	창의적 활동, 자기계발, 진리 탐구
4단계	존중의 욕구 (결핍 욕구)	타인으로부터 인정받고, 자신을 유능하고 가치 있는 존재로 느끼려는 욕구	명예, 지위, 성취감, 자신감, 독립성
3단계	소속감과 사랑의 욕구 (결핍 욕구)	가족, 친구, 사회 집단에 소속되어 애정적인 관계를 맺고 싶은 욕구	우정, 연애, 결혼, 공동체 소속감
2단계	안전의 욕구 (결핍 욕구)	신체적·정서적 위험으로부터 보호받고 안정적인 삶을 영위하려는 욕구	신체의 안전, 직업 안정, 건강, 재산 보호
1단계	생리적 욕구 (결핍 욕구)	생존에 필수적인 가장 기본적인 욕구	허기, 갈증, 수면, 성욕, 배설, 호흡

(2) 결핍 욕구(Deficiency Needs)와 성장 욕구(Growth Needs)

매슬로우는 욕구 위계의 하위 네 단계를 '결핍 욕구', 최상위 단계를 '성장 욕구'로 구분하여 인간 동기의 본질적인 질적 차이를 설명했다.

① 결핍 욕구(D-needs)

생리, 안전, 소속과 사랑, 존중의 욕구가 여기에 해당한다. 이 욕구들은 무언가 부족하거나 결핍되었을 때 발생하며, 충족될 경우 긴장을 감소시킨다. 즉, '없는 것을 채우려는' 동기이다. 필요한 것이 채워지면 더 이상 해당 욕구는 동기 유발 요인으로 작용하지 않는다. 예를 들어, 배고픔을 느끼면 음식을 찾게 되지만, 허기가 채워지면 더 이상 음식에 대한 욕구는 사라진다. 이러한 결핍 욕구는 주로 음식이나 안전, 타인의 인정과 같은 외부 자원에 의해 충족되는 경향이 있으며, 이는 인간이 외적 환경과 밀접하게 상호작용하며 살아가는 존재임을 보여 준다(박아청, 2001).

② **성장 욕구**(B-needs, Being Needs)

자아실현 욕구가 여기에 해당한다. 이 욕구는 결핍을 채우기 위함이 아니라, 자신의 잠재력을 발휘하고 계속해서 성장하고자 하는 내적 동기이다. 성장 욕구는 결핍 욕구와 달리 충족되었다고 해서 사라지지 않으며, 오히려 충족될수록 더욱 강화된다. 예를 들어, 예술가가 창작 활동을 통해 만족을 얻을수록 더 위대한 작품을 만들고자 하는 열망이 커지는 것과 같다. 이는 '더 나은 존재가 되려는' 동기이며, 외부의 보상보다는 과정 자체의 만족과 내적 성장을 추구한다(Maslow, 1968). 이처럼 결핍 욕구와 성장 욕구의 구분은 인간이 단순히 생존과 안정을 넘어, 삶의 의미와 가치를 추구하는 존재임을 시사한다. [그림 7-1]은 매

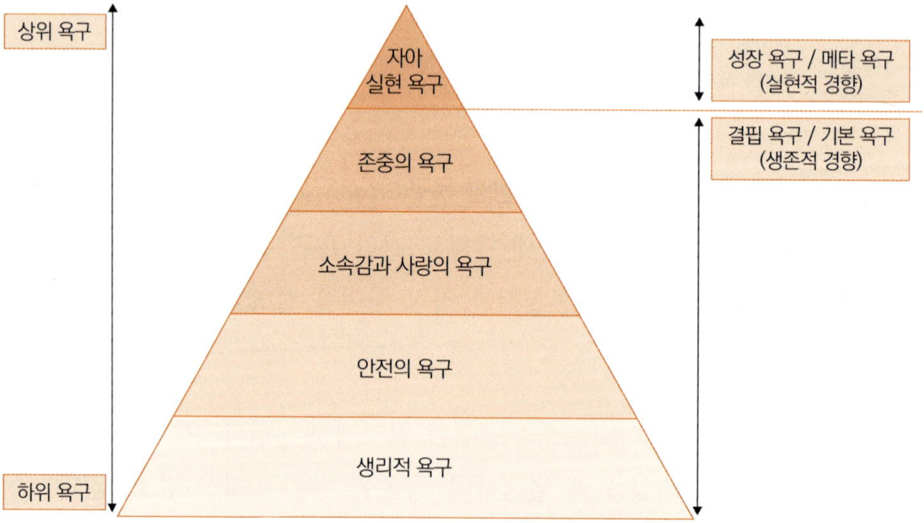

[그림 7-1] 매슬로우의 욕구 위계 단계와 경향성

슬로우의 욕구 위계 단계와 각 단계에 따른 경향성을 보여 준다.

(3) 각 단계별 욕구의 상세 설명

① 생리적 욕구

인간 생존과 직결된 가장 기본적 욕구로, 허기 · 갈증 · 수면 · 배설 · 성욕 등이 포함된다. 충족되지 않으면 모든 의식과 행동은 이를 해결하는 데 집중된다. 예를 들어 극심한 굶주림 속에서는 사회적 인정보다 음식이 우선된다. 사회복지 실천에서 노숙인에게 쉼터와 급식을 제공하는 것은 이 욕구를 충족시켜 다음 단계로 나아가게 하는 최소한의 기반이 된다(권중돈, 2021).

② 안전의 욕구

생리적 욕구가 충족되면, 신체적 · 정서적 위험으로부터 자신을 보호하려는 욕구가 나타난다. 물리적 안전, 건강, 재정적 안정, 질서, 예측 가능한 환경이 이에 포함된다. 전쟁, 재난, 폭력, 질병 등은 이를 위협하며, 아동이 안정적인 환경에서 보호받을 때 정서적으로 건강하게 성장할 수 있듯이 안전 욕구의 충족은 심리적 안정의 토대가 된다.

③ 소속감과 사랑의 욕구

안전이 확보되면, 개인은 사회적 관계 속에서 소속되고 사랑을 주고받으려는 욕구를 갖는다. 이는 가족 · 친구 · 집단에 소속되어 정서적 유대를 형성하려는 갈망으로 나타나며, 사랑을 받는 것뿐 아니라 주는 행위에서도 충족된다. 현대 사회에서 외로움과 고립이 정신건강 문제로 대두되는 것은 이 욕구의 중요성을 보여 준다. 집단상담이나 자조모임은 소속감과 지지를 제공하는 효과적 개입이 된다.

④ 존중의 욕구

소속감이 충족되면, 자신이 가치 있는 존재로 인정받고자 하는 욕구가 나타난다. 매슬로우는 이를 두 수준으로 보았다. 첫째, 타인으로부터 인정 · 평판 · 명성을 얻으려는 외적 존중. 둘째, 자신감 · 성취감 · 독립성 · 자기가치감 등 내적 존중이다.

⑤ **자아실현 욕구**

모든 하위 욕구가 충족된 후 나타나는 최상위 욕구로, '자신이 될 수 있는 모든 것을 이루고자 하는' 내적 갈망이다. 이는 잠재력을 발휘하고 삶의 의미와 목적을 발견하며 끊임없이 성장하는 과정 자체를 의미한다.

(4) 자아실현인의 특징(Characteristics of Self-actualizers)

매슬로우는 자아실현 욕구를 더 깊이 이해하기 위해, 역사적 인물(링컨, 아인슈타인 등)과 동시대 인물 중 심리적으로 매우 건강하다고 판단되는 사람들을 연구하여 공통적인 특징들을 발견했다. 이는 실제 삶 속에서 실현 가능한 인간상으로 구체화했다는 점에서 중요한 의의를 지닌다(Maslow, 1971 ; 이인정, 최해경, 2020). 자아실현인의 주요 특징은 다음과 같다.

① **현실에 대한 정확한 지각** : 현실을 주관적 왜곡 없이 객관적이고 명확하게 바라볼 수 있다. 불확실함과 미지의 것을 두려워하지 않고 수용한다.

② **자신, 타인, 자연에 대한 수용** : 자신의 약점과 결점을 포함한 인간 본성을 있는 그대로 받아들인다. 죄책감이나 수치심 없이 자신의 본성을 수용하며, 타인과 자연에 대해서도 같은 태도를 보인다.

③ **자발성, 단순성, 솔직성, 자연스러움** : 행동과 생각이 인위적이거나 꾸밈이 없고, 솔직하고 자연스럽다. 사회적 관습에 얽매이기보다는 자신의 내적 기준에 따라 행동한다.

④ **문제 중심적** : 자신에게만 몰두하기보다, 자신을 넘어선 과업이나 사명에 집중한다. 인류의 문제, 철학적 · 윤리적 문제에 깊은 관심을 가진다.

⑤ **독립적인 사생활에 대한 욕구** : 때로는 혼자 있는 시간을 즐기며, 고독 속에서

평온함을 찾는다. 타인이나 사회의 혼란에 쉽게 휘둘리지 않고 내적 평정을 유지한다.

⑥ **자율성** : 외부의 칭찬이나 비난에 크게 의존하지 않고, 자신의 가치관과 기준에 따라 독립적으로 판단하고 행동한다.

⑦ **인식의 신선함** : 일상적인 사물이나 경험에서도 늘 새로운 경이로움과 감사를 느낀다. 이는 삶을 피상적으로 소비하지 않고, 존재의 깊이로 경험하는 태도이다.

⑧ **절정 경험**(Peak Experience) : 강렬한 황홀감과 경외감을 느끼며 자아의 경계가 사라지고 세계와 하나가 되는 듯한 순간을 의미한다. 이는 예술 감상, 자연의 장엄함, 깊은 사랑, 창조적 몰입, 자녀의 탄생 등에서 나타날 수 있다. 매슬로우는 자아실현인이 이러한 경험을 더 자주 한다고 보았으나, 누구나 삶의 어느 순간에 경험할 수 있는 보편적 현상이라고 설명하였다.

⑨ **인류애**(Gemeinschaftsgefühl) : 모든 인류에 대한 깊은 공감과 연민, 사랑을 느낀다. 인류 전체의 안녕에 관심을 가진다.

⑩ **깊이 있는 대인관계** : 소수의 가까운 사람들과 깊고 의미 있는 유대감을 쌓는다. 피상적이고 넓은 관계보다는 진실한 소통을 중시한다.

⑪ **민주적인 인격 구조** : 인종, 종교, 계층, 성별 등과 무관하게 모든 사람을 존중하고 편견 없이 대한다. 누구에게서나 배울 점을 찾는다.

⑫ **수단과 목적의 구별** : 윤리적 기준이 확고하며, 목적을 위해 비윤리적인 수단을 정당화하지 않는다. 과정 자체를 즐기는 경우가 많다.

⑬ **철학적인 유머 감각** : 타인을 비하하거나 적대적인 농담이 아닌, 인간 존재의 보편적인 어리석음이나 상황 자체에 대한 철학적인 유머를 구사한다.

⑭ **창조성** : 모든 자아실현인은 어떤 형태로든 창의성을 발휘한다. 이는 예술적 재능뿐만 아니라, 일상생활에서 독창적이고 유연하게 문제를 해결하는 능력으로 나타난다.

⑮ **문화적 관습에 대한 비판적 태도** : 자신이 속한 사회의 문화를 무비판적으로

수용하지 않는다. 자신의 내적 가치에 따라 문화를 비판적으로 평가하고, 필요한 경우 관습에 저항한다.

이러한 특징들은 자아실현이 소수의 특별한 사람만이 도달하는 완벽한 상태가 아니라, 모든 인간이 잠재적으로 추구할 수 있는 건강한 성장의 방향임을 보여 준다.

(5) 절정 경험(Peak Experience)

절정 경험은 자아실현과 밀접하게 관련된 개념으로, 개인이 삶에서 경험하는 가장 강렬하고 행복하며, 황홀한 순간을 의미한다(Maslow, 1964). 위대한 예술 작품을 감상할 때, 자연의 장엄함에 압도될 때, 깊은 사랑에 빠졌을 때, 창의적인 활동에 완전히 몰입했을 때, 혹은 자녀의 탄생과 같은 경이로운 순간에 찾아올 수 있다. 이러한 경험은 자아의 경계가 확장되고 세계와 하나가 되는 듯한 초월적 체험으로, 개인에게 깊은 통찰과 삶의 의미를 부여하는 전환점이 될 수 있다. 매슬로우는 자아실현인들이 이러한 절정 경험을 더 자주, 그리고 더 강렬하게 경험하는 경향이 있다고 보았다. 하지만 절정 경험은 자아실현인에게만 국한된 것이 아니라, 누구나 삶의 어느 순간에 경험할 수 있는 보편적인 현상이라고 설명했다.

3) 매슬로우 이론의 원리

매슬로우 이론의 근간을 이루는 핵심 원리는 인간의 동기가 위계적이며, 결핍의 해소에서 성장을 향한 방향으로 발전한다는 것이다. 이 원리들은 인간행동의 역동성을 이해하는 데 중요한 통찰을 제공한다.

(1) 욕구의 위계적 원리

인간의 욕구는 그 중요도와 강도에 따라 피라미드 형태의 위계를 형성한다.

- **하위 욕구 우선성** : 생리적 욕구(음식, 물, 수면 등)가 충족되지 않으면 상위 욕구(안전, 사회적 관계 등)로 관심이 전이되지 않는다.
- **계층 구조** : 생리적 욕구 → 안전의 욕구 → 사회적 욕구 → 존중의 욕구 → 자아실현 욕구 순으로 발전한다.

(2) 만족–진행 원리

특정 단계의 욕구가 '어느 정도' 만족되면, 그 욕구의 동기 부여 힘은 감소하고, 다음 단계의 욕구가 부상한다.

- 예 안전 욕구가 대체로 충족되면, 사회적 관계 형성에 대한 동기가 강화된다.
- 이는 인간 동기가 정체되지 않고 지속적으로 성장하는 과정을 설명한다.

(3) 결핍 원리

충족된 욕구는 더 이상 행동을 이끄는 동기가 되지 않는다.

- 결핍 욕구(D–needs)만이 행동에 영향을 미친다.
- 예 이미 충분한 사회적 인정을 받은 사람에게 추가 칭찬은 큰 동기가 되지 않는다

(4) 성장 동기의 특수성

자아실현 욕구처럼 성장–지향적 욕구(B–needs)는 충족될수록 오히려 그 욕구가 더욱 강화된다. 지식을 탐구할수록 더 많은 것을 알고 싶어지고, 창작 활동을 할수록 더 위대한 작품을 만들고 싶어지는 양상이다.

(5) 보편성과 개별성의 조화

욕구 위계는 대부분의 사람에게 적용되는 보편적 경향이지만, 절대적 법칙은

아니다.

- 어떤 사람은 존중 욕구가 사회적 욕구보다 더 강할 수 있으며(예 명예를 위해 사랑을 포기),
- 기본 욕구가 결핍된 상황에서도 자아실현 가치를 추구하는 사례가 존재한다(예 가난한 예술가)

이러한 원리들은 인간이 왜 특정 상황에서 특정 목표를 추구하게 되는지를 체계적으로 설명하며, 개인의 현재 욕구 수준을 파악함으로써 그의 행동을 예측하고 적절한 개입 방향을 설정하는 데 도움을 준다(이인정, 최해경, 2020).

4) 매슬로우 이론의 적용과 평가

(1) 사회복지 실천 현장에서의 적용

인간의 다양한 욕구를 체계적으로 이해하고, 개입의 방향성과 우선순위를 설정하는 데 유용한 이론적 틀을 제공한다. 사회복지 현장에서는 클라이언트의 복합적인 상황을 단계별로 분석하고, 실질적인 개입 전략을 세우는 데 폭넓게 활용된다.

① 클라이언트의 욕구 사정(Assessment) 도구

사회복지사는 클라이언트의 현재 욕구가 어느 수준에 있는지를 평가하고, 이에 맞는 개입을 계획한다.

> **사례** 가정폭력 피해 여성에게는 우선적으로 쉼터를 제공하여 신체적 안전을 확보하고(안전 욕구), 이후 심리 상담과 자조모임 참여를 통해 정서적 지지와 소속감을 형성한다(소속감 욕구). 이후 직업훈련 프로그램을 연계하여 자립 기반을 마련하고 자기 존중감을 회복할 수 있도록 지원한다(존중 욕구).

② 개입의 우선순위 설정

한정된 자원으로 다수의 클라이언트를 지원해야 하는 사회복지 현장에서, 욕구위계이론은 위기 상황에서 생존에 직결되는 욕구부터 우선적으로 개입하도록 하는 기준을 제시한다.

> **사례** 홍수 피해를 입은 이재민에게는 우선적으로 식사, 응급의료, 임시 거처 등 생리적·안전 욕구를 충족시키는 것이 중요하다. 이후 심리회복 프로그램이나 지역사회 적응 지원을 통해 점차 정서적 안정과 자립을 도모할 수 있도록 돕는다.

③ 클라이언트의 강점 관점 실천 촉진

클라이언트를 결핍 중심이 아닌 성장 가능성을 지닌 주체로 바라보도록 인식을 전환한다. 사회복지사는 어려움 속에서도 클라이언트가 내적 자원과 잠재력을 발견하고 활용할 수 있도록 돕는다. 이는 그를 단순히 '문제를 가진 사람'이 아닌, 강점과 자아실현 가능성을 지닌 존재로 이해하고, 회복탄력성과 환경 자원을 기반으로 변화 가능성을 인정하는 강점 관점 실천(Strengths-based Practice)의 접근이다. 사회복지사는 클라이언트의 선택과 변화 능력을 신뢰하며, 삶의 주체로 설 수 있도록 힘을 실어주는 상호 존중적 관계(empowerment relationship)를 형성한다(전재일 외, 2015).

> **사례** 장기간 실직 상태에 있는 한 중년 남성이 자신을 무기력하게 여기고 있을 때, 사회복지사는 그의 과거 경력과 기술을 함께 점검하며 자립 가능성을 강조한다. 이를 통해 그는 다시 구직에 도전하게 되고, 직업훈련 참여와 자기주도적 계획 통해 자기효능감을 회복해 나간다.

④ 구체적인 프로그램 개발 및 설계의 준거 틀

대상자의 핵심 욕구에 초점을 맞춰 프로그램을 설계하고 평가하는 데 기준이 된다.

사례

- **아동복지** : 방과후 돌봄 프로그램에서는 안전한 공간 제공(안전 욕구)과 또래 관계 형성 활동(소속감 욕구)을 중심으로 구성된다.
- **저소득층 지원** : 자활 프로그램에서는 주거 안정(안전 욕구)과 직업기술 훈련(존중 욕구)을 연계하여 자립을 유도한다.
- **노인복지** : 지역 노인복지관에서는 동아리 활동(소속감), 노인 강사 활동(존중), 평생교육 참여(자아실현)를 통해 삶의 의미를 되찾도록 돕는다.

(2) 평가

매슬로우의 이론은 인간의 동기와 성장에 관한 새로운 관점을 제시하며 큰 공헌을 했지만, 동시에 여러 측면에서 비판과 한계를 지니고 있다.

매슬로우 이론의 공헌점은 다음과 같다.

① **심리학의 지평 확장** : 인간의 병적인 면에 집중하기보다 건강하고 긍정적인 측면을 강조하여 심리학 연구의 새로운 방향을 개척하였다. 이는 긍정심리학(positive psychology)의 발전에 직접적인 영향을 미쳤다.

② **직관적이고 통합적인 틀 제공** : 복잡한 인간의 동기를 이해하기 쉬운 위계적 모델로 제시하여, 전문가뿐만 아니라 일반 대중도 인간행동을 쉽게 이해하고 적용할 수 있도록 했다. 이는 경영, 교육, 사회복지 등 다양한 실천 분야에서 폭넓게 활용되는 계기가 되었다.

③ **인간의 성장 가능성 강조** : 인간을 단순히 환경에 의해 결정되는 수동적인 존재로 여기지 않고, 자율적으로 자신의 잠재력을 실현해 나가는 주체로 바라봄으로써 인간의 존엄성과 가능성에 대한 신뢰를 회복시켰다. 이는 '클라이언트의 자기결정권 존중'에 대한 철학적 기반을 강화하는 데 크게 기여했다.

④ **전인적(Holistic) 접근** : 인간을 생리적 · 심리적 · 사회적 · 영적 욕구를 모두 가진 통합적 존재로 바라봄으로써, 인간 문제에 대한 보다 포괄적이고 전

인적인 접근의 중요성을 일깨웠다. 이는 클라이언트의 내면뿐 아니라 환경적 요인을 함께 고려하는 생태체계적 관점과 맥을 같이하며, 실천 현장에서 종합적이고 효과적인 개입을 가능하게 하는 기반을 마련했다.

매슬로우 이론의 한계점으로는 다음과 같다.

① **엄격한 과학적 검증의 어려움**: '자아실현', '절정 경험'과 같은 핵심 개념들은 주관적이고 추상적이어서 조작적으로 정의하고 측정하기가 어렵다. 이로 인해 이론의 타당성을 실증적으로 검증하는 데 한계가 있다는 비판을 받는다. 매슬로우 자신도 자신의 연구가 충분한 실증보다는 탐색적 성격이 강함을 인정했다(Wahba & Bridwell, 1976).

② **욕구 위계의 경직성**: 모든 사람에게 욕구의 위계가 동일한 순서로 적용된다는 주장은 비판의 대상이 된다. 앞서 언급했듯, 가난 속에서도 위대한 예술을 창조하거나, 사회적 인정을 받지 못해도 신념을 위해 헌신하는 사람들의 사례는 욕구 위계가 고정된 것이 아님을 보여 준다. 순서가 뒤바뀌거나 여러 욕구가 동시에 작용하는 경우가 많다.

③ **문화적 편향성**: 매슬로우의 이론, 특히 자아실현인의 특징(자율성, 독립성 등)은 개인의 성취를 중시하는 서구의 개인주의적 문화가치를 강하게 반영한다는 비판이 있다. 상호 의존과 관계를 중시하는 동양의 집단주의 문화권에서는 '관계 속에서의 조화'나 '공동체에 대한 헌신'이 자아실현의 더 중요한 형태로 나타날 수 있다.

④ **엘리트주의적 관점**: 자아실현을 달성한 사람들을 소수의 특별한 인물로 묘사함으로써, 자아실현이 평범한 사람들은 도달하기 어려운 엘리트적인 개념이라는 인상을 줄 수 있다. 기본적인 생존과 안정에 급급한 사람들에게 자아실현은 너무나 먼 이야기처럼 들릴 수 있으며, 이는 사회 구조적 문제를 개인의 성장 부족으로 돌릴 위험을 초래한다.

요점정리

- 로저스의 인간중심이론은 인간을 성장과 자기실현의 잠재력을 지닌 존재로 보고, 무조건적 긍정적 존중, 공감적 이해, 진실성을 바탕으로 한 상담 관계를 중시한다. 사회복지사는 판단 · 평가보다 경청과 수용을 통해 내담자가 자신의 경험과 자아개념을 일치시키도록 돕고, 스스로 문제를 이해 · 해결할 수 있는 환경을 제공한다.
- 매슬로우의 욕구위계이론은 인간의 욕구를 생리적 욕구, 안전 욕구, 소속감과 사랑의 욕구, 존중 욕구, 자아실현 욕구의 5단계로 구분하며, 하위 욕구가 충족되어야 상위 욕구가 동기로 작용한다고 본다. 이는 인간행동 이해와 개입 우선순위 설정의 기준이 되며, 개인의 성장과 잠재력 발휘를 지원하는 틀을 제공한다.
- 사회복지 실천에서 두 이론은 인간을 문제 중심이 아닌 잠재력 중심으로 바라보게 하며, 클라이언트의 자율성과 강점을 강화한다. 로저스의 공감 · 수용적 태도는 심리적 안전을 제공하고, 매슬로우의 욕구 분석은 개입 방향을 체계적으로 설정하게 한다. 이를 통합하면 심리 · 환경적 지원을 균형 있게 제공할 수 있다.

생각해 볼 문제

1. 로저스의 '무조건적 긍정적 존중'이 사회복지 면담에서 어떻게 적용될 수 있는지 사례를 들어 설명하시오.
2. 매슬로우 욕구위계이론에 따라 노숙인의 지원 계획을 단계별로 설계해 보시오.
3. 두 이론을 통합해 위기 상황에 있는 청소년 지원 프로그램을 설계할 때 고려해야 할 점은 무엇인가?

PART 03

생애주기별 인간 발달의 이해

Chapter 08

태내기와 신생아기

개 요

태내기는 수정에서 출산까지 약 38주간 지속되며 생명체의 기본 구조와 생리 기능이 점차 형성되는 시기이다. 일반적으로 배아기와 태아기로 구분되며 이 시기의 발달은 유전 요인뿐 아니라 산모의 건강 상태, 정서, 영양, 약물 복용, 환경적 요인 등 다양한 요소가 영향을 미친다, 이는 출생 전 환경이 인간 발달에 결정적인 영향을 끼친다는 것을 보여 준다.

신생아기는 출생 후 약 4주간 지속되며 자궁 밖 환경에 적응하며 생리 기능을 자율적으로 조절하는 시기이다. 이 시기에는 호흡, 순환, 체온 조절, 배설 기능이 안정되고 빨기와 모로반사 등 신경계의 성숙이 나타난다.

학습목표

1. 태아기의 주요 발달 개념(세포 분열, 기관 형성, 태아 운동, 환경 영향)의 의미를 설명할 수 있다.
2. 태아기의 주요 발달 단계(배아기, 태아기)와 각 단계에서 나타나는 신체적 · 생리적 변화를 비교하여 설명할 수 있다.
3. 신생아기의 주요 생리적 적응 과정(호흡, 순환, 체온 조절 등)과 신경학적 반사(빨기 반사, 모로반사 등)의 기능을 이해하고, 적응 장애 사례를 진단할 수 있다.
4. 태아기와 신생아기 발달 특성에 근거한 사회복지 실천 시 고려해야 할 윤리적 · 실천적 요소를 탐색하고 적용 방안을 제시할 수 있다.

1 태내기

태내기는 인간 생애 주기의 시작으로, 유전적 기반이 형성되고 신체 구조와 기능이 정교화되는 결정적 시기이다. 이 시기의 발달은 이후 전 생애 성장 방향을 좌우하는 기반이 되며, 급속한 생물학적 성장, 환경에 대한 높은 민감성, 생리 기능의 준비라는 특징을 지닌다. 수정란은 빠른 세포 분열과 분화를 거쳐 배아기와 태아기를 지나면서 주요 기관이 형성되고 점차 기능적으로 성숙해 간다. 특히 임신 초기에는 기형 유발 물질에 의한 손상 위험이 크고, 산모의 건강, 영양, 약물, 흡연, 스트레스, 감염 등의 외부 요인에 매우 민감하다. 임신 후반기로 갈수록 태아는 감각 자극에 반응하고 수면-각성 주기와 같은 초기 행동 양상도 나타내기 시작한다. 이처럼 태내기는 생물학적 성장과 환경적 영향이 밀접하게 상호작용하는 시기로, 전인적 발달을 이해하는 데 핵심적인 기초를 제공한다.

1) 신체적 발달

태내기 신체 발달은 수정 후 약 280일간 이루어진다. 이 시기 태아는 자궁 내에서 신체 구조를 형성하고 점차 기능을 갖추며 급속히 성장한다. 주요 장기들이 분화되고 체중과 크기가 증가하는 동시에 외부 환경 요인에 민감하게 영향을 받을 수 있는 시기이기도 하다. 태내기는 배종기, 배아기, 태아기로 나뉜다. 첫 번째는 수정 후 약 2주간 수정란이 착상을 준비하고 태반 형성되는 단계이다. 두 번째는 착상 이후 임신 8주까지 주요 기관들이 발달하는 시기이다. 마지막 태아기는 임신 3개월부터 출생까지의 시기이다. 이 3단계 과정에서 성장하는 유기체를 태아라 한다(최옥채 외, 2021).

(1) 태아의 발달 단계

① 임신 1단계 : 배종기(Germinal Stage)

배종기는 수정 후 약 2주간 지속되며, 수정란이 자궁 내벽에 도달해 착상을 준비하는 초기 발달 단계이다. 이 시기에는 수정란이 빠르게 세포분열을 거쳐 배반포로 분화하고, 양막, 융모막, 태반 등의 기초 구조가 형성된다. 태반은 태아에게 산소와 영양분을 공급하고 노폐물 배출을 담당하는 중요한 기관으로 발달한다. 양막은 태아를 외부 자극으로부터 보호하고, 자궁 내의 안정적인 환경을 조성하는 역할을 한다. 착상이 성공하면 이후 배아기로 전환되며, 본격적인 기관 형성과 세포 분화가 시작된다.

② 임신 2단계 : 배아기(Embryonic Stage)

배아기는 착상 시점부터 임신 8주까지를 의미하며, 세포가 분화하여 주요 기관이 형성되는 시기이다. 임신 4주경에는 심장과 중추신경계가, 6주경에는 눈, 귀, 팔 · 다리, 내부 생식기 등의 구조가 발달하기 시작한다. 8주 무렵에는 심장이 혈액 순환을 시작하고, 뇌와 간, 신장 등 주요 장기가 형태를 갖추며, 얼굴의 윤곽도 뚜렷해진다. 이 시기는 장기 형성이 집중적으로 이루어지는 시기로, 외부 환경의 부정적 영향에 매우 민감하여 심각한 손상이 발생할 경우 자연유산이나 발달장애로 이어질 수 있다.

③ 임신 3단계 : 태아기(Fetal Stage)

태아기는 임신 9주부터 출산까지의 시기로, 태아가 외형상 인간의 형태를 갖추기 시작하는 단계이다. 팔과 다리, 근육, 그리고 각 기관계가 점차 기능을 수행하게 된다. 홍채, 손발톱, 잇몸 아래의 치아가 발달하고 간의 대사 기능도 점차 활성화된다. 태아는 이처럼 태아기는 3분기를 거쳐 생리적 · 감각적 능력의 발달과 성숙이 이루어지는 중요한 시기이다.

(2) 태내기 발달에 영향을 미치는 요인

태내기는 인간의 전 생애 발달에 영향을 미치는 가장 민감하고 결정적인 시기이다. 태내 발달은 유전자의 발현에 의해 자동적으로 결정되는 것이 아니라, 유전적 요인과 임신부의 건강 상태, 환경적 조건, 심리사회적 요인 등이 상호작용하여 이루어지는 복합적 과정이다. 이에 따라 본 절에서는 태내기 발달에 영향을 미치는 요인을 유전적 요인과 환경적 요인으로 나누어 살펴보고자 한다.

① 유전적 요인

발달에 영향을 미치는 유전적 요인은 염색체의 수적·구조적 이상, 유전자 돌연변이 등으로 인해 발생하는 선천성 질환을 포함한다. 이러한 이상은 주로 수정 과정에서 발생하며, 태아의 신체적·인지적·감각적 발달에 중대한 영향을 미칠 수 있다.

유전적 요인은 태아 발달의 기본적 설계도를 제공하는 핵심 요소로, 일부 유전 질환은 산전 검사나 유전자 분석을 통해 조기 진단이 가능하다. 이에 따라 임신 초기부터의 예방적 접근과 상담이 중요한 전략으로 강조되고 있다(신현숙 외, 2019 ; 박은영 외, 2021).

다음은 대표적인 염색체 및 유전자 이상으로 인한 유전 질환의 예시이다.

〈표 8-1〉 유전적 요인과 장애

증후군	특 징
클라인펠트(Klinefelter)증후군	XYY, XXXY와 같이 X염색체가 정상보다 많아 남성의 특징이 약하고, 고환이 미성숙하여 생식이 불가능함
XYY증후군	표현형은 남아이며, 행동이상과 큰 키가 특징임
터너(Tuner)증후군	혈액이 혈관 밖으로 나와 일정 기간이 경과한 후에도 응고되지 않고 계속 출혈하는 증상
다운(Down)증후군	X염색체가 한 개이고 전체 염색체 수가 45개인 성염색체 이상으로 증상이 일정하지는 않음
혈우병	혈액이 혈관 밖으로 나와 일정 기간이 경과한 후에도 응고되지 않고 계속 출혈하는 증상

증후군	특 징
에드워즈 (Edwards)증후군	양수 과다, 작은 태반, 단일제대동맥, 저체충, 지능 저하, 청각장애, 후두골 돌출, 저위의 변형된 귀, 잉어 같은 입, 좁은 입천장, 특징적인 손 자세 등을 보임
페닐케톤뇨증 (PKU)	페닐알라닌이라는 단백질 분해 효소의 부족으로 소변으로 페닐피브르산이 유출되면 금발과 백안, 치아 사이의 공백을 보임
타이삭스 (Tay-socks)병	뇌세포의 지방을 분해하는 효소의 결핍으로 중추신경계가 붕괴되어 경련성 발작을 일으키고, 심한 경우 실명, 청각 상실이나 지적 장애를 유발하는 장애
묘성(Cat-cry) 증후군	고양이 같은 울음 소리, 저체중 출산, 지능 저하, 소두증, 양안 격리증, 살이 오르지 않고 키가 작음, 큰 전두동(前頭洞), 머리카락이 일찍 희어짐

출처 : 김동배 · 권중돈(2005).

② 환경적 요인

임산부의 환경적 요인은 태아 발달에 중요한 영향을 미치는 물리적 · 화학적 · 생물학적 외부 요소를 의미한다. 주요 요인으로는 산모의 영양 상태, 약물 복용, 질병, 음주, 흡연, 중금속 · 농약 등 환경 오염, 감염, 스트레스 등이 포함된다. 특히 임신 초기인 기관 형성기에는 태아가 외부 자극에 매우 민감하여, 유해 환경에 노출될 경우 선천성 기형, 성장 지연, 신경 발달 장애 등의 위험이 증가한다. 따라서 임산부의 건강 관리와 안전한 환경 조성은 정상적인 태내 발달을 위해 필수적이다(이영실 외, 2021).

가. 영양 상태

임신 중 산모의 영양은 태아 발달과 산모 건강에 필수적이다. 임신 중기 이후 철분 요구량이 증가하며, 결핍 시 빈혈 · 임신중독증 위험이 높아진다. 하루 300~500kcal 추가 섭취와 함께 단백질, 칼슘, 비타민, 철분 보충이 필요하다. 영양 불균형은 조산, 저체중, 유산 위험을 높이고, 특히 태내기의 영양 결핍은 뇌 발달 지연과 신경행동 문제로 이어질 수 있다.

나. 약물 복용

약물은 태반을 통해 태아에 전달되어 발달장애를 일으킬 수 있다. 임신 초기 배아기 노출은 선천성 기형 위험이 크며, 탈리도마이드 · 테트라사이클린 등이 대표적 사례다. 마약류 남용은 심각한 기형 · 발달 이상을 유발하므로, 모든 약물은 전문가 지도하에 신중히 복용해야 한다.

다. 질병

임신 초기 풍진 감염은 선천성 풍진 증후군을 유발할 수 있고, 당뇨병 산모는 혈당 조절 실패 시 기형 위험이 3배 이상 높다. AIDS, 매독, 임질, 클라미디아 등은 태반을 통해 전파되어 기형 · 감각장애를 초래하며, B형 간염은 신생아 만성 간염 위험을 높인다. 심혈관 질환 산모 역시 조산과 발육 지연 위험이 크다.

라. 음주와 흡연

알코올은 태아 알코올 증후군(FAS)을 유발하며, 안전 음주량은 없다. 흡연은 산소 공급을 방해해 성장 지연, 저체중, 조산 등을 초래한다. 간접 흡연도 위험하며, 음주와 흡연이 동시에 이루어지면 발달 지연 위험이 크게 증가한다.

마. 환경오염 물질

납 · 수은 · 카드뮴 같은 중금속과 농약은 태반을 통과해 중추신경계와 내분비계에 손상을 준다. 납은 신경 발달을 방해하고, 수은은 인지 · 운동 기능 저하를 유발한다. 농약 노출은 자폐스펙트럼장애, ADHD와도 관련된다.

바. 감염병 노출

톡소플라스마, 풍진, CMV, 헤르페스 등 TORCH 감염은 태아에 기형 · 발달 지연을 일으킬 수 있다. 풍진은 예방접종으로 막을 수 있으며, CMV는 난청 · 지적장애를, 지카 바이러스는 소두증을 유발한다. 최근 연구에서는 COVID-19와 조산의 연관성도 제기되었다. 예방을 위해 백신 접종과 위생 관리가 중요하다.

사. 스트레스

산모의 만성 스트레스는 코르티솔 분비를 증가시켜 태아 중추신경계 발달에 영향을 준다. 이는 정서 · 행동 발달, 인지 기능, ADHD, 불안 수준과도 관련이 있다.

아. 산모 나이와 임신 계획

20~35세 여성은 임신 합병증 위험이 낮으나, 20세 미만 · 35세 이상 임신은 조산, 저체중, 임신중독증 위험이 높다. 특히 40세 이상은 염색체 이상아 출산 가능성이 증가한다. 따라서 계획적 임신과 철저한 산전 관리가 필수적이다.

③ 기타 요인

Rh 혈액형 시스템은 산모와 태아 간 면역 반응 가능성을 내포하고 있다. 아버지가 Rh 양성(Rh^+), 어머니가 Rh 음성(Rh^-)인 경우, 태아가 Rh^+ 혈액형일 확률이 높아 혈액형 부적합이 발생할 수 있다. 첫 임신에서는 큰 문제가 드물지만, 출산이나 유산 시 태아의 Rh^+ 적혈구가 모체 혈류에 유입되면 산모는 항Rh 항체를 생성하게 된다. 이후 임신에서 해당 항체가 태아 적혈구를 공격하면 용혈성 질환(HDFN)이 발생한다. 심할 경우 사산이나 신경학적 손상을 초래할 수 있다. 다행히 현재는 RH 백신 주사를 통해 항체 형성을 예방하고 있다. 한편, 임신 중 39도 이상의 고온에 10~15분 이상 지속적으로 노출되면 자궁 주변 온도가 상승하여 태아의 열 조절 능력을 초과할 수 있다. 이로 인해 중추신경계 발달에 부정적 영향을 미치며, 신경관 결손(neural tube defects) 등 선천성 기형 위험이 증가할 수 있다.

2) 사회복지 실천에서의 적용

태내기 사회복지 실천에서는 계획하지 않은 임신 상황에 따른 긍정적 · 부정적 결과를 신중히 검토해야 한다. 특히 산모가 미혼일 경우에는 출산 여부를 우선 확인하고, 출산을 결정하면 아이의 아버지와 결혼하여 관계를 유지하거나 미혼모로서 양육하는 두 가지 대안을 고려할 수 있다. 그러나 조기에 부모 역할을 맡게 되면 또래와의 교류 어려움, 정체성 혼란, 역할 갈등, 삶의 변화 등이 뒤따를 수 있다.

만 16세 이하의 임신은 선천성 기형 출산 가능성이 높고, 정상 산모보다 진통이 길며 독혈증, 출혈, 유산 위험과 저체중아 출산 비율이 증가한다. 낙태를 고려할 때는 윤리적 · 도덕적 · 종교적 갈등이 심화되며, 낙태에 대한 감정은 긍정적일 수도 부정적일 수도 있다. 낙태 반대 측은 '아직 태어나지 않은 생명도 삶에 대한 권리가 있다'고 주장하는 반면, 찬성 측은 여성의 자기결정권을 강조한다. 이에 태내기 사회복지 실천은 산모의 심리적 · 사회적 상태를 면밀히 평가하고 맞춤형 상담을 제공하는 것이 중요하다. 특히 미혼 산모는 출산 결정, 양육, 가족 관계, 사회적 지지망 등 다양한 영역에서 심층적 지원이 필요하다. 임신 초기부터 의료진, 사회복지사, 심리상담가 등이 협력하는 다학제적 팀을 구성해 산모의 신체적 · 정신적 건강을 체계적으로 관리해야 하며, 16세 이하 청소년 임신은 전문 의료지원과 사회적 보호가 필수적이다. 낙태와 관련된 윤리적 갈등 상황에서는 사회복지사가 개인 신념 개입 없이 산모의 자기결정권을 존중하고 충분한 정보를 제공하는 중립적 지원 태도를 유지해야 한다. 또한 미혼모와 청소년 산모가 겪는 사회적 낙인을 해소하기 위해 인식 개선, 교육, 직업훈련, 경제적 지원 등 포괄적 복지체계를 구축하여 안정적인 부모 역할 수행을 지원해야 한다. 아울러 청소년 임신 예방을 위해 성교육과 피임 교육 등 조기 개입 프로그램을 활성화하고, 신속한 사회복지 개입이 이루어지도록 체계를 마련해야 한다. 마지막으로, 현장 사례와 산모 경험에 대한 연구를 통해 사회복지 실천의 효과성을 높이고, 이를 바탕으로 실천과 정책을 지속적으로 개선해 나가야 한다.

2 신생아기

신생아기는 출생부터 생후 약 4주까지로, 태아가 자궁 내 환경에서 벗어나 외부 환경에 적응하는 과도기적 시기이다. 이 시기에는 생존을 위한 주요 생리 시스템이 빠르게 전환된다. 출생과 함께 폐호흡이 시작되고 폐혈관 저항이 감소하면서 순환계가 태아 순환에서 신생아 순환으로 전환되며, 동맥관과 난원공이 닫히고 폐를 통한 산소 교환이 본격화된다. 체온 조절이 미숙한 신생아는 갈색지방을 활용해 열을 생산하고 대사율을 높여 체온을 유지한다. 또한 소화기계, 신경계, 면역계 등 주요 기관이 외부 자극과 환경 변화에 적응한다.

다음은 신생아기의 주요 생리적 특징을 신체 성장, 감각 및 지각 발달, 반사운동의 측면에서 살펴본다.

1) 신체적 발달

신생아의 평균 신장은 약 50cm, 체중은 3.0~3.5kg 정도이며, 출생 직후 일시적인 체중 감소가 나타나지만 대개 2주 이내에 회복된다. 피부는 수분 조절 기능이 미숙하여 주름지고 건조하며, 지방성 물질인 태지가 덮여 있어 항균, 보습, 마찰 완화에 기여한다. 코와 볼 등에 좁쌀 모양의 작은 피지가 일시적으로 나타나기도 하지만 곧 사라진다. 생후 약 1주 전후에는 간 기능 미숙으로 황달이 발생할 수 있으며, 이는 만삭아의 약 60%, 미숙아의 약 80%에서 관찰된다. 분만 과정에서 두개골이 압박되어 머리 모양이 변형될 수 있으나 수 주 내에 정상으로 돌아오며, 두개골의 천문은 생후 약 2세경에 닫힌다. 하루 평균 18~20시간의 수면을 취하며, 대부분 얕은 렘수면 상태이다. 수유는 23시간 간격으로 하루 7~8회 이루어지며, 위 용량이 작아 수유 후에는 반드시 트림을 시켜야 한다. 출산 직후 분비되는 초유는 면역항체와 고단백질이 풍부하여 신생아의 건강 유지와 태변 배출에 도움이 된다. 태변은 출생 후 10시간 이내에 흑록색으로 배출되며, 이후 점차 황색 대변으로 변화한다.

(1) 감각 및 지각 발달

① 시각

약 20~30cm 거리의 물체만 비교적 선명하게 볼 수 있다. 흑백 대비, 단순한 형태, 얼굴 등 사회적 자극에 주의를 기울인다. 생후 수주 내 시력과 초점 유지 능력이 향상된다.

② 청각

출생 직후부터 소리에 반응하며, 어머니의 목소리나 리듬 있는 말소리에 민감하다. 생후 수주 내에 청각 처리 능력이 발달하며 언어 발달의 기초가 된다.

③ 미각 및 후각

단맛에 민감하며, 쓴맛이나 신맛에는 불쾌한 반응을 보인다. 어머니의 체취나 모유 냄새에 대한 선호는 정서적 안정과 애착 형성에 기여한다.

④ 촉각

부드러운 피부 접촉은 안정감을 주며, 신체 자극에 민감하게 반응한다. 이는 신체 인식과 감정 조절의 기초가 된다.

(2) 반사운동(Reflexes)

신생아는 의식적으로 자신의 움직임을 조절하지 못하지만, 외부 자극에 자동적으로 반응하는 다양한 반사운동을 통해 환경과의 상호작용을 시작한다. 이러한 반사행동은 생존에 필요한 본능적 기능을 수행하며, 동시에 중추신경계의 발달 상태를 확인할 수 있는 중요한 신경학적 지표로 간주된다.

대표적인 반사에는 젖찾기반사, 빨기반사, 바빈스키 반사, 모로반사 등이 있으며, 대부분은 생후 수개월 내 자연스럽게 사라진다. 반사운동의 출현과 소실 시기는 발달 평가의 기준이 되므로 주의 깊게 관찰해야 한다. 신생아의 주요 반사운동의 종류와 발달과정은 〈표 8-2〉에서 보는 바와 같다.

〈표 8-2〉 신생아의 주요 반사운동

반 사	자극과 반응	발달 과정
젖찾기반사	신생아의 입 주변을 손가락으로 가볍게 자극하면 자극의 방향으로 고개를 돌리고 빨 수 있는 것을 탐색	생후 3개월 정도면 사라지기 시작
빨기반사	젖꼭지나 손가락과 같은 물체가 신생아 입에 닿으면 빨기 행동 시작	빨기반사는 의식적인 빨기 행동으로 대치됨
눈깜빡반사	불빛을 비추면 양쪽 눈을 감는 행동	영속적으로 남음
바빈스키반사	발바닥을 가볍게 어루만지면 발가락을 발등쪽으로 부채처럼 펴는 행동	보통 생후 1년쯤에 사라지고, 이후에는 성인처럼 발가락을 발바닥 쪽으로 굽힘
파악반사	손바닥이나 발바닥에 자극을 가하면 손가락이나 발가락을 즉각적으로 오므려 붙잡는 행동	생후 3~4개월에 사라지고, 4~5개월에는 의도적인 접기 가능
모로반사	큰소리나 자세 변화가 있을 때 아기가 팔을 폈다가 안으로 껴안 듯이 움츠리는 반응과 손을 부채꼴로 펼쳤다가 다시 꼭 쥐는 반응	생후 6~7개월에 사라짐
칼란트반사	신생아를 엎드려 놓은 상태에서 등쪽을 문지르면 자극이 오는 쪽으로 하체를 구부리는 행동	생후 4~6개월에 사라짐

출처 : 이영미 외(2022).

2) 심리적 발달

신생아기의 심리적 발달은 환경과의 첫 상호작용을 통해 인지와 정서의 기초를 형성하는 과정이다. 출생 직후부터 주 양육자의 얼굴과 목소리에 주의를 기울이고, 익숙한 자극을 기억·반응하는 능력이 발달한다. 사회적 미소, 울음 등 초기 정서 표현을 통해 욕구를 전달하며, 이는 안정적 애착 형성과 이후 사회성 · 자기조절 능력 발달의 기반이 된다.

(1) 인지 발달

신생아의 인지 발달은 감각 자극에 대한 단순한 반응에서 시작하여, 반복적인 경험을 통해 자극과 반응 간 관계를 점차 학습하는 과정으로 이루어진다. 시각적으로는 사람의 얼굴이나 사물을 응시하고, 청각적으로는 익숙한 소리, 특히 어머니의 목소리에 반응하는 초기 인지 능력이 관찰된다. 이러한 반응은 감각 정보를 처리하고 기억하는 능력이 축적되며 나타나는 것으로, 예를 들어 반복된 소리에 더 빠르게 반응하거나 얼굴을 따라 시선을 움직이는 행동은 주의력과 기억력의 발달을 의미한다. 생후 몇 주 이내에 나타나는 고개 돌리기, 응시 유지, 자극 추적과 같은 행동은 환경을 탐색하는 초기 형태로, 이후 문제 해결과 탐구 능력의 토대를 형성한다.

(2) 정서 발달

신생아는 출생 직후부터 기쁨, 불쾌감, 놀람, 흥분 등 기본적인 정서를 경험하고 표현한다. 배고픔, 통증, 불편함과 같은 생리적 욕구가 충족되지 않을 때는 울음으로 감정을 전달하는데, 이는 단순한 생리 반응을 넘어 타인과의 의사소통 수단이 된다. 생후 6~8주경에는 주 양육자의 얼굴이나 목소리에 반응해 짓는 '사회적 미소'가 나타나며, 이는 정서적 교류의 시작을 알리는 중요한 발달 이정표다. 아기는 양육자의 표정과 목소리 톤에 따라 기분을 조절하는 능력의 초기 단계를 보이며, 양육자가 신호에 민감하고 일관되게 반응할 때 정서적 안정감이 형성된다. 이는 이후 신뢰감과 사회적 상호작용 능력 발달로 이어진다.

3) 사회적 발달

정서 발달은 자연스럽게 사회적 발달로 확장된다. 신생아기는 타인과의 정서적 유대가 형성되기 시작하는 시기로, 주로 양육자와의 안정적인 상호작용에 기반한다. 아기는 눈맞춤, 울음, 미소 등 사회적 신호로 주변과 소통하며, 이러한 행동은 생존과 적응에 필수적이다. 초기에는 반사적 반응이지만, 생후 6~8주 이후 사회적 미소가 나타나면서 타인의 표정과 목소리에 의도적으로 반응하기 시작한다.

이 시기 아기는 양육자뿐 아니라 다른 사람의 얼굴과 목소리에도 관심을 보이며, 목소리 방향으로 고개를 돌리거나 낯선 사람을 주시하는 등 사회적 주의가 확장된다. 또한 울음, 미소 등 단일 신호에서 옹알이, 몸짓, 표정 변화가 결합된 복합적 의사소통 형태로 발달한다. 민감하고 일관된 양육자의 반응은 아기에게 신뢰감과 사회적 관심, 공감의 기초를 제공하며, 반복적인 긍정적 상호작용은 안정적인 애착 형성을 촉진한다. 반면, 불안정하거나 결핍된 돌봄은 애착 형성을 방해하고, 이후 대인관계에서 회피적이거나 불안정한 패턴을 초래할 수 있다. 따라서 신생아기의 사회적 발달은 단순한 반사적 반응에서 시작해 의도적이고 복합적인 상호작용으로 확장되며, 이는 전 생애에 걸친 사회적 적응력과 대인관계 능력의 핵심 기반이 된다.

4) 사회복지 실천에서의 적용

신생아기 사회복지 실천에서 유전적 · 선천적 질환 아동과 그 가족을 효과적으로 지원하기 위해서는 다음과 같은 구체적인 방안이 필요하다.

우선, 출생 직후 시행되는 신생아 선별검사 결과를 바탕으로 질환을 조기에 발견하고, 신속하게 의료기관과 연계하는 체계를 강화해야 한다. 사회복지 실천가는 검사 및 진단 과정에서 가족이 겪는 불안과 혼란을 완화하며, 의료진과 긴밀히 협력하여 적절한 치료 계획 수립에 참여해야 한다. 또한 아동 발달 상태를 정기적으로 모니터링하고, 발달 지연이나 합병증이 의심될 경우 신속히 전문기관에 의뢰하여 조기 치료 및 재활 서비스와 연계함으로써 2차 문제를 최소화해야 한다.

둘째, 심리적 · 정서적 지원을 강화해야 한다. 질환 진단을 받은 가족을 대상으로 심리 상담, 스트레스 관리, 부모교육 프로그램을 제공하여 정서적 부담을 완화하고, 미혼모와 청소년 부모를 위한 별도 지원 그룹을 운영해 양육 부담 경감과 정서적 지지 강화를 도모해야 한다. 아울러 부모의 양육 역량을 높이기 위해 전문적인 돌봄 기술과 질환 관리법에 관한 교육을 제공하고, 실생활 적용이 가능한 자료와 방문 상담을 통해 부모가 자립적으로 아동을 돌볼 수 있도록 지원해야 한다. 가족 기능 강화를 위해 가족 상담과 중재를 실시하고, 돌봄 역할 분담, 갈등 해소, 건강한 의사소통을 촉진하며, 지역사회 자조모임과 지원 단체와 연계하여 사회적 고립을 예방해야 한다.

셋째, 경제적 지원을 확대해야 한다. 치료비와 재활비 부담 경감을 위해 국가 및 지방자치단체의 지원 정책을 안내하고 신청을 돕는 한편, 장애인 등록, 보조기기 지원, 방문 간호 등 다양한 복지 서비스와 연계하여 가족의 생활 안정을 지원해야 한다.

넷째, 사회적 인식 개선 활동을 병행해야 한다. 지역사회 캠페인과 교육 프로그램을 통해 유전적 · 선천적 질환에 대한 편견과 오해를 해소하고, 언론 및 교육기관과 협력하여 질환 아동과 가족의 권리와 필요성을 적극적으로 알리며, 포용적인 환경을 조성해야 한다.

마지막으로, 실천의 효과성을 높이기 위해 현장 사례 수집과 가족 인터뷰를 포함한 질적 · 양적 연구를 지속적으로 수행하고, 이를 토대로 실천 매뉴얼을 보완하며, 정책 제안과 서비스 개선에 반영해야 한다.

이와 같은 통합적이고 체계적인 지원은 신생아기 유전적 · 선천적 질환 아동과 가족의 건강한 삶을 돕고, 지속 가능한 사회복지체계 구축에 기여할 것이다.

요점정리

- 태내기는 신체 기관과 뇌, 감각 기능이 형성되는 결정적 발달 시기로, 산모의 영양 상태, 정서적 안정, 환경적 요인이 태아 발달에 직접적인 영향을 미친다. 음주, 흡연, 약물 남용, 환경오염 등 부정적 요인은 발달 지연이나 선천적 질환을 유발할 수 있어 예방적 관리와 조기 개입이 필요하다. 사회복지사는 산전 교육, 건강검진 연계, 심리 · 사회적 지원을 통해 건강한 태내 환경을 조성한다.
- 신생아기는 감각 자극과 안정적 애착 형성이 학습과 정서 발달의 기초가 되는 시기이다. 부모와의 지속적 신체 접촉, 시각 · 청각 자극, 민감한 반응이 안정 애착을 형성하며, 이는 이후 발달 전반에 긍정적 영향을 미친다. 사회복지 실천에서는 부모 교육과 초기 양육 지원을 통해 건강한 애착 관계를 형성하도록 돕는다.
- 유전적 · 선천적 질환은 조기 발견과 전문 의료 연계가 중요하며, 부모의 양육 역량 강화와 가족의 심리적 지지가 병행되어야 한다. 사회복지사는 가족상담, 자조모임, 지역사회 자원 연계를 통해 가족의 부담을 완화하고, 장기적인 발달 지원 계획을 마련하여 신생아와 가족의 삶의 질을 높인다.

생각해 볼 문제

1. 태내기 환경이 태아 발달에 미치는 영향과 사회복지 개입 방안을 논하시오.
2. 신생아기 부모 교육과 가족 지원의 중요성을 경험이나 관찰을 바탕으로 설명하시오.
3. 유전적 · 선천적 질환을 가진 신생아와 가족을 위한 효과적 사회복지 개입 방안을 제안하시오.

Chapter 09

영아기와 유아기

개 요

영유아기는 인간 발달의 기초가 마련되는 시기로, 전인적 발달을 위한 체계적 지원이 특히 요구되는 시기이다. 영아기(출생~만 2세)는 생리적 기능이 외부 환경에 적응하며 독립적으로 작동하기 시작하는 시기로, 주 양육자와의 안정된 관계 형성을 통해 애착과 정서적 안정이 발달의 중심이 된다. 이 시기에는 감각 자극을 중심으로 한 상호작용, 정서적 지지, 신체 안정이 학습의 주요 내용이 된다. 반면, 유아기(만 3~6세)는 신체의 균형과 운동 능력이 발달하고, 언어와 인지 기능이 급속히 향상되는 시기이다. 이에 따라 학습의 장은 놀이 중심의 환경 속에서 자율성과 상상력을 자극하고, 또래와의 사회적 상호작용을 통해 규칙과 사회성을 배우는 공간으로 구성되어야 한다. 이 시기의 학습은 자기 표현 능력, 탐색 활동, 언어적 소통이 활발히 이루어지는 환경에서 더욱 효과적이다. 따라서 영유아기의 학습의 장은 발달 단계에 따른 특성과 요구에 민감하게 반응하며, 신체적 안전, 정서적 안정, 인지적 자극, 사회적 상호작용이 유기적으로 통합된 환경으로 조성되어야 한다.

학습목표

1. 영유아기의 신체, 인지, 정서, 사회적 발달의 주요 특징을 나열할 수 있다.
2. 피아제와 에릭슨의 이론을 바탕으로 감각운동기 · 전조작기, 신뢰감 대 불신감 · 자율성 대 수치심의 개념을 설명할 수 있다.
3. 영유아기의 발달 특성을 고려하여 놀이, 언어 자극, 양육자 상호작용의 교육적 중요성을 실제 사례에 적용할 수 있다.

1 영아기

영아기(출생~만 2세)는 인간 발달의 초석이 마련되는 시기로, 신체적 성장과 생리적 기능의 급속한 변화가 이루어진다. 이 시기의 아동은 주로 모유나 분유를 통해 영양을 공급받으며, 빠른 성장과 발달 속도만큼 영양 결핍이나 과잉에 따른 문제가 발생하기 쉬운 민감한 시기이기도 하다. 출생 직후부터 아기는 태내에서 어머니에게 의존하던 호흡, 소화, 배설, 면역, 내분비 기능 등이 점차 외부 환경에 적응하며 독립적으로 작동하기 시작한다. 이러한 생리적 전환은 생명체로서 독자적인 생존 기반을 마련하는 중요한 발달 과정이다. 이 시기 아동의 발달은 신체적 안전뿐 아니라 정서적 안정에도 깊은 영향을 받는다. 특히 주양육자, 주로 어머니와의 지속적이고 일관된 관계는 이후 형성될 애착, 대인관계, 사회적 신뢰의 기초가 된다. 영아기의 주요 발달 과업에는 안정적인 애착 형성, 대상영속성의 이해, 초기 배변 훈련 등이 포함된다. 이는 이후 자율성과 정체성 발달로 이어지는 기반이 되며, 양육자의 민감한 반응과 안정된 양육 환경이 무엇보다 중요하게 작용한다.

1) 신체적 발달

영아기(생후 4주~24개월)는 인간 발달 과정에서 신체적 성장이 가장 급격하게 이루어지는 시기로, 흔히 '제1의 성장 급등기'라 불린다. 건강한 영아는 생후 1년 동안 신장이 약 1.5배, 체중은 약 3배로 증가한다. 이 시기의 신체 발달은 일반적으로 '두미(頭尾) 발달 원칙'과 '근원(近遠) 발달 원칙'을 따른다. 영아기의 운동 발달은 신체 크기의 증가, 근골격계의 성장, 신경계의 성숙과 밀접한 관련이 있다. 운동 기능은 움직임에 사용되는 근육 부위에 따라 크게 대근육 운동과 소근육 운동으로 나뉘며, 점차 정교한 조절 능력을 갖춰간다. 이처럼 영아기의 운동 발달은 생물학적 성숙과 환경 자극의 상호작용 속에서 이루어진다.

(1) 대근육 운동

영아기의 대근육 운동 발달은 전적으로 타인에게 의존하던 아기가 점차 스스로 몸을 움직여 뒤집기, 기기, 서기, 걷기, 달리기까지 나아가는 뚜렷한 변화로 나타난다. 일반적으로 발달 순서는 ① 머리 들어올리기(2개월), ② 구르기(3개월), ③ 혼자 앉기(6개월), ④ 붙잡고 서기(7개월), ⑤ 붙잡고 걷기(9개월), ⑥ 혼자 서기(11개월), ⑦ 혼자 걷기(12개월), ⑧ 손 잡고 계단 오르내리기(16개월), ⑨ 달리기 및 혼자 계단 오르내리기(24개월)로 이어진다(신명희 외, 2013).

(2) 소근육 운동

소근육 운동은 '근원 발달의 원칙'에 따라 팔에서 손, 손가락으로 점차 정교해진다. 초기에는 작은 물체를 집기 위해 손 전체를 사용하지만, 생후 10개월경에는 엄지와 집게손가락을 이용한 정밀 집기가 가능하다. 이 시기 아기들은 눈에 띄는 작은 물체를 집어 탐색하며 즐거움을 느끼고, 이러한 조작 능력은 뇌 발달에도 중요한 영향을 미친다. 나아가 소근육 발달은 영아가 독립적으로 환경과 상호작용하며 계획적 탐색과 목표 추구를 가능하게 한다.

(3) 감각 및 지각 발달

감각은 외부 자극을 받아들이는 과정이며, 지각은 그 자극에 의미를 부여하는 해석 과정이다. 예를 들어, 소리를 듣는 것은 감각이고, 그것이 말소리인지 음악인지 구별하는 것은 지각이다. 감각과 지각의 발달은 아동 행동을 이해하는 데 핵심적이다. 시각은 전체 감각 정보의 약 80%를 차지하지만 성숙이 가장 늦으며, 생후 1년이 지나야 거의 정상 시력에 도달한다. 영아는 전체보다는 세부, 정지된 대상보다는 움직이는 물체, 흑백보다 색이 있는 대상, 직선보다 곡선을 더 선호하는 경향이 있다. 생후 초기에는 단순한 형태에 주의를 기울이지만, 발달이 진행됨에 따라 점차 복잡한 도형에도 관심을 보인다. 이는 양육자와의 상호작용을 유도하는 데 중요한 역할을 한다. 청각은 생후 초기 빠르게 발달해 성인 수준에 이르며, 고음과 여성의 목소리를 선호한다. 미각은 2~3개월부터 발달하여 맛에 대한 선호와 거부가 나타나며, 4개월경부터 짠맛을 수용한다. 촉각은 정서적 안정과 애착 형성에 중요한 감각으로, 부드러운 접촉은 영아를 진정시키는 효과가 있다. 또한 온도 변화에 민감하게 반응하며, 특히 낮은 온도에 더 민감하다.

2) 심리적 발달

영아기의 심리적 발달은 감각과 운동을 통한 인지 능력의 형성과 정서적 반응 조절 능력의 발달을 중심으로 전개된다. 이는 이후 언어, 사회성, 자율성 발달 등 전 생애 발달의 기초가 된다. 특히 양육자와의 상호작용 경험이 심리적 발달에 결정적인 영향을 미친다. 심리적 발달은 크게 인지 발달과 정서 발달의 두 하위 체계로 나누어 설명할 수 있다.

(1) 인지 발달

영아기의 인지 발달은 감각과 운동 경험을 통해 외부 세계를 탐색하고 이해하는 과정을 중심으로 진행된다. 감각 자극에 대한 반응, 대상에 대한 주의 집중, 기억, 단순한 문제 해결 시도 등을 통해 인지 기능의 기초가 형성된다. 피아제(Jean Piaget)는 이 시기를 '감각운동기'로 명명하며, 영아가 감각과 신체 활동을 반복적으로 활용하여 환경과 상호작용하면서 사고 구조의 토대를 형성한다고 보았다. 감각운동기 내 인지 발달은 다음과 같은 주요 단계로 구성된다.

① 감각과 운동의 통합

영아는 감각기관(시각, 청각, 촉각 등)을 통해 외부 자극을 받아들이고, 이를 근육 움직임과 연계하여 환경과 상호작용한다. 예를 들어, 아기가 소리를 듣고 고

개를 돌리거나, 손에 쥐어진 물체를 입에 가져가는 행동은 감각-운동 연결의 초기 형태이다. 이러한 반복적 경험은 자기인식의 기초가 된다.

② 목적지향적 행동

생후 중반기부터 영아는 단순한 반사 행동을 넘어, 특정 목적을 달성하기 위한 의도적 움직임을 보이기 시작한다. 예를 들어, 장난감을 잡기 위해 손을 뻗거나, 장난감이 떨어졌을 때 다시 잡으려는 시도는 목적지향적 행동의 대표적인 예다. 이는 문제 해결 능력의 기초가 된다.

③ 대상영속성 형성

약 생후 8~12개월경, 영아는 눈앞에서 사라진 대상이 여전히 존재한다는 인식, 즉 '대상영속성' 개념을 발달시킨다. 이는 인지 발달에서 중요한 전환점으로, 물체가 일시적으로 보이지 않아도 지속적으로 인지할 수 있는 능력을 의미한다. 숨겨진 장난감을 찾는 행동이 대표적이다.

④ 정신적 표상 사용

아동이 생각이나 이미지를 머릿속에 떠올려 상징적으로 사고하는 시기이며, 감정 표현이나 의사소통 능력이 발달하여 사회적 상호작용이 가능해진다. 이는 이후 언어 습득과 상상 놀이의 기초가 되며, 표상 능력은 사고의 상징적 단계로의 이행을 의미한다. 또한, 주 양육자와의 안정된 애착 관계를 형성함으로써 정서적 안정과 사회성 발달의 기초를 마련한다.

(2) 정서 발달

정서 발달 역시 이 시기에 빠르게 이루어진다. 대부분의 학자들은 기쁨이나 슬픔과 같은 기본 정서가 출생 시부터 존재하지만, 덜 분화된 상태이며 발달하면서 점차 다양해진다고 본다. 영아기의 정서 발달은 생존과 환경 적응에 필수적인 감정 반응을 중심으로 이루어진다. 정서 표현은 울음, 표정, 몸짓 등 다양한 방식으로 나타나며, 양육자와의 상호작용 속에서 정서 조절 능력을 형성해 나간다. 정서는 일차 정서에서 이차 정서로 점차 발달하며 다음과 같은 특징을 보인다:

① 일차 정서(Primary Emotions)

일차 정서는 생후 초기부터 나타나는 기본적이고 보편적인 감정으로, 생존과 적응에 직접 관련된다. 여기에는 기쁨, 분노, 슬픔, 두려움, 혐오, 놀람 등이 포함되며, 신경생물학적 기반 위에서 자동적이고 즉각적으로 반응하는 특징이 있다.

② 이차 정서(Secondary Emotions)

이차 정서는 자아개념이 발달하고 타인의 시선과 사회적 규범을 인지하면서 나타나며, 보다 복잡한 정서 조절과 사회적 상호작용에 중요한 역할을 한다. 생후 18~24개월경 자아 인식과 사회적 규범 인식을 기반으로 수치심, 죄책감, 자부심, 질투 등의 복합 감정이 발현된다. 이는 사회적 관계 형성과 자기조절 능력 발달의 토대가 된다.

정서 발달은 양육자의 민감하고 일관된 반응을 통해 촉진된다. 안정적인 애착 형성과 정서 조절 능력의 성장을 가능하게 한다.

(3) 언어 발달

언어 발달은 개인차가 있지만, 대부분의 아동은 유사한 발달 단계를 따른다. 일반적으로 생후 12개월경부터 단어를 사용하기 시작하지만, 그 이전에도 영아는 울음, 표정, 몸짓 등 비언어적 수단으로 의사소통을 시도한다. 이들은 단어의 의미보다는 말의 억양, 강세, 리듬을 통해 감정을 파악하고 반응한다. 언어 발달의 첫 단계는 울음이다. 생후 1개월까지는 반사적인 울음이 주를 이루고 이후 점차 이유를 알 수 있는 분화된 울음으로 바뀌게 된다. 2~3개월경에는 옹알이가 나타나며, 이는 언어 습득의 기초가 되는 중요한 과정이다.

이후 언어 발달은 다음과 같은 단계로 진행된다(〈표 9-1〉 참고).

〈표 9-1〉 영아기 언어 발달 단계

한 단어 단계	생후 12개월 전후, 하나의 단어로 다양한 의미를 표현함 예 "맘마" → "배고파요", "우유 주세요"
두 단어 단계	약 18~20개월, 두 단어를 조합한 간단한 문장 사용 예 "엄마 자", "우유 더"
다어문 단계	2세 이후, 세 단어 이상을 사용하며 문장 구조가 발달
문법 발달기	• 약 6세부터 문법 규칙을 습득하며, 언어 능력은 10세경까지 계속 성장함 • 언어 발달에는 성별, 가정환경, 부모의 언어 자극 등이 영향을 미침(일반적으로 여아가 남아보다 빠른 언어발달을 보이며, 어머니의 풍부한 언어적 상호작용은 발달을 촉진함)

3) 사회적 발달

영아기의 사회적 발달은 초기의 대인관계 형성과 사회적 상호작용을 통해 이루어진다. 생애 초기부터 가족, 또래, 양육자 등 주변 인물과의 상호작용은 아동이 자신과 타인을 이해하고, 사회적 규범과 역할을 학습한다. 정서 조절과 협동 같은 사회적 기술을 익히는 데 중요한 기초가 된다. 이러한 경험은 이후 유아기와 아동기의 학교 생활 및 대인관계 형성에도 지속적인 영향을 미친다.

(1) 애착 형성

영아기는 신체 · 인지 · 정서 발달이 급격히 이루어지는 시기로, 애착이 핵심 정서 발달 과제 중 하나이다. 애착은 영아와 주 양육자 간의 정서적 유대이며, 볼비(Bowlby)는 이를 생존 본능에 기초한 선천적 행동체계로 보았다. 안정적 애착은 정서 안정과 사회적 발달의 기초가 되어 전인적 성장에 중요한 역할을 한다.

에인스워스(Mary Ainsworth)는 '낯선 상황 실험(Strange Situation)'을 통해 안정 애착, 불안정 · 회피 애착, 불안정 · 저항 애착, 혼란 애착의 네 가지 유형을 제시하였다. 안정 애착을 지닌 영아는 양육자를 안전기지로 인식해 탐색과 정서 조절이 원활하지만, 불안정 애착은 정서적 불안과 사회적 부적응을 초래할 수 있다.

영아의 미소, 시선 교환, 울음 등 비언어적 표현은 사회적 신호에 대한 반응 능력을 발달시키며 초기 애착 형성에 핵심적이다(Stern, 1985). 인간의 애착은 조류의 '각인'과 유사하지만, 복잡한 인지 과정과 양육자의 민감한 반응에 따라 지속적으로 조정된다. 특히 생후 6개월~2세는 결정적 시기로, 이 경험은 이후 정서 안정과 사회적 관계 형성에 깊은 영향을 미친다.

(2) 낯가림과 분리불안

영아기의 낯가림과 분리불안은 정상적인 사회 · 정서 발달 과정으로, 애착 형성과 정서 조절 능력의 성숙을 보여 주는 지표이다. 낯가림은 생후 5~15개월 사이에 주로 나타나며, 낯선 사람이나 환경에 대한 불안 반응으로 영아가 양육자와 타인을 구분하고 안정된 애착을 형성했음을 시사한다.

분리불안은 생후 9~15개월에 절정에 이르며, 양육자가 잠시 자리를 비울 때 불안과 불편을 드러내는 현상이다(Bowlby, 1969). 이는 애착의 강도, 정서적 안정, 인지 발달과 관련이 있으며, 양육자의 일관된 반응과 지지를 통해 점차 완화된다. 이러한 반응은 영아가 타인과 관계를 인식하고 사회적 환경에 적응해 가는 건강한 발달 과정으로 이해할 수 있다.

(3) 또래관계의 상호작용

영아는 직접적인 또래 상호작용은 제한적이지만, 주변 사람들과의 교류를 통해 사회성이 발달한다. 부모나 주 양육자를 중심으로 한 관계망 속에서 비언어적 의사소통과 모방 행동을 경험하며, 이는 초기 사회적 규범과 역할 학습의 기초가 된다(Vygotsky, 1978).

또한 놀이를 통해 호기심을 충족하고 다양한 감각적 경험으로 환경을 탐색하면서 인지 · 운동 · 사회적 기술을 함께 발달시킨다. 초기 사회적 놀이 형태에는 대상 놀이, 모방 놀이 등이 있으며, 이는 사회적 신호를 인지하고 반응하는 능력을 키우는 데 중요하다. 양육자의 적절한 지원과 반응은 영아가 환경과 상호작용하는 데 자신감을 높여 준다. 영아기의 또래 및 환경과의 상호작용에 대한 주요 내용과 발달적 의의는 〈표 9-2〉를 통해 살펴볼 수 있다.

〈표 9-2〉 영아기의 또래 및 환경과의 상호작용

구분	주요 내용	발달적 의의
상호작용 대상	주 양육자 중심, 또래와의 직접적 상호작용은 제한적	안정적 애착 기반 형성 및 초기 사회성 발달
의사소통 방식	비언어적 신호(눈맞춤, 표정, 울음, 몸짓) 모방 행동	사회적 신호 인지 및 반응 능력 향상
놀이 유형	대상 놀이, 모방놀이 등 초기 사회적 놀이	인지 발달과 사회적 기술 발달 촉진
환경 탐색	감각 및 운동 기술 발달과 결합된 환경 탐색	자율성 증진 및 학습동기 부여
양육자의 역할	민감하고, 일관된 반응 및 지원	긍정적 사회적 경험 촉진. 자존감 및 사회성 기반 강화

(4) 대상영속성 개념의 습득

대상영속성 개념은 24개월 경우 습득되는데, 이는 대상이 눈 앞에 보이지 않아도 그 대상이 존재한다는 사실을 인식할 수 있는 능력이다. 이를 획득함으로써 영아는 눈앞에 자신이 볼 수 있는 것에만 의존하던 것에서 벗어나며, 대상의 영상을 마음속에 저장하고 간직할 수 있는 능력이 이 시기 이후에 오는 여러 가지 복잡한 표현적 사고 발달의 첫 번째 단계이다.

4) 사회복지 실천에서의 적용

영아기는 생애 초기 발달의 기초를 형성하는 중요한 시기로, 이 시기 사회복지사의 개입이 특히 요구되는 과제 중 하나는 출생 직후 발견되는 다양한 유전적 및 선천적 질환에 대한 대응이다. 대표적으로 다운증후군, 지적장애, 자폐 스펙트럼 장애(ASD), 정서 및 행동장애 등이 포함된다.

특히 자폐 스펙트럼 장애는 출생 후 대체로 2년 이내에 발현되며, 타인에 대한 반응이 미약하거나 의사소통의 어려움, 반복적이고 제한된 행동양상, 환경변화에 대한 비정상적인 반응 등이 주요 특징으로 나타난다. 자폐의 발병률은 인구 1만 명당 2~5명 수준이며, 여아보다 남아에서 더 높은 빈도를 보인다. 자폐아는 출생 초기부터 또래와 구별되는 발달 양상을 보이며, 예컨대 생후 1년이 지나도 애착 행동이 미흡하거나 언어 발달이 지연되고, 신체 접촉을 회피하거나 반복적이고 비정형적인 소리를 내는 등의 특성이 관찰된다.

이러한 아동에 대해 사회복지사는 보호자의 죄책감과 심리적 부담을 완화시키고, 아동의 발달 단계에 맞는 전문적인 진단 및 치료를 연계하며, 행동 문제를 감소시키기 위한 중재 방안을 마련해야 한다. 또한 의사소통 능력 향상을 위한 특수교육, 정서적 안정 도모를 위한 놀이치료 등의 통합적 접근이 병행되어야 한다.

또 다른 중요한 실천 과제는 영아기에 발생하는 아동학대 문제이다. 생후 1년 이내의 학대는 유아 사망의 주요 원인 중 하나로 지목되며, 반복적이거나 심각한 외상은 영유아의 신경학적 손상을 초래할 수 있다. 특히 생후 3년 이내 경험하는 폭력적 사건은 뇌 구조와 기능에 부정적 영향을 미쳐, 만성적 스트레스와 정서적 방임은 충동 조절 능력의 저하, 공격성과 폭력성의 증가로 이어질 수 있다. 이에 따라 사회복지사는 아동학대의 위험 신호를 조기에 감지하고, 아동의 안전을 보장하는 양육 환경을 조성하며, 보호자를 대상으로 한 교육 및 양육 기술 훈련 프로그램을 제공하는 등 포괄적 서비스 체계를 구축해야 한다. 이러한 통합적 개입은 영아의 생존권 보장과 건강한 성장·발달을 위한 필수적 요소라 할 수 있다.

2 유아기

유아기는 일반적으로 만 3세부터 초등학교 입학 전인 만 6세까지의 시기를 말한다. 이 시기에는 신체 성장이 다소 완만해지지만 꾸준히 지속되며, 신체의 균형이 잡히고 운동 기능이 발달하면서 점차 독립적인 활동이 가능해진다. 대소변을 가리는 훈련도 가능해지는 시기이다. 인지 기능의 향상과 운동 능력의 발달로 활동량이 증가하고, 주변 환경에 대한 탐색이 활발해지며 놀이와 상상력이 풍부해진다. 또한 언어 발달이 급속히 이루어져 타인과의 의사소통 능력이 크게 향상되며, 자기주장이 강해지는 경향도 뚜렷하게 나타난다.

1) 신체적 발달

유아기는 보다 안정적이면서도 지속적인 성장이 이루어지는 시기이다. 신체 구조와 운동 능력이 눈에 띄게 향상되는 특징이 있다. 유아기는 영아기에 비해 성장 속도는 다소 느려지지만, 근육과 골격이 강화되고 감각 및 신경계의 발달이 보다 통합적으로 이루어지는 시기이다. 이러한 신체적 발달은 유아가 주변 환경을 적극적으로 탐색하고 일상생활에서의 자율성을 확장하는 데 중요한 기반이 된다. 동시에 인지, 정서, 사회성 등 전반적인 발달의 토대를 형성하므로, 유아기의 신체 발달 특성을 이해하는 것은 아동의 전인적 성장을 지원하고 적절한 개입 방안을 마련하는 데 핵심적이다.

(1) 운동 능력 발달

대근육 운동은 걷기, 뛰기, 균형 잡기, 던지기 등 큰 근육을 활용하는 기술로, 유아기 동안 꾸준히 발달한다. 유아는 점차 복잡한 움직임과 협응 능력을 익히며 다양한 신체 활동에 자신감을 갖게 되고, 이는 전반적인 신체 건강과 운동 능력의 기초가 된다.

소근육 운동은 손과 손가락의 세밀한 움직임으로, 물건 잡기 · 쌓기 · 그림 그리기 · 글씨 쓰기와 같은 정교한 조작 능력을 포함한다. 유아기의 소근육 발달은 일상생활 수행과 인지 발달에 밀접하게 연관되며, 미세 운동 조절과 시각-운동 통합 능력이 향상됨에 따라 환경을 효과적으로 탐색하고 조작할 수 있다. 이러한 발달은 자기조절과 문제 해결 능력에도 긍정적 영향을 미친다.

(2) 신경계와 감각 기능 발달

유아기의 신경계는 시냅스 생성과 제거, 미엘린 형성 과정을 거치며 급격한 구조적 변화를 겪고, 높은 신경 가소성으로 다양한 환경 자극에 민감하게 반응한다. 감각체계는 시각, 청각, 촉각, 미각, 후각이 통합되어 환경 정보를 효과적으로 처리한다. 감각 통합 능력의 발달은 신체 조절과 인지 기능 향상에 기여한다. 예를 들어, 시각 발달은 깊이 인식과 색채 구별 능력을 포함하며, 청각 발달은 언어 이해의 기초가 된다.

2) 심리적 발달

유아기는 인지 능력과 정서 조절 능력이 비약적으로 성장하는 시기이다. 사고 방식의 질적 전환과 사회적 감정의 확장이 두드러진다. 이 시기의 심리적 발달은 향후 자기조절, 타인과의 관계 형성, 학습 동기와 같은 전인적 성장에 깊은 영향을 미친다.

(1) 인지 발달

피아제(Piaget, 1952)는 유아기를 '전조작기'로 분류하였다. 약 2세부터 7세까지의 시기에 해당된다고 보았으며, 이 시기의 아동은 언어, 이미지, 상징을 통해 사고할 수 있으나 논리적 사고는 미숙한 상태이다. 주요 인지적 특성으로는 상징적 사고, 자기중심성, 물활론, 중심화, 불가역성 등이 있다.

① **상징적 사고(Symbolic Thought)**

유아는 사물이나 사람을 실제로 보지 않더라도 언어 · 이미지 · 상징을 통해 머릿속으로 재현하고 생각할 수 있게 된다. 장난감이 없는 상황에서도 '강아지 놀이'를 하며 소리나 손동작으로 흉내 낼 수 있다.

② **자기중심성(Egocentrism)**

타인의 관점에서 생각하기 어려워하며, 자신의 시각만이 옳다고 여기는 경향이 있다. 피아제의 세 산 실험에서처럼 다른 위치에 있는 사람이 보는 풍경이 자신과 다르다는 것을 이해하지 못한다.

③ **물활론적 사고(Animism)**

무생물이나 사물에도 생명이나 감정이 있다고 믿는다. 예를 들어, 인형이 아파서 울고 장난감이 친구라고 느끼는 등 생명 부여적 사고가 나타난다.

④ **중심화(Centration)**

사물이나 사건을 전체적으로 통합적으로 사고하기보다 눈에 띄는 하나의 측면에만 집착하는 경향성이다. 보존 개념을 이해하지 못하고 가역적 사고의 한계로 이어진다. 예를 들어, 컵이 길면 물이 더 많다고 판단하며, 너비나 높이를 동시에 고려하지 못한다.

⑤ **불가역성(Irreversibility)**

사건이나 변화 과정을 역으로 추리하지 못하고, 한 번 일어난 일은 되돌릴 수 없다고 여긴다. 예를 들어, 넓은 컵에 담긴 물을 길쭉한 컵으로 옮기면 양이 달라졌다고 생각한다.

⑥ **꿈의 실제론(The Reality of Dreams)**

유아는 자신이 꿈을 꾼 내용이 실제로 일어났으며, 실제하고 있다고 생각한다. 그러므로 자신이 꿈 속에서 나타난 사람들은 깨어난 후에도 그 꿈의 내용을 알고 있을 것이라고 생각한다.

(2) 정서 발달

유아기의 정서 발달은 자기감정의 인식과 조절, 타인의 감정 이해, 사회적 관계에서의 감정 표현 방식의 습득이 중심이 된다. 이 시기의 아동은 기쁨, 슬픔, 분노, 두려움 등의 기본 정서를 표현할 수 있게 되면서 복합 정서와 감정 조절 능력을 익혀 나가기 시작한다.

① 자기감정의 인식 및 표현

유아는 자신의 감정을 언어적 또는 비언어적 방식으로 표현할 수 있게 되며, 간단한 단어로 기분을 설명하거나 표정, 몸짓으로 정서를 전달하는 능력이 향상된다. 특히 정서 단어(예 "화났어", "슬퍼")의 사용은 감정 인지 능력의 발달을 의미한다.

② 감정 조절 능력의 발달

이 시기의 아동은 감정 조절에 어려움을 보이는 경우가 많으나, 점차 참을성이나 대기, 감정 표현 방식의 조절을 배워간다. 예컨대, 장난감을 빼앗겼을 때 울거나 화를 내는 반응에서, 점차 요청하거나 타협하는 방식으로 전환되는 모습이 나타난다. 양육자의 민감한 반응과 모델링은 이러한 정서 조절 능력의 향상에 결정적 영향을 미친다.

③ 공감과 사회적 감정의 발달

유아는 타인의 감정을 알아차리고 이에 반응할 수 있는 초기 공감 능력을 갖게 된다. 친구가 울 때 같이 슬퍼하거나, 아픈 인형을 돌보는 등의 행동은 정서적 공감과 역할 수용 능력의 발달을 보여 준다. 이는 이후 도덕성과 사회성의 기초를 형성하는 중요한 정서적 기반이 된다.

(3) 언어 발달

유아기는 언어 이해와 표현 능력이 급속히 발달하는 시기로, 단어와 문장을 사용해 의사소통이 가능해진다. 풍부한 언어 환경과 양육자 및 또래와의 상호작용이 언어 발달에 중요한 역할을 한다.

① 언어 이해와 표현 능력

유아는 초기에는 주변의 음성 자극을 인지하며, 점차 단어와 문장의 의미를 이해한다. 3세 무렵에는 성인과 유사한 문장 구조와 어휘를 어느 정도 구사할 수 있다. 기본적인 문법과 의사소통 능력이 크게 발달하여 일상 대화가 가능해진다. 다만 어휘 폭과 표현의 정확성에는 차이가 있으며, 이후에도 어휘력 확장과 복잡한 문장 구성, 문법적 정확성은 계속 발달하므로 3세는 언어 발달의 급성장기로 평가된다.

② 언어 환경과 상호작용의 중요성

언어 발달은 양육자 및 또래와의 상호작용과 풍부한 언어 환경에 크게 의존한다. 대화, 독서, 노래 등 다양한 자극적 환경은 어휘력과 문법 능력 향상에 기여하며, 상호작용은 언어 사용의 사회적 기능을 배우는 데 필수적이다. 특히 민감한 반응과 피드백을 제공하는 상호작용은 유아의 언어 습득을 촉진한다.

3) 사회적 발달

유아기는 영아기에 비해 대인관계의 범위가 넓어지고 상호작용의 양상도 다양해지는 시기이다. 이 시기 아동은 활동 반경이 확장됨에 따라 타인과의 관계 속에서 정서적 긴장을 경험할 가능성이 커지며, 언어 능력의 발달로 인해 자신의 욕구나 감정을 언어적으로 표현하고 주장하는 경향이 뚜렷해진다. 또한 부모나 또래와의 관계에서 갈등 상황이 자주 발생하게 되므로, 유아의 행동을 적절히 조절하고 사회적 규범을 내면화하도록 돕기 위한 훈육의 시작이 필요한 시기이다.

(1) 자율성의 발달

2~3세 무렵 유아는 대소변 의사를 비교적 명확히 표현할 수 있어 배변 훈련이 가능하다. 여아가 남아보다 빠른 경향이 있으나, 실제 시기와 성공 여부는 발달적 성숙도, 신체 능력, 부모의 양육 태도에 따라 달라진다. 이 과정에서 부모의 반응과 훈육 방식은 유아의 정서와 성격 발달에 큰 영향을 미치며, 신체를 조절하고 과제를 스스로 해내는 경험은 자율성과 자기통제력을 강화한다.

반대로 반복된 실패와 부정적 반응은 수치심과 자기의심을 불러올 수 있어 자율성 발달에 부정적 영향을 줄 수 있다. 이는 에릭슨이 제시한 발달 과업인 '자율성 대 수치심 · 의심' 단계와 직접적으로 연결되며, 배변 훈련은 단순한 신체 기능 습득을 넘어 정서적 안정과 긍정적 자아 형성을 돕는 민감한 과정으로 이해되어야 한다.

(2) 놀이

유아는 부모로부터 심리적 분리를 경험하며 또래와의 상호작용에 적극적으로 참여한다. 특히 3~4세 무렵에는 성인보다 또래와의 접촉이 더 잦아지고, 이러한 관계는 사회성 발달의 핵심이 된다. 이 시기의 놀이는 단순한 여가가 아니라 사회적 관계 형성, 기술 습득, 역할 이해 등 중요한 기능을 수행한다. 언어 표현이 미숙한 유아는 놀이를 통해 내면을 드러내며, 새로운 지식과 개념을 자연스럽게 습득하고 또래 관계를 확장한다.

놀이 활동은 신체 발달과 운동 기술 향상뿐 아니라 성취감과 역할 이해를 가능하게 한다. 더 나아가 일상에서 겪는 좌절이나 갈등을 상징적으로 표현 · 극복하는 기회를 제공하여 문제 해결력과 정서적 회복력을 키운다. 따라서 놀이는 유아가 현실을 모의적으로 경험하고, 자율성과 내적 힘을 형성해 가는 과정으로 이해할 수 있다.

(3) 놀이의 발달적 기능과 교육적 의의

① 놀이의 학습적 기능

유아기의 놀이는 신체 · 인지 · 정서 · 사회적 능력의 조화를 이끄는 핵심 매개체이다. 단순한 즐거움을 넘어 상징적 사고와 문제 해결력을 발달시키며, 또래와의 상호작용을 통해 협력, 규칙 수용, 의사소통 기술을 익힌다. 유아는 놀이를 통해 환경을 탐색하고 경험을 확장하며 창의성과 자기주도성을 기른다. 특히 구성 놀이와 역할 놀이는 언어 발달과 사회성 증진에 효과적이며, 교사의 적절한 개입과 풍부한 놀이 환경이 이를 촉진한다.

② 유아기 놀이 유형

유아에게 놀이는 단순한 여가가 아니라 인지 · 정서 · 사회적 발달을 촉진하는 중요한 수단이다. 이 시기의 놀이는 발달 수준과 사회적 상호작용 정도에 따라 구분되며, 대표적으로 모방놀이, 평행놀이, 이야기놀이(극놀이)가 있다.

- **모방놀이** : 어른이나 또래의 행동을 흉내 내며 사회적 역할을 이해하고 상징적 사고를 발달시킨다. 엄마처럼 아기를 돌보거나 전화 통화를 따라 하는 행동이 이에 해당하며, 언어 표현력과 정서 발달에도 긍정적이다.
- **평행놀이** : 같은 공간에서 유사한 놀이를 하지만 상호작용은 거의 없는 형태다. 나란히 블록을 쌓거나 인형을 따로 가지고 노는 경우가 여기에 포함되며, 또래에 대한 관심과 사회적 관계 형성의 초기 단계를 보여 준다. 관찰을 통해 사회적 기술을 간접적으로 학습한다.
- **이야기놀이(극놀이)** : 특정 역할이나 상황을 설정해 상상 속 이야기를 만들어 가는 놀이이다. 병원놀이, 가족놀이 등에서 유아는 역할을 나누고 상호작용하며 줄거리를 전개한다. 이는 언어 능력, 창의력, 감정 표현력, 협동심을 발달시키고, 타인의 입장을 이해하며 문제 해결 능력을 기르는 기회를 제공한다.

결론적으로 유아기의 놀이 유형은 각각 다른 발달 영역을 자극하며, 아동이 자신과 타인, 사회적 맥락을 이해하는 데 기여한다. 따라서 놀이는 단순한 오락을 넘어 전인적 발달을 촉진하는 핵심 교육 과정으로 인식되어야 한다.

③ 창의성과 상상력

상징놀이와 역할놀이는 현실을 상징화 · 재구성하며 창의성과 상상력을 키운다. 막대기를 칼로 상상하거나 인형에게 말을 거는 행위는 창의적 사고의 기초다. 놀이 속 다양한 상황에 대처하며 사고의 유연성과 문제 해결력이 발달하고, 표현력 · 감정 조절 능력 · 사회적 역할 이해가 강화된다. 이는 학습 적응력 향상과 자기주도적 학습의 기반이 된다.

④ 유아교육과 발달 지원

유아교육은 놀이 중심 학습을 통해 전인적 발달을 촉진한다. 교사와 부모의 적극적 개입, 체계적 교육 환경, 발달 수준에 적합한 자극은 인지 · 정서 · 사회적 성장을 지원한다. 또한 개별 발달 특성을 고려한 맞춤형 접근은 학습 효과를 높이며, 놀이 기반 교육은 흥미와 자발성을 토대로 자기주도적 학습 능력을 신장시키는 핵심 방식으로 평가된다.

(4) 도덕성의 발달

유아는 기초적 수준에서 도덕 개념을 갖기 시작한다. 프로이트는 이를 초기적 양심, 즉 초자아의 형태로 설명한다. 이 시기 유아는 부모나 주위 사람들을 동일시하며 그들의 가치 · 태도 · 선악의 기준을 받아들이고, 자신의 행동이 이에 어긋날 경우 죄책감과 불안을 경험한다. 이는 사회와 문화의 규칙을 학습하는 사회화 과정의 일부이며, 양심은 성장과 함께 점차 포괄적이고 이상적인 형태로 발전한다. 이러한 과정은 피아제가 제시한 타율적 도덕성 단계와 연결되는데, 유아는 규칙을 절대적 기준으로 받아들이며 권위자의 지시를 중시한다.

(5) 성 역할의 발달

유아는 대략 4~5세에 이르면 남성과 여성 간의 신체적 차이를 인식하게 되며, 자신이 속한 성별에 적합한 행동이나 사회적 역할에 관심을 갖기 시작한다. 이 시기의 아동은 자신이 속한 문화권에서 특정 성에 대해 바람직하다고 여겨지는 행동, 태도, 가치 등을 점차 습득해 나가면서 성 역할에 대한 이해를 발달시켜 간다. 아동이 성 역할을 올바르게 이해하기 위해서는 먼저 자기 성에 대한 명확한 인식이 선행되어야 한다. 이러한 성에 대한 인식은 성 정체성, 성 안정성, 성 항등성의 발달을 통해 점진적으로 이루어진다.

먼저, 성 정체성은 약 3세경 형성되며, 유아가 자신을 남자 또는 여자로 인식하고 범주화할 수 있는 능력을 의미한다. 성 안정성은 4~5세경에 형성되는 것으로 남아는 자라서 남자 어른이 되고 여아는 자라서 여자 어른이 된다는 사실을 받아들이는 것이다. 성 향상성은 사람의 행동이나 겉모습이 달라지더라도 성은 변하지 않는다는 사실을 인식하게 되는 것으로 5~7세경에 획득된다. 이러한 성 개념의 발달은 이후 아동이 사회적으로 기대되는 성 역할을 수용하고 실행하는 데 중요한 기초가 된다.

4) 사회복지 실천에서의 적용

유아기 발달을 저해하는 주요 요인 중 하나는 신체적 · 정신적 결함으로 인한 발달장애이다. 이는 지적, 언어, 운동, 정서, 사회성 등 다양한 영역에서 발달 지연이나 이상을 보이는 상태를 말한다. 특히 과잉행동장애(ADHD)는 주의력 부족, 충동 조절의 어려움, 과도한 활동성이 동반되는 대표적인 신경발달장애로, 아동의 학습 능력과 또래 관계 형성에 부정적인 영향을 미친다(Barkley, 2014).

또한 유아기에는 공격성이 빈번하게 나타나는 시기로, 이는 타인에게 해를 끼치려는 의도적 행위로 정의되며, 물리적 공격(예 때리기, 밀기)과 언어적 공격(예 욕설, 고함)으로 나뉜다. 이러한 행동은 일시적일 수 있으나, 지속될 경우 사회성 발달에 부정적인 영향을 미치며, 문제 행동으로 고착될 수 있다. 공격성은 유아의 기질, 정서 조절 능력, 양육 환경, 모델링된 행동 등 다양한 요인의 상호 작용으로 나타난다.

한편, 유아기는 성에 대한 인지가 시작되는 시기이기도 하다. 신체에 대한 탐색이 활발해지고 성기 노출이나 자위 행동 등이 관찰되기도 하며, 이는 정상적인 발달 과정으로 이해되지만, 경우에 따라 부적절한 성적 행동으로 이어질 수 있다. 성 관련 행동이 지속적이거나 강박적으로 나타나는 경우, 혹은 타인에게 불쾌감을 주는 방식으로 표현될 경우, 정서적 불안이나 성적 학대 경험 등 기저 원인을 의심할 필요가 있다.

사회복지 실천에서는 이러한 다양한 문제 행동에 대해 조기 진단과 통합적 개입이 핵심적이다. 부모 상담, 정서적 지지, 행동 수정, 놀이치료, 성교육적 접근 등을 포함한 다각도의 개입을 통해 유아의 전인적 성장과 안전한 발달을 지원할 수 있다.

요점정리

- 영아기(출생~만 1세)는 신체와 감각 발달이 매우 빠르게 진행되며, 주 양육자와의 안정적 애착을 통해 정서적 안정과 사회관계의 기초를 형성한다. 울음, 쿠잉, 옹알이 단계를 거쳐 첫 단어를 말하기 시작하며, 이러한 초기 언어 경험은 이후 의사소통 발달의 기반이 된다. 애착의 질은 이후 대인관계와 정서 조절 능력에 장기적인 영향을 미친다.
- 유아기(만 1~6세)는 대 · 소근육 발달과 언어 능력이 급격히 향상되어 신체 활동과 의사소통 능력이 확장된다. 상징적 사고와 상상력이 발달하며, 또래와의 상호작용 속에서 사회성이 강화되고, 자율성과 주도성이 형성된다. 부모와 교사의 지지적 환경은 긍정적 자기개념과 문제 해결 능력을 촉진한다.
- 영아기는 감각 · 운동 발달과 애착, 기초 언어 능력 형성이 핵심이며, 유아기는 운동 · 언어 · 사회성의 확장과 자율성 발달이 중심이 된다. 사회복지와 교육 현장에서는 발달 특성과 개인차를 고려한 맞춤형 지원이 필요하며, 이를 통해 건강한 성장과 사회 적응을 돕는다.

생각해 볼 문제

1. 영아기에 형성되는 애착이 이후 발달에 미치는 영향은 무엇인가?
2. 유아기의 언어 발달을 촉진하기 위해 가정과 교육기관에서 할 수 있는 방법은 무엇인가?
3. 발달 속도의 개인차를 고려하여 사회복지나 교육 현장에서 적용할 수 있는 개별화 지원 방법은 무엇인가?

아동기와 청소년기

개 요

아동기와 청소년기는 인간 발달의 중요한 전환기로, 신체적 · 인지적 · 정서적 · 사회적 변화를 통해 성인기로 성장하는 시기이다. 아동기는 대체로 만 6세부터 만 12세까지이며, 청소년기는 만 13세부터 만 18세 내외로 구분된다.

아동기에는 신체 성장과 운동 능력이 발달하고, 인지 능력이 크게 향상된다. 피아제의 구체적 조작기 단계에 해당한다. 논리적 사고와 문제 해결 능력이 발달한다. 또래 관계가 활발해지며 사회적 기술과 규범을 학습한다.

청소년기는 신체적 성숙(사춘기)을 경험하며 자아 정체감 형성의 중요한 시기이다. 피아제의 형식적 조작기 단계이다. 추상적 사고와 가설적 사고가 가능해진다. 정서적 독립성과 자기주도성이 증가하며, 또래 및 사회적 관계가 더욱 복잡해진다. 에릭슨은 이 시기를 정체감 대 역할 혼란의 시기로 보았다. 자아 정체감 확립이 주요 발달 과업이다.

아동기와 청소년기는 전인적 발달이 이루어지는 시기로, 적절한 교육과 사회적 지지가 건강한 성장을 돕는다.

학습목표

1. 신체적 변화, 인지적 능력, 정서 발달, 사회적 관계 등 아동기와 청소년기의 주요 발달 특성을 나열할 수 있다.
2. 피아제의 인지발달이론(구체적 조작기 · 형식적 조작기)과 에릭슨의 심리사회 발달 이론을 바탕으로 해당 시기의 발달 과제를 설명할 수 있다.
3. 발달 단계별 인지적 · 정서적 특성에 따라 가정이나 학교에서의 지도 및 지원 방안을 사례에 적용할 수 있다.
4. 아동기와 청소년기의 발달 위험 요인을 분석하고, 이에 대한 사회복지적 개입 방향을 제시할 수 있다.

1 아동기

아동기는 일반적으로 초등학교 입학 시점에 해당하며, 공식적인 교육과 학습 활동이 본격적으로 시작되는 시기라는 점에서 '학동기'로도 불린다. 이 시기의 아동은 가정이라는 익숙한 환경을 벗어나 학교라는 새로운 사회적 맥락에 적응해야 하며, 특히 학교 생활 속에서 형성되는 또래 집단과의 관계는 사회적 발달과 자아개념 형성에 중대한 영향을 미친다.

아동기의 발달은 신체적 성장뿐만 아니라 인지적 · 정서적 · 사회적 변화가 상호작용하며 진행된다. 이러한 상호 관련성을 이해하는 것은 아동 발달을 총체적으로 파악하는 데 필수적이다. 이에 따라 아동기의 인간행동을 설명하기 위해 다양한 발달 이론이 제시되어 왔다.

피아제(Jean Piaget)는 아동기를 구체적 조작기로 규정하였으며, 이 시기의 아동은 구체적인 사물과 상황에 대해 논리적으로 사고하고 문제 해결 능력을 발달시킨다고 보았다. 에릭슨(Erik H. Erikson)은 이를 근면성 대 열등감의 심리 · 사회적 단계로 설명하며, 학습과 과업 수행에서의 성취 경험이 자기효능감과 자아정체성 형성의 기초가 된다고 하였다. 콜버그(Lawrence Kohlberg)는 이 시기를 사회 규범과 도덕적 기준을 이해 · 수용하기 시작하는 도덕성 발달의 전환점으로 보았다. 비고츠키(Lev Vygotsky)는 사회적 상호작용과 언어적 자극이 아동의 인지 발달에 결정적인 영향을 미친다고 강조하였다.

이와 같은 이론적 틀을 바탕으로, 아동기의 신체적 · 인지적 · 심리적 · 사회적 발달 특성을 통합적으로 이해하고, 사회환경과의 상호작용이 인간행동에 미치는 영향을 분석하는 것은 아동 발달 연구의 핵심 과제 중 하나이다.

〈표 10-1〉 아동기 주요 발달 이론 비교

단계	Freud	Erikson	Piaget	Kohlberg
학령 (6~12세)	잠복기	근면성 vs. 열등감	구체적 조작기 (7~11세)	인습적 도덕 수준 : 착한 아동 지향 및 법질서 지향

1) 신체적 발달

(1) 신체적 성장

아동기는 신체 성장 속도가 비교적 완만하지만, 지속적이고 균형 잡힌 발달이 이루어지는 시기이다. 평균적으로 매년 약 6cm의 신장과 4kg의 체중이 증가한다. 팔다리가 몸통보다 빠르게 성장해 비교적 마른 체형을 보인다(정옥분, 2021). 이 시기는 유치가 빠지고 영구치로 교체되는 치아 발달의 전환기로 식습관 변화뿐만 아니라 발음의 명확성과 사회적 자아 형성에도 영향을 미친다. 성장에는 성별 차이도 뚜렷하게 나타난다. 일반적으로 여아는 만 10세 전후로 성장 속도가 가속화되며, 남아보다 이른 시기에 사춘기를 경험한다. 반면, 남아는 12~13세경부터 급성장기로 접어든다.

아동기는 일반적으로 성적 중성기로 간주된다. 최근에는 성숙 연령이 점차 앞당겨지는 추세가 나타나고 있다. 이러한 변화는 영양 상태, 환경 요인, 심리·사회적 자극 등 복합적인 요인에 기인한다. 운동 기능 발달에 있어서는 새로운 기술의 습득보다는 기존 기능의 정교화와 안정화가 중심이 되며, 이 과정에서 속도, 정확성, 협응성 등이 향상된다. 이러한 운동 발달은 단순한 신체 능력의 향상을 넘어서, 또래와의 비교를 통한 자기평가와 자아존중감 형성 등 정서적·사회성 발달에도 중요한 영향을 미친다.

(2) 운동 기능 발달

이 시기 아동의 운동 능력은 기존 기술의 정교화와 통합을 중심으로 발달하며, 대근육과 소근육 모두에서 기능 향상이 뚜렷하게 나타난다. 대근육 발달은 달리기, 공 던지기, 자전거 타기 등의 전신 활동을 통해 강화되며, 근력과 지구력, 협응력, 균형 감각 등이 종합적으로 성장한다. 소근육의 정교화는 글씨 쓰기, 가위 사용, 도구 조작과 같은 세밀한 활동을 통해 이루어지며, 이는 학업 수행 능력과 밀접하게 관련된다.

특히 이 시기의 운동 기능은 단순한 신체 능력 향상을 넘어 정서 및 사회적 발달과도 밀접한 연관을 지닌다. 아동은 또래와의 신체 놀이, 체육 활동, 경쟁과 협동을 통해 자아 인식과 자기평가를 형성한다. 이러한 경험은 자아존중감 및 사회적 기술의 발달에 긍정적 영향을 미친다. 신체적 성공 경험은 학습 태도와 정서 안정에도 기여한다.

(3) 지능 발달과의 연관성

신체적 성숙과 더불어 중추신경계의 발달은 인지 기능의 발달과도 상호작용을 보인다. 청소년기에 이르러 뇌 구조는 점차 성숙해진다. 특히 전두엽 기능의 발달은 계획 수립, 문제 해결, 주의 집중력 향상 등 고등 인지능력의 토대를 제공한다. 피아제(Jean Piaget)에 따르면, 아동은 이 시기에 '구체적 조작기'에 진입하여 논리적 사고, 보존 개념, 분류 및 서열화 능력을 획득하게 된다.

이러한 인지 발달은 단순히 뇌의 생물학적 변화뿐 아니라, 신체 활동과의 상호작용을 통해 촉진된다. 신체적 경험은 시공간 지각 능력과 정보 처리 속도의 향상에 긍정적인 자극을 제공한다. 예를 들어 놀이 활동을 통해 아동은 방향 감각, 거리 판단, 절차 기억 등을 자연스럽게 습득한다. 이러한 운동 경험은 학습 수행 능력 전반에 영향을 미친다. 운동과 인지의 상호작용은 인간 발달의 통합적 이해를 위한 핵심 개념으로 간주된다.

2) 심리적 발달

(1) 인지 발달

아동기의 인지 발달은 피아제의 '구체적 조작기'에 해당하며, 이 시기 아동은 구체적이고 실제적인 경험을 바탕으로 논리적 사고 능력이 크게 향상된다. 구체적 조작기 아동은 사물의 보존 개념을 이해한다. 여러 관점을 고려하며, 사물을 분류하고 순서대로 배열하는 능력을 갖추게 된다. 이러한 인지 능력의 발달은 문제 해결과 학습 능력 향상에 중요한 토대가 된다.

① **보존개념**(Concept of conservation) : 어떤 대상 혹은 사물의 외양(수, 양, 길이, 면적, 부피 등)이 바뀐다고 해도 그 속성이나 실체는 변하지 않는다는 것을 이해하는 능력이다.

② **분류화**(Classification) : 사물이나 정보를 공통된 속성이나 기준에 따라 체계적으로 나누고 그룹화하는 능력이다. 복잡한 대상들을 조직적으로 이해하고 처리하는 데 중요한 역할을 한다.

③ **조합 기술의 획득**(Acquisition of Combinatorial skills) : 여러 요소를 다양한 방식으로 결합해 가능한 모든 경우의 수를 체계적으로 탐색하고 조직하는 능력을 말한다. 이는 주로 형식적 조작기에 나타나는 사고 특성이지만, 구체적 조작기 후반에도 초기 형태가 관찰되며 논리적 문제 해결과 과학적 추론의 기초가 된다.

④ **가역적 사고**(Reversible Thinking) : 어떤 변화 과정을 거꾸로 되돌려 원래 상태로 추론할 수 있는 인지 능력을 말한다. 피아제는 이를 구체적 조작기의 핵심 특징으로 보았으며, 수 개념 이해나 문제 해결의 기초가 되는 사고방식이다.

⑤ **탈중심화**(Decentration) : 사고할 때 한 가지 관점이나 특징에만 집중하지 않고 여러 측면을 동시에 고려할 수 있는 능력이다. 상황을 보다 객관적이고 다각적으로 이해하게 한다.

⑥ **서열화**(Seriation) : 사물이나 개념을 크기, 길이, 무게 등 일정한 기준에 따라 순서대로 배열하는 인지 능력을 말한다. 이는 구체적 조작기 아동이 논리적 사고를 통해 관계성을 이해하고 조직화하는 데 중요한 역할을 한다.

⑦ **자기중심성 극복**(Overcoming Egocentrism) : 타인의 관점이나 생각이 자신과 다를 수 있음을 이해한다. 다른 사람의 입장에서 사고할 수 있는 능력이 발달하는 과정을 말한다. 이는 구체적 조작기에 이르러 아동이 인지적으로

성숙해지면서 나타나는 중요한 변화로, 사회적 상호작용과 공감 능력의 기반이 된다.

따라서 구체적 조작기는 아동이 보다 논리적이고 조직적인 사고를 형성한다. 학습과 사회적 적응 능력을 발달시켜 가는 중요한 전환점이라 할 수 있다.

(2) 정서 발달

아동기는 전반적으로 정서적으로 안정된 시기로, 감정의 급격한 변화나 과도한 흥분이 비교적 드물다. 이 시기의 아동은 감정 조절 능력이 발달하면서 정서를 보다 분화된 방식으로 표현하고, 상황에 따라 감정을 억제하거나 통제하는 등 사회적으로 적절한 방식으로 감정을 표현할 수 있게 된다. 예를 들어, 친구와의 갈등 상황에서 감정을 직접적으로 드러내기보다는 조절하여 표현하는 경향이 나타난다.

이 시기 아동의 주요 정서적 불안은 부모나 교사의 기대 미충족, 성적 하락, 운동 능력 부족에 대한 또래의 조롱 등에서 비롯된다. 특히 가정과 학교 환경이 조화를 이루지 못할 경우, 불안이 심화되어 학교공포증(등교거부증)과 같은 정서장애로 이어질 수 있다.

또한 아동기에는 분노가 자주 나타나는 정서로, 욕구 좌절, 꾸중, 또래 간 비교나 무시 경험이 그 원인이 된다. 하지만 아동은 점차 분노를 직접적으로 표현하기보다 간접적이고 조절된 방식으로 표현하는 능력을 키워간다.

(3) 자기개념과 자기존중감의 발달

자기개념(self-concept)은 개인이 자신에 대해 지니는 신체적 특성, 능력, 가치관, 역할 등에 대한 통합적이고 내면화된 인식을 의미하며, "나는 누구인가"에 대한 자각에서 비롯된다. 이는 자신이 타인과 구별되는 독립된 존재임을 인식하는 데서 시작되며, 자아정체감 발달의 기초가 된다. 자기존중감(self-esteem)은 자기 자신에 대한 가치 판단으로, 자기개념의 하위 요소 중 하나이다. 에릭슨(Erikson)의 심리사회적 발달 이론에 따르면, 아동기는 '근면성 대 열등감' 단계로, 아동이 과제를 성취하고 긍정적 피드백을 받을 때 높은 자기존중감이 형성된다. 반면 실패나 부정적 평가가 반복되면 열등감과 낮은 자기존중감이 생길 수 있다. 따라서 아동기의 자기개념과 자기존중감 형성에는 부모, 교사, 또래 등 주변 사람들의 정서적 반응과 사회적 평가가 중요한 영향을 미친다.

(4) 조망수용

아동기에는 다른 사람이 어떻게 생각하고 느낄지를 추론하고 이해하는 능력인 조망수용 능력이 크게 발달한다. 이는 아동의 자아개념과 자아존중감 그리고 타인에 대한 이해를 포함한 사회적 발달에 영향을 미친다. 정서 조절에 미숙한 아동은 조망수용 능력이 떨어지고 그로 인해 죄책감이나 후회 없이 다른 사람을 학대하게 된다. 조망수용 능력의 증가는 반사회적 행동을 낮추고 공감과 친사회적 행동을 높인다.

3) 사회적 발달

아동기는 도덕성, 사회적 인식, 그리고 대인관계 능력이 빠르게 성장하는 중요한 발달 단계이다. 이 시기의 사회적 발달은 여러 측면에서 다각적으로 나타난다. 다음과 같은 주요 영역으로 나누어 살펴보고자 한다.

(1) 도덕성 발달

아동기에는 콜버그(Kohlberg)의 도덕성 발달 이론에 따라 인습적 수준의 도덕성이 주로 형성된다. 아동은 사회 규범과 타인의 기대를 내면화하면서 자율적인 도덕 판단 능력을 발달시킨다. 이 과정에서 단순한 규칙 준수에서 벗어나 상황에 따른 도덕적 판단과 책임 의식을 갖추게 된다.

(2) 생활 방식 다양성에 대한 인식 확대

가정, 학교, 지역사회 등 다양한 사회적 환경과의 상호작용을 통해 아동은 서로 다른 생활양식과 문화적 배경을 접하게 된다. 특히 다문화적 맥락에서의 또래 관계는 언어, 전통, 음식 문화 등 이질적인 요소를 직접 경험하게 하여 사회적 포용성과 정서적 공감 능력을 증진시킨다. 다양한 배경을 지닌 아동 간 협동 학습과 공동 활동은 다문화 감수성과 시민적 역량 함양의 기초가 된다.

(3) 또래 규범과 사회적 압력의 수용

또래 집단은 아동의 사회화 과정에서 핵심적인 역할을 수행한다. 아동은 집단의 규범과 기대를 내면화하고, 소속감과 수용 욕구를 충족하기 위해 이를 준수하려는 경향을 보인다. 예를 들어, 친구들의 놀이 규칙을 따르거나 유행하는 의복과 언어를 모방하는 행동은 이러한 사회적 압력의 결과이다. 이는 자아정체감 형성과 사회적 적응에 중요한 영향을 미친다.

(4) 동성 친구와의 친밀한 관계 형성

아동기에는 동성 친구와의 친밀한 관계가 두드러지며, 이를 통해 정서적 안정과 상호 지지 경험이 이루어진다. 함께 놀이를 즐기거나 비밀을 공유하며 신뢰를 형성하는 과정은 사회적 기술 습득과 대인관계 능력 발달의 토대가 된다.

(5) 학교 및 단체 놀이의 역할

학교는 아동이 사회적 규칙을 학습하고, 다양한 역할을 수행하며, 협력 기술을 발달시키는 주요 환경이다. 줄다리기, 축구와 같은 단체 놀이는 팀워크, 의사소통 능력, 갈등 해결 능력을 향상시키며, 공동체 의식 형성과 사회적 자아 개념 발달에 기여한다.

(6) 대중매체의 영향

대중매체는 아동의 가치관, 행동 양식, 문화적 인식에 큰 영향을 미친다. 텔레비전, 인터넷, 스마트폰, 유튜브 등을 통해 아동은 사회 규범과 다양한 문화적 메시지를 접한다. 그러나 과도한 미디어 노출은 폭력적 내용이나 부적절한 정보에의 접근을 초래할 수 있으며, 이는 정서 · 사회 발달에 부정적 영향을 미칠 수 있다. 따라서 부모 · 교사 · 사회복지사는 아동이 매체를 건강하게 수용하고 비판적으로 해석할 수 있도록 교육하며, 이용 시간과 내용을 적절히 관리해야 한다.

4) 사회복지 실천에서의 적용

아동기는 일반적으로 초등학교 재학 시기가 포함된다. 이전 발달 단계에 비해 신체 성장 속도는 비교적 완만하나, 지속적인 성장과 적절한 영양 공급이 여전히 요구되는 시기이다. 특히 균형 잡힌 영양 섭취는 신체적 건강뿐 아니라 인지적 기능과 학습 능력 발달에도 밀접한 영향을 미친다. 반면, 영양의 과잉이나 불균형은 아동 비만, 성장 지연 등의 문제를 야기할 수 있다. 이러한 건강 문제가 조기에 발견되어 개입되지 않을 경우, 다양한 심리적 · 사회적 어려움으로 확대될 가능성이 존재한다.

이 시기는 또한 아동학대의 발생률이 상대적으로 높은 시기이다. 정서적 · 신체적 학대에 노출된 아동은 주의력 결핍, 학업 수행 저하, 낮은 자존감, 대인 기피 등의 심리 · 행동적 문제를 경험할 위험이 크다. 지속적인 학대 경험은 정서적 불안, 행동장애로 이어질 수 있으며, 자아정체감이 형성되는 시기적 특성과 맞물려 또래 관계 및 학교 생활 전반에 부정적인 영향을 미친다.

이에 따라 학교불안장애, 학습장애, 주의력결핍 과잉행동장애, 품행장애, 그리고 학교폭력 등 다양한 심리사회적 문제가 발생할 수 있다. 이는 아동의 전인적 발달을 심각하게 저해할 수 있다. 이러한 문제에 효과적으로 대응하기 위해서는 사회복지 실천 현장에서의 조기 발견과 개입이 중요하다. 가족과 교육기관 간의 긴밀한 협력과 보건 · 복지 · 교육 분야가 연계된 다학제적 통합 지원체계의 구축이 필수적이다. 예방 중심의 통합적 접근은 아동의 건강한 발달을 촉진하고 장기적인 사회적 적응을 도모하는 데 핵심적인 전략이 될 수 있다.

(1) 학교불안장애

학교불안장애는 아동이 학교에 출석하는 것에 대해 극심한 불안이나 두려움을 느껴 등교를 회피하거나 거부하는 상태를 의미한다. 이는 단순히 학교에 가기 싫어하는 마음과는 구별되며, 복통, 두통, 구토 등과 같은 신체적 증상이나 공포, 불안, 우울 등의 심리적 고통으로 나타나 일상생활 및 학업 수행에 심대한 영향을 미칠 수 있다.

이 장애의 주요 원인으로는 또래 관계의 어려움, 교사 및 부모와의 갈등, 학업 스트레스, 학교 내 괴롭힘 경험, 가정 환경 문제 등이 있으며, 개인의 불안 성향과 같은 기질적 요인도 중요한 역할을 한다. 학교불안장애가 장기화되면 사회적 고립, 학업 저조, 자아존중감 감소 등 2차적인 부작용이 발생할 위험이 크므로, 조기 진단과 체계적인 심리 · 사회적 개입이 필수적이다.

사회복지 실천 현장에서는 학생, 가족, 학교가 유기적으로 협력하여 불안의 근본 원인을 규명한다. 상담 및 치료 지원, 학교 적응 프로그램 운영, 부모 교육 등을 통해 학교불안장애의 예방 및 완화를 도모하는 역할을 담당한다.

(2) 학습장애

학습장애는 특정 학습 영역에서 지속적인 어려움을 보이는 상태를 말하며, 모든 학습 능력이 아닌 읽기, 쓰기, 수학 등 특정 기능에 제한적으로 나타난다. 이로 인해 외부에서 인식하기 어려운 경우가 많고, 학령기 아동의 약 5~7% 정도에서 관찰된다.

『장애인 등에 대한 특수교육법 시행령』(2010)에 따르면, 학습장애는 개인의 내적 요인으로 인해 주의집중, 기억, 문제 해결 등 학습 기능이나 학업 성취 영역에서 현저한 어려움이 있는 경우를 뜻한다. 일반적으로는 지적 능력이 평균 이상임에도 특정 기술 습득에 어려움을 보이는 아동을 지칭한다. 개념 정의에 대한 논란은 여전히 존재하지만, 미국에서는 특수교육 대상 아동의 절반 이상이 학습장애로 분류될 정도로 출현율이 높은 장애 유형이다(Rica & Allen, 2015). 학습장애는 뇌 기능의 특정 부분 이상에서 비롯되며, 단지 학령기에 국한되지 않고 적절한 조기 교육을 받지 못했을 때에도 발생할 수 있다. 조기 발견이 어려운 경우가 많지만, 신속한 개입이 아동의 학업 성과와 정서 발달에 매우 중요하다.

유사 개념으로는 학습부진아와 학습지진아가 있다. 학습장애는 내적인 요인에 기인하지만, 학습부진아는 정서 문제나 사회·환경적 요인, 신체적 장애로 인해 학업 성취가 낮은 경우를 말한다. 학습지진아는 일시적으로 학습 진도가 늦춰진 상태다. 세 개념은 원인에 따라 구분되지만, 현실에서는 명확히 나뉘지 않는 경우도 많아 다각적 진단이 필요하다.

학습장애 아동은 실패에 대한 두려움, 낮은 자존감, 무기력감 등을 경험할 수 있으므로, 개인의 인내력, 목표 설정, 도전 의지 등이 적응에 도움이 된다. 치료를 위해서는 전문가의 특수교육과 더불어 가정에서도 교육 계획에 대한 관심과 지원이 필요하며, 이를 위한 부모교육과 상담 서비스의 제공이 필수적이다.

(3) 주의력결핍 과잉행동장애

주의력결핍 과잉행동장애(ADHD)는 충동성, 과잉행동, 주의력 부족 등을 주요 특징으로 하며, 아동의 학습과 사회적 적응에 큰 어려움을 초래한다. 학교에서는 규칙 준수에 어려움을 겪고, 수업 중 산만한 행동이나 외부 자극에 민감하게 반응하는 경우가 많아 교사나 또래와의 갈등이 생기기 쉽다. 이러한 문제는 개인의 조절 능력 부족에서 기인하며, 지속적 개별 지원과 이해가 필요하다. ADHD로 인한 어려움은 학업 성취 저하, 또래 관계 형성의 어려움으로 이어지고, 결과적으로 자존감 저하와 부정적인 자아개념 형성에 영향을 줄 수 있다.

특히 청소년기에는 이러한 문제가 더욱 심화되어 사회적 관계와 정서적 안정에 부정적 영향을 줄 가능성이 크다. ADHD는 유전적 요인, 태내 환경, 출산 전후의 신체적 문제 등 생물학적 원인과 연관된다. 과거에는 시간이 지나면서 증상이 완화된다고 여겨졌지만, 최근 연구들은 일부 증상이 지속될 수 있음을 보여주고 있다. 특히 부모-자녀 간의 갈등이 문제 행동을 악화시킬 수 있어, 부모 교육과 상담의 필요성이 강조된다.

이를 위한 사회복지 개입은 다음과 같다.

① 부모 상담 및 교육을 통해 ADHD에 대한 이해를 높이고, 효과적인 양육 방법을 지원한다.
② 아동의 특성에 맞는 행동 조절 훈련, 자기조절력 강화, 사회성 향상 프로그램을 제공한다.
③ 학교와 지역사회의 전문가들과 협력하여 지속적이고 통합적인 지원체계를 마련한다.
④ 정서 및 행동 문제 완화를 위한 상담과 치료를 통해 자존감, 감정 조절, 스트레스 관리 등을 돕는다.

이러한 다각적이고 통합적인 접근은 ADHD 아동과 가족이 건강하게 기능하며, 장기적으로 사회 적응력과 삶의 질을 향상시키는 데 중요한 기반이 된다.

(4) 아동학대

아동학대란 보호자 또는 성인이 아동에게 신체적 · 정서적 · 성적 폭력이나 방임을 가하는 행위를 의미한다. 이러한 행위는 아동의 신체적 건강과 정서적 안정뿐만 아니라 정상적인 발달을 심각하게 저해한다. 아동학대는 신체학대, 정서학대, 성학대, 신체적 및 정서적 방임 등 다양한 형태로 나타난다. 특히 최근에는 아동학대가 대부분 가정 내에서 발생하고 있다는 점이 더욱 심각한 문제로 대두되고 있다. 아동학대는 아동의 기본 권리와 복지를 침해하는 중대한 범죄로, 조기 발견과 적절한 보호 및 치료, 예방이 매우 중요하다.

사회복지사의 아동학대 개입은 여러 차원에서 체계적이고 종합적으로 이루어져야 한다. 우선, 사회복지사는 가정 내 학대 징후를 민감하게 인지하고 법적 의무에 따라 신속히 신고하는 역할을 수행한다. 이를 위해 부모, 교사, 지역사회 구성원과 긴밀한 협조하에 정보를 수집하고 관찰하는 것이 필수적이다(보건복지부, 2023).

또한 피해 아동과 가족의 전반적인 상황을 다각도로 평가하여 개별화된 사례관리 및 보호 계획을 수립한다. 필요시 아동보호시설, 의료기관, 상담센터 등 다양한 서비스와 연계하여 아동의 신체적 · 정서적 안전을 확보한다. 아울러 학대가 발생한 가정을 대상으로 부모 교육, 양육 기술 지도, 갈등 해결 및 스트레스 관리 프로그램을 제공하여 재학대를 예방하고 가족 내 긍정적인 상호작용을 촉진한다.

피해 아동의 심리적 회복을 지원하기 위해 심리치료, 상담, 집단치료 등의 심리 · 사회적 개입 프로그램을 연계하며, 아동의 자존감 회복과 건강한 발달을 촉진하는 데 주력한다. 더불어 사회복지사는 교육기관, 보건소, 경찰, 법률기관 등과 협력체계를 구축하여 통합적 개입을 추진하며, 아동 권리보호와 학대 예방을 위한 지역사회 인식 개선 및 정책 개발에도 적극적으로 참여한다.

마지막으로, 아동학대 예방을 위해 캠페인 전개, 부모교육 프로그램 운영, 지역사회 네트워크 구축 등 다양한 예방 활동을 펼쳐 학대 발생을 최소화하는 데 기여해야 한다. 이처럼 다면적이고 통합적인 사회복지사의 개입은 아동의 안전과 건강한 성장 환경 조성에 핵심적인 역할을 하며, 가정 내에서 발생하는 아동학대 문제의 근본적 해결을 위한 필수적 요소이다.

〈표 10-2〉 아동기의 주요 심리 · 사회적 문제 비교

구분	정의	주요 원인	대표 증상	사회복지 실천 개입
학교불안 장애	학교 출석에 대한 과도한 불안 · 두려움으로 등교를 지속적으로 거부하는 상태	또래 갈등, 학업 부담, 괴롭힘, 가정환경, 불안 성향	복통 · 두통, 불안 · 우울, 사회적 고립, 학업 저하	조기 진단, 상담 · 치료 연계, 학교 적응 프로그램, 부모 교육
학습장애	평균 지능을 가졌으나 특정 학습 영역(읽기 · 쓰기 · 수학)에서 현저한 결함	유전적 요인, 뇌 기능 이상, 태내 환경 손상	읽기 속도 저하, 철자 오류, 연산 능력 저하	개별화 교육 지원, 특수교육 연계, 학습 전략 지도, 부모 · 교사 교육
ADHD	주의력 결핍, 과잉행동, 충동성을 보이는 신경발달장애	유전, 태내 · 출산 전후 합병증, 환경 요인	산만함, 규칙 위반, 충동적 행동, 학업 부진	부모 교육, 행동 · 자조절 훈련, 사회성 향상, 학교 · 지역사회 협력
아동학대	성인 · 보호자가 아동에게 폭력 또는 방임을 가하는 행위	부모의 양육 스트레스, 가정폭력, 사회 · 경제적 요인	신체 상해, 정서 불안, 발달 지연	신고 · 보호조치, 심리치료, 부모 교육, 재학대 예방, 지역사회 인식 개선

2 청소년기

청소년과 청소년기에 대한 정의는 시대적 맥락과 학자에 따라 다소 상이하게 제시되어 왔다. 우리나라의 경우, 「아동복지법」에서는 아동을 18세 미만으로 규정하고 있으며, 「청소년기본법」에서는 9세 이상 24세 이하의 연령대로 정의한다. 또한, 「민법」에서는 만 19세 미만을 미성년자로 규정하고 있어, 법률마다 청소년기의 연령 기준이 일치하지 않는 실정이다. 이처럼 연령에 대한 기준은 다양하지만, 청소년기를 이해하는 데 있어 절대적인 요소로 작용하지는 않는다.

청소년기는 인간 발달 단계 중 아동기에서 성인기로 이행하는 과도기적 시기로, 신체적 · 심리적 · 사회적 변화가 급격히 나타나는 특징을 지닌다. 특히 이

시기는 생물학적 성숙이 빠르게 진행되는 시기로서, 성적 성숙이 현저히 이루어지는 시점이며, 일반적으로 '사춘기'라는 용어로 지칭된다. 심리적으로는 자아정체감을 형성하고, 정서적 독립을 추구하며 다양한 내적 갈등을 겪는 시기이다. 이러한 특성으로 인해 심리적 이유기, 심리사회적 유예기 등으로 불리며, '질풍노도의 시기'로도 자주 표현된다.

사회적 측면에서는 부모로부터의 자율성과 독립을 추구하는 과정에서 갈등이 빈번하게 발생하는 제2의 반항기로 나타나기도 하지만, 동시에 성인 역할을 충분히 수행하지 못하는 '주변인'으로서의 정체성을 지닌 시기이기도 하다. 일반적으로 청소년 전기(중·고등학생 시기)는 신체적 성장과 인지 발달이 두드러지는 시기이며, 후기 청소년기는 자율적인 문제 해결과 의사결정을 통해 부모와의 관계가 점차 긍정적으로 재구성되는 경향을 보인다. 이와 같이 청소년기는 다면적 변화와 과업을 경험하는 발달적 전환기로서, 사회복지 실천 및 교육적 개입에 있어 중요한 대상이 된다.

1) 신체적 발달

(1) 사춘기와 성적 성숙

청소년기는 급속한 신체 성장과 생식 기능의 성숙이 이루어지는 시기로, 흔히 '제2의 성장 급등기(second growth spurt)'로 불린다(정옥분, 2022). 영아기 이후 완만했던 성장 속도가 다시 빨라지며, 청소년기 말에는 성인과 유사한 체격을 갖추게 된다.

이러한 성장은 유전, 영양, 건강 상태 등에 따라 개인차를 보인다. 일반적으로 여아는 평균 11세, 남아는 13세경부터 급성장을 경험한다. 신체 부위의 성장 속도 차이로 인해 일시적인 불균형이 나타나기도 하지만 이는 정상적인 발달 과정이다.

청소년기의 신체 변화는 1차 성징과 2차 성징으로 나눌 수 있다. 이는 신체적 성숙과 성 정체감 형성에 중요한 영향을 미친다.

- **1차 성징**(Primary Sexual Characteristics)
  생식 기능과 관련된 신체 기관의 변화로, 여성은 난소, 자궁, 질 등의 내부 생식기가 성숙하며 월경이 시작된다. 남성은 고환, 음경, 음낭 등이 발달하고 정자 생성이 이루어지며 생식 능력을 갖추게 된다.
- **2차 성징**(Secondary Sexual Characteristics)
  생식 기관 외부의 신체적 변화로, 여성은 유방 발달, 골반 확장, 체지방 증가, 음모와 겨드랑이 털의 출현이 나타난다. 남성은 어깨가 넓어지고 근육량이 증가하며 목소리가 굵어지는 등의 변화가 관찰된다. 이러한 변화는 성숙과 함께 사회적 정체성 인식에도 영향을 미친다.

1차 성징과 2차 성징은 동시에 진행되며, 청소년이 생물학적 성인으로 전환되는 데 필수적인 발달 과정이다.

(2) 신체 변화에 대한 자아정체감

급격한 신체 변화는 청소년의 심리와 자아정체감에 큰 영향을 미치며, 남녀 모두 양가적 감정을 경험한다. 예를 들어, 남학생은 사정이나 몽정에 대해 당혹감과 불안을 느낄 수 있다. 여학생은 초경을 통해 성장에 대한 자부심과 함께 불편함이나 수치심을 동시에 경험하기도 한다. 이러한 감정은 신체 변화에 적응하고 새로운 자기인식을 형성하는 중요한 심리적 과정이다.

① 신체상과 자아개념

신체상(body image)은 자신이 지닌 신체에 대한 인식과 감정을 의미하며, 이는 또래와의 비교나 타인의 평가에 영향을 받아 형성된다. 청소년기에는 외모에 대한 관심이 높아지고, 신체 이미지에 대한 민감도가 증가한다. 특히 여아는 체형에 대한 불만이 상대적으로 크고, 외모에 대한 자기평가가 부정적일 가능성이 높다. 반면 남아는 비교적 자기 신체에 대한 만족도가 높지만, 근육질 체형에 대한 선호가 강하게 나타난다.

신체상은 자아존중감과 밀접한 관련이 있다. 자신의 외모에 만족하는 청소년일수록 자아존중감이 높고, 자아존중감이 높을수록 외모에 대한 인식도 긍정적이다. 이처럼 신체상과 자아존중감은 서로 영향을 주고받는 순환적 관계에 있다.

② 여성 청소년과 체중 문제, 섭식장애

청소년기 여성은 사회적으로 이상적인 몸매에 대한 기대와 압력에 더 쉽게 노출된다. 이로 인해 체중에 대한 과도한 집착이나 섭식장애로 이어질 위험이 있다. 섭식장애는 체중 조절에 대한 강박과 왜곡된 신체 이미지에서 비롯되며, 대표적으로 신경성 식욕부진증과 신경성 폭식증이 있다. 이러한 장애는 주로 청소년기나 초기 성인기 여성에게서 발병률이 높으며, 자아존중감 저하, 스트레스, 사회문화적 요인과 밀접하게 관련된다.

이 문제에 대한 개입은 조기 발견과 심리치료, 가족 상담, 학교와 지역사회의 협력이 함께 이루어져야 하며, 예방적 접근과 지속적인 정서적 지지가 중요하다.

2) 심리적 발달

(1) 인지 발달

청소년기는 피아제가 제시한 형식적 조작기에 해당하며, 이 시기의 청소년은 추상적이고 논리적인 사고가 가능해진다. 타인의 관점을 이해하거나 미래에 대해 사고할 수 있는 능력을 갖추게 된다(Piaget, 1972). 하지만 여전히 자기중심적 사고 특성을 보이는데, 이는 급격한 신체적 · 심리적 변화와 맞물려 자신이 타인의 주요 관심 대상이라고 여기는 인식에서 비롯된다(Elkind, 1967).

엘킨드는 청소년의 자기중심성을 두 가지 개념으로 설명하였다.

- 상상적 관중은 자신이 항상 타인의 주목을 받고 있다고 느끼는 경향으로,

타인의 시선에 과도하게 민감해지며 불안이나 수치심을 경험하게 한다.

- 개인적 우화는 자신을 특별한 존재로 인식하고, 타인은 자신을 이해할 수 없다고 느끼는 경향이다. 이로 인해 일부 청소년은 위험이나 규범이 자신에게는 적용되지 않는다고 믿고 무모한 행동을 하기도 한다.

이러한 자기중심성은 청소년기 초기에 뚜렷하게 나타나며 점차 감소하는 경향이 있다. 에릭슨 역시 이를 청소년기의 인지적 성숙과 정체성 탐색 과정에서 자연스럽게 나타나는 심리적 특징으로 보았다.

(2) 정서 발달

청소년기는 정서적 경험이 풍부하고 변화의 강도가 큰 시기로, 흔히 '질풍노도의 시기'로 불린다. 이 시기에는 신체적·성적 성숙이 급격히 진행되며, 성과 이성에 대한 관심이 증가한다. 그러나 이를 표현하고 조절하는 과정에서 혼란과 갈등이 발생하기 쉬우며, 상반된 태도나 반항적 행동으로 표출되기도 한다. 이러한 정서적 불안정은 발달 과정의 자연스러운 일부로, 수용과 지지가 필요하다.

또한 청소년은 불안, 고독, 열등감, 공허감과 같은 부정적 정서를 자주 경험한다. 이는 자아 정체감 형성 과정에서 신체 이미지에 대한 불만, 능력에 대한 불확실성, 미래에 대한 불안 등이 복합적으로 작용한 결과이다. 타인과의 비교를 통해 열등감을 느끼거나, 이상과 현실 사이의 괴리에서 실존적 공허감을 경험하는 경우도 많다.

청소년기의 정서적 불안정은 일시적이며, 후기에는 점차 안정되는 경향을 보인다. 따라서 이 시기의 핵심 정서 발달 과업은 강렬한 감정을 인식하고 수용하며, 과도한 반응을 조절하고 자기 감정을 관대하게 대하는 능력을 기르는 것이다. 이를 위해 지속적인 사회적 지지와 정서적 공감 환경이 필수적이다.

(3) 자아정체감의 발달

청소년기는 아동기에서 성인기로의 과도기이며, 핵심 발달 과업 중 하나는 자아정체감(identity)의 형성이다(Elkind, 1968). 에릭슨(Erikson, 1968)은 청소년이 '나는 누구인가', '어떤 삶을 살아갈 것인가'와 같은 근본적인 질문을 통해 정체성 탐색 과정을 거친다고 보았다. 자아정체감은 변화하는 환경 속에서도 자신에 대한 일관된 인식과 자기 동일성을 유지하는 능력으로, 개별성, 총체성, 계속성의 요소를 포함한다.

정체감 형성은 전 생애에 걸쳐 지속되지만, 청소년기는 그 출발점이자 결정적 시기이다. 이 시기에는 다음과 같은 변화가 복합적으로 작용한다.

- **신체 · 정서 변화**: 사춘기에 따른 생리적 변화와 성적 충동, 정서적 자극 증가.
- **사회적 위치 변화**: 성인과 아동의 경계에서 독립성과 역할에 대한 탐색 시작.
- **삶의 선택 요구**: 진로, 관계, 가치관 등 다양한 선택의 압력.
- **인지 발달**: 형식적 조작기의 도달로 추상적 · 미래지향적 사고 가능.

이러한 요인은 자기이해를 넘어 가치와 신념의 탐색, 심리적 갈등과 위기를 동반한다. 그러나 이를 성공적으로 극복하면 통합적이고 안정된 자아정체감을 확립하게 된다.

마르시아(Marcia, 1966)는 에릭슨의 이론을 확장하여 정체감 상태(identity status)를 네 가지로 분류하였다. 이는 위기(탐색) 경험 여부와 수행(헌신) 여부의 두 차원 조합에 따라 다음과 같이 구분된다. 〈표 10-3〉은 청소년의 자아정체감 발달 양상을 보다 구체적으로 이해하고, 정체성 위기의 질적 특성을 설명하는 데 유용한 틀을 제공한다.

〈표 10-3〉 지형학적 마르시아의 자아정체감과 네 가지 분류

	예	아니오
	성취 (위기 해결)	**유실** (위기 경험 없음)
아니오	**유예** (위기 해결)	**혼란** (위기 경험 없음)

① 정체감 성취

자아정체감 위기를 성공적으로 극복한 청소년은 신념, 직업, 정치적 견해 등에 대해 스스로 의사결정을 내릴 수 있는 상태에 이른다. 이러한 정체감을 성취한 청소년은 확고한 개인적 정체성을 갖추고 인성 발달의 모든 영역에서 성숙한 모습을 보인다. 이들은 부모를 비롯한 타인과의 관계에서 현실적이고 안정적이며, 자존감이 높고 스트레스에 강하다. 또한 자기확신과 자기주도성이 뚜렷하다.

② 정체감 유예

정체감 유예는 현재 정체감 위기의 상태에 있으면서 자아정체감 형성을 위해 다양한 역할, 신념, 행동 등을 시도하지만 아직 의사결정을 내리지 못한 상태를 말한다. 정체감 유예로 분류된 사람들의 대부분은 정체감 성취로 옮겨가지만, 그중에서는 정체감 혼란 쪽으로 기울어지는 사람들도 있다. 이 시기는 정체감 성취 또는 정체감 혼란 중 어느 방향으로도 나아갈 수 있는 가능성이 있는 상태이다.

③ 정체감 유실

정체감 유실은 자신의 가치관이나 진로에 대해 의문을 갖거나 다양한 대안을 탐색하는 위기 과정을 거치지 않는다. 부모나 다른 역할 모델의 가치와 기대를 그대로 수용하여 비슷한 선택을 하는 상태를 말한다. 이 상태에서 나타나는 전념은 진정한 개인적 탐구와 탐색의 결과가 아니라, 본질적인 질문과 노력 없이

단순히 받아들여진 것이다. 정체감 유실에 있는 청소년은 정체감 성취나 유예 단계의 청소년에 비해 자신에 대한 성찰이 부족하고 자신감도 낮지만, 부모와는 강한 애착 관계를 유지하는 경향이 있다.

④ 정체감 혼란

정체감 혼란(혼미)은 자아에 대해 안정되고 통합적인 견해를 형성하지 못한 상태를 의미한다. 이 단계의 청소년은 위기를 경험하지 않았고, 직업이나 신념 선택에 대해 의사결정을 하지 않았을 뿐만 아니라 이러한 문제에 관심도 없다. 정체감 유예와 비슷하지만 위기의 상태를 해결하려는 노력이 없다는 점에서 수준의 청소년에 비해 자존심, 자발성, 자제력 등이 낮으며, 부모와는 독립적이지만 유대감도 약한 특징을 보인다.

3) 사회적 발달

(1) 대인관계의 재구성

이 시기에는 친밀한 관계의 중심이 변화하고, 인간관계가 새롭게 형성되거나 재조정되는 과정을 겪게 된다. 이러한 변화는 가장 먼저 가족관계에서 두드러지게 나타난다.

(2) 가족관계의 변화

청소년기는 부모로부터 점차 독립해 가는 시기로, 자율성과 정체성을 확립하려는 욕구가 강해진다. 이에 따라 부모와의 관계는 이전의 일방적 의존에서 상호적인 관계로 전환되어 갈등과 긴장이 증가할 수 있다. 그러나 이러한 변화는 자율성과 독립성을 발달시키는 중요한 발달 과업으로 간주된다.

(3) 또래 및 친구관계의 변화

청소년기는 또래와의 관계가 점점 더 중요해지는 시기이다. 친구는 정서적 지지, 사회적 비교, 정체성 형성의 주요 자원이 된다. 또래집단 내 소속감은 자존감에 큰 영향을 미치며, 동조 행동이나 사회적 기술 습득에도 중요한 역할을 한다. 특히, 이 시기의 친구관계는 상호성과 신뢰를 바탕으로 보다 깊이 있는 인간관계로 발전한다.

(4) 디지털 환경과 가상공간에서의 사회적 상호작용

지식정보화 사회의 도래와 함께 청소년은 인터넷, SNS, 온라인 게임 등 다양한 디지털 매체를 통해 비대면 상호작용을 활발히 경험하고 있다. 이러한 온라인 기반의 관계 형성은 전통적인 대면 관계와는 다른 특성을 지니며, 익명성, 가상 정체성, 실시간 소통의 간편함 등이 또래 간 친밀감 형성에 영향을 미친다. 그러나 동시에 사이버 괴롭힘(cyberbullying), 인터넷 과몰입, 사회적 고립 등의 부정적 결과도 초래될 수 있다. 특히 현실과 가상공간을 넘나들며 다중적 자아를 경험하는 청소년들은 자기 정체성 형성과정에서 혼란을 겪기도 하며, 이에 따라 디지털 시민성 교육의 필요성이 강조된다.

4) 사회복지 실천에서의 적용

청소년기는 신체적 · 심리적 · 사회적으로 급격한 변화가 동시에 일어나는 과도기적 발달 단계임에도 불구하고, 이들의 복합적인 욕구와 문제에 대한 사회적 관심은 여전히 미흡한 실정이다. 과도한 입시 경쟁과 성적 중심의 교육체제는 청소년의 자아 형성과 정신건강에 부정적인 영향을 미치며, 이는 사회적 불평등과 만성적 스트레스의 주요 원인으로 작용하고 있다. 그 결과, 가족 갈등, 비행, 우울, 자살, 공격성, 중독, 섭식장애, 청소년 임신 등 다양한 정신건강 및 사회적 문제가 증가하고 있다.

그럼에도 불구하고, 청소년 문제에 대한 사회적 대응은 여전히 처벌 중심에 머물러 있으며, 예방과 치료 중심의 체계적인 접근은 부족한 실정이다. 특히 청소년 수련 활동의 비체계성과 분절성은 효과적인 개입을 저해하는 요인으로 작용한다. 이에 따라 청소년기의 발달 특성과 사회 구조적 제약을 종합적으로 고려한 통합적 사회복지 실천이 절실히 요구되며, 신체적 · 심리적 · 사회적 발달 각 영역에 기반한 실질적이고 지속 가능한 실천 방안 마련이 필수적이다.

(1) 청소년 비행 문제

청소년 비행이란 일탈행동 또는 청소년 범죄와 유사한 개념으로, 사회 규범이나 법규를 위반하는 모든 행위를 의미한다. 좁게는 소년법에 의해 소송 대상이 되는 행위로, 가출, 음주, 흡연, 폭력, 성폭력, 유해업소 출입, 약물남용 등이 포함된다. 청소년 범죄는 우발적 범행이나 유흥비 마련, 호기심 등이 주요 동기로 작용한다.

청소년 비행의 원인은 다음과 같이 볼 수 있다(이근홍, 2006).

① **성격적 요인**: 청소년 개개인의 성격결함이나 욕구불만에 기인한다.
② **사회구조적 요인**: 가족 배경, 교우관계, 학교 생활, 대중매체의 영향 등이 있다.
③ **지역사회 요인**: 지역사회의 규범이 확립되어 있지 않고 각종 다양한 모순이 존재하는 것과 관련이 있다.
④ **사회 변동 요인**: 급격한 산업화, 도시화에 기인한다.

예방을 위해서는 청소년과 가족을 대상으로 한 상담과 치료, 학교사회사업의 활성화, 가족관계 강화 프로그램 개발이 필요하다. 특히 가출 · 학업중단 청소년을 위한 지역사회조직사업과 직업훈련, 대안교육 등의 지원이 요구된다.

(2) 미혼모 문제

십대 임신의 주요 원인 중 하나는 피임 준비 없이 이뤄지는 성행위이다. 청소년기의 임신은 다음과 같은 문제를 초래할 수 있다(전영호, 2008).

① 인공임신중절 시 건강 손상과 정신적 고통, 향후 불임 가능성 등의 후유증이 발생할 수 있다.
② 미숙아 출산 및 산모 · 태아의 사망 위험이 높다.
③ 학업 중단으로 인한 저학력과 취업 기회 감소 등 사회 · 경제적 어려움이 따른다.
④ 아이의 아버지로부터 정신적 · 경제적 지원을 받기 어렵다.
⑤ 출산 후 입양 또는 양육 선택 과정에서 개인 · 가족 · 사회적 문제가 복합적으로 발생한다.

미혼모의 예방을 위해서 청소년 대상 성교육 프로그램이 필요하다. 성적 가치관 형성과 건강한 성 이해를 위해, 학교 및 전문기관과 협력하여 성적 성숙, 피임, 임신과 중절, 성병, 성적 충동 조절 등을 포괄하는 교육이 체계적으로 이루어져야 한다.

(3) 자살 문제

청소년기 있어서 자살의 징후를 보이거나 행동에 옮기는 청소년은 세 가지 영역, 즉 스트레스, 가족 문제, 그리고 심리적 문제(우울증 등)를 경험한다. 자살은 15~19세 청소년의 주요 사망 원인으로서 교통사고에 이어 두 번째이고, 20~24세의 경우에는 첫 번째 사망 원인이다(통계청, 2006). 특히 여성 청소년의 경우, 자살은 모든 연령대에서 주요 사망 원인 1위로 나타난다.

자살 위험은 낮은 경제 수준, 부모의 이혼 · 재혼, 약물 남용 등과 함께 증가하며, 부모의 기대에 대한 부담감과 무가치감, 그로 인한 우울감이 주요 원인으로 지목된다. 이 외에도 학업 부진, 진학 실패, 실연, 원치 않는 임신, 부모의 사망 등이 자살의 배경이 된다.

청소년 자살을 예방하기 위해서는 부모 등 주변인이 자살 경고 신호와 행동 변화를 조기에 인식하고, 적절히 개입하는 것이 중요하다.

요점정리

- 아동기는 신체적 성장과 운동 능력이 빠르게 발달하며, 인지·언어 능력과 사회성이 크게 확장되는 시기이다. 또래와의 상호작용과 놀이를 통해 자아정체감을 형성하고, 사회적 규범과 협력, 갈등 해결 방식을 학습한다. 이 시기의 긍정적 경험은 이후 발달 단계의 심리적 안정과 대인관계 형성에 중요한 토대가 된다.
- 청소년기는 급격한 신체 변화와 더불어 정서적 기복이 크고, 자율성과 정체성 형성이 핵심 과제로 등장한다. 인지능력이 심화되어 추상적 사고와 비판적 사고가 가능해지고, 진로 탐색, 가치관 확립, 사회적 책임감 형성이 이루어진다. 또래 관계가 확대되며, 사회적 역할 실험과 독립성 추구가 활발하게 나타난다.
- 두 시기 모두 발달 특성을 정확히 이해하는 것이 사회복지 개입의 기초가 된다. 아동기에는 안전한 환경과 사회 기술 훈련, 학습 지원이 중요하고, 청소년기에는 정체성 확립, 진로 상담, 사회참여 기회 제공이 필요하다. 사회복지사는 맞춤형 개입을 통해 건강한 성장과 사회 적응을 촉진하며, 잠재된 문제를 예방·완화한다.

생각해 볼 문제

1. 아동기와 청소년기 각각에서 사회복지 실천이 중점적으로 다뤄야 할 발달과제는 무엇인가?
2. 자신의 아동기 혹은 청소년기 경험을 통해 발달의 중요한 변화나 과제를 서술하시오.
3. 청소년기의 정체성 혼란이나 사회적 갈등을 해결하기 위해 성격이론을 활용한 개입 방안을 예로 들어 설명하시오.

Chapter 11

성인기

개 요

성인기는 인간의 생애에서 가장 긴 시기로, 자율성 확립, 사회적 역할 수행, 자아실현과 삶의 의미 재정립이 중요한 과업으로 작용한다. 이 시기는 일반적으로 청년기, 중년기, 노년기로 구분되며, 각 시기마다 고유한 발달 과업과 심리 · 사회적 변화가 나타난다. 에릭슨의 발달이론은 이러한 시기별 과업을 '친밀감 대 고립감', '생산성 대 침체감', '자아통합 대 절망감'으로 설명하며, 이는 성인기의 심리적 성장과 적응을 이해하는 틀이 된다. 성인기의 발달은 독립성, 관계 형성, 사회적 기여, 자아 성찰이라는 핵심 요소들이 유기적으로 연결되어 전개되며, 사회복지 실천은 각 단계에 맞는 개입과 지지를 통해 개인의 삶의 질을 향상시키는 역할을 수행해야 한다. 본 단원은 성인기의 발달 특성을 전반적으로 고찰하고 실천적 적용을 탐색한다.

학습목표

1. 성인기를 청년기, 중년기, 노년기로 구분하고 각 시기의 주요 발달 과업과 심리 · 사회적 특성을 설명할 수 있다.
2. 에릭슨의 심리 · 사회적 발달 이론을 바탕으로 성인기의 과업과 심리적 갈등을 이해할 수 있다.
3. 성인기의 발달 특성에 기반하여 사회복지 실천 현장에서 시기별 맞춤형 개입 전략을 수립할 수 있다.

1 성인 초기 : 청년기

성인 초기, 즉 청년기(20대 초반~30대 중반)는 성인이 되어 자율성과 독립성을 확립해 나가는 시기로, 진로 선택, 직업 진입, 정서적 유대 형성, 결혼 및 가족 형성 등이 주요 과업이다. 이 시기는 정체성 확립 이후 사회적 관계 속에서 친밀감을 형성하고 삶의 기반을 마련하는 과도기적 시기이다. 에릭슨은 이를 '친밀감 대 고립감'의 심리·사회적 갈등으로 설명하며, 성공적인 친밀감 형성은 이후 삶의 안정성과 자아 통합의 기반이 된다. 청년기의 적응은 개인의 심리적 준비뿐 아니라 사회적 환경과 지지체계에 따라 달라지므로, 사회복지적 개입 역시 정서적 지원과 자립 역량 강화를 중심으로 이루어져야 한다.

1) 신체적 발달

청년기는 신체적 성장과 발달이 절정에 도달한 시기로, 신체 기능과 건강 상태가 가장 우수한 시기이다. 근력, 심폐지구력, 반응 속도, 성적 기능 등이 최상의 상태를 유지하며, 외형적 매력과 활동 능력이 높게 나타난다. 그러나 생활습관, 스트레스, 건강 관리 여부에 따라 만성질환의 기초가 형성될 수 있어 예방적 접근이 중요하다.

(1) 생리적 기능의 절정기

성인 초기(청년기)는 신체 기능이 가장 활발하고 균형 있게 작동하는 시기로, 20대 초반부터 30대 중반까지 신체적 성숙이 완성된다. 근육량과 근력, 골밀도, 심폐지구력, 순환기와 소화기 기능 등이 정점에 이르며, 감각 기능 또한 예민하고 정확하다. 운동 능력과 반사 속도 역시 최고 수준을 유지하여 직업적 과업이나 다양한 신체 활동에 효과적으로 대응할 수 있다.

(2) 생식 능력과 회복력의 안정기

청년기는 생식 능력이 가장 왕성하게 발현되는 시기로, 여성은 가임 능력이 절정에 이르고 남성은 정자 활동성과 테스토스테론 수치가 안정적으로 유지된다. 호르몬 균형은 정서적 안정과 성적 건강에 기여하며, 면역력과 회복 속도도 뛰어나다. 수면 부족이나 과도한 피로에도 신체가 빠르게 균형을 회복하는 특징 때문에 '회복탄력성이 가장 높은 시기'라 불린다.

(3) 건강위험 행동의 노출 가능성

그러나 이러한 신체적 절정기에도 건강관리가 부족하면 다양한 문제가 발생할 수 있다. 청년기는 자율성과 독립성이 확대되면서 음주, 흡연, 불규칙한 수면, 과식 등 부정적 건강행동이 쉽게 나타나는 시기이다. 대학 생활, 취업 준비, 대인관계 확장 등에서 오는 신체적·심리적 스트레스는 만성 피로나 불안·우울과 같은 문제로 이어질 수 있으며, 조기 예방의 중요성을 보여 준다.

(4) 예방 중심의 건강관리와 사회복지적 개입

성인 초기의 생활습관은 이후 전 생애 건강에 큰 영향을 미친다. 규칙적인 운동, 균형 잡힌 식사, 충분한 수면, 스트레스 관리가 핵심이며, 정기적 건강검진도 필요하다. 사회복지 실천에서는 청년의 건강권을 보장하고 건강 형평성을 실현하기 위해 맞춤형 건강증진 교육과 정신건강 지원 프로그램이 요구된다. 특히 경제적 불안정이나 고용 불안 등 사회적 위험에 놓인 청년에게는 보건복지 통합 서비스와 커뮤니티 기반 건강지원 체계 구축이 중요하다.

2) 인지적 발달

청년기는 추상적·논리적 사고가 안정적으로 발달하며, 문제 해결과 의사결정 능력이 성숙하는 시기이다. 단순한 이론적 사고에서 벗어나 현실의 과제를 다루는 실용적 사고(pragmatic thinking)가 강조되며, 진로 선택, 인간관계, 가치관 정립을 통해 인지적 정체감이 형성된다. 경험을 바탕으로 통합적 사고 능력이 향상되어 다양한 사회적 역할 수행이 가능해진다.

(1) 추상적 사고에서 실용적 사고로의 전환

아동·청소년기의 형식적 조작기 사고는 청년기에 접어들며 실제 생활의 복잡한 문제 해결로 확장된다. 피아제가 말한 형식적 조작기의 논리적·추상적 사고는, 성인 초기에는 현실적 맥락을 고려한 실용적이고 유연한 사고로 변화한다. 진로 결정, 경제적 자립, 대인관계 형성 등 실제 과업을 경험하면서 사고 구조는 점차 융통성과 맥락 수용성을 갖추게 된다.

(2) 포스트 형식적 사고와 통합적 인지

청년기의 인지 발달은 논리 중심 사고를 넘어 감정, 가치, 사회적 관계를 통합하는 방향으로 성숙한다. 라보비-비에프는 이를 포스트 형식적 사고(postformal thought)라 정의하며, 이는 절대적 진리보다는 다양한 관점과 모순을 포용하는 사고 능력이다. 이를 통해 청년은 복잡한 인간관계와 가치 충돌을 유연하게 조율할 수 있으며, 감정과 이성의 균형은 자기결정권과 자기효능감을 높여 삶의 질 향상에 기여한다.

(3) 정보화 환경과 인지적 과제

현대 사회는 청년들에게 방대한 정보와 동시에 비판적·창의적 활용 능력을 요구한다. 단순 지식 습득을 넘어 활용 가능한 지혜가 필요하며, 이는 비판적 사고·융합적 사고·창의적 문제 해결로 이어진다. 사회복지 실천은 청년이 정보 탐색, 합리적 의사결정, 현실 문제 해결 역량을 기를 수 있도록 지원해야 한다. 특히 취약 청년층을 대상으로는 정보 접근성 보장, 진로·경제교육, 디지털 리터러시 프로그램, 멘토링 체계 등을 통해 자기주도적 삶의 실현을 돕는 지원이 요구된다.

3) 심리·사회적 발달

청년기는 자아정체감이 확립된 후 타인과의 친밀한 관계를 형성하는 시기로, 에릭슨의 발달 과업에서 '친밀감 대 고립감'이 핵심 과제로 제시된다. 연애, 결혼, 우정, 직장 등 다양한 사회적 관계를 통해 정서적 유대와 소속감을 형성하지만, 실패 시 고립과 소외를 경험할 수 있어 사회복지적 개입에서는 대인관계 기술과 정서적 지지망이 중요하다.

(1) 친밀감 대 고립감의 과업

에릭슨의 심리·사회적 발달 이론에 따르면, 청년기의 핵심은 '친밀감 대 고립감(Intimacy vs. Isolation)'의 갈등을 해결하는 것이다. 친밀감은 단순한 친근감을 넘어 감정의 개방, 신뢰와 헌신, 자율성과 상호 의존의 균형을 포함한다. 성공적인 친밀감 형성은 삶의 질과 정신건강에 긍정적 영향을 미치며, 사회적 통합의 기초가 된다.

(2) 자아정체성과 관계의 상호작용

친밀감은 자아정체성의 안정성과 긴밀히 연결된다. 정체성이 확립된 청년은 관계 속에서 자신을 잃지 않고 성숙한 관계를 맺지만, 불분명할 경우 과도한 의존이나 회피로 이어질 수 있다. 이는 고립감, 불안, 우울을 초래하며 장기적으로 삶의 만족도와 사회적 역할 수행에 부정적 영향을 준다.

(3) 현대 사회에서의 변화

현대 청년기는 개인주의 확산, 비혼·만혼, 다양한 가족 형태로 인해 친밀감의 양상이 변화하고 있다. 또한 불안정한 노동시장, 주거 문제, 경쟁적 사회 구조는 정서적 불안정과 고립을 심화시킨다. 이러한 맥락은 심리·사회적 발달 지원에 있어 사회복지 개입의 필요성을 더욱 강조한다.

(4) 사회복지 실천의 함의

청년기의 발달을 지원하기 위해 상담, 관계 형성 프로그램, 사회 기술 훈련, 정서 조절 훈련, 공동체 참여 기회 등이 필요하다. 특히 고립감이 심한 청년에게는 집단상담, 멘토링, 또래 활동이 효과적이다. 이는 단기적 위기 대응을 넘어 장기적 심리 안정과 사회 통합을 촉진하며, 성숙한 성인기로의 건강한 이행을 돕는다.

4) 사회복지 실천과의 연관성

청년기는 자아정체성 확립, 경제적 자립, 관계 형성, 시민 참여 등 중요한 과업이 집중되는 시기로, 사회복지 실천은 이 시기의 특성과 욕구에 맞춘 다차원적 개입을 필요로 한다.

(1) 진로 탐색 및 취업 지원

청년은 진로 결정과 노동시장 진입이라는 과제를 수행해야 하나, 고용 불안과 경쟁 심화로 어려움을 겪는다. 사회복지사는 진로 상담, 직업훈련, 고용정책 연계, 멘토링을 통해 청년의 경제적 자립과 사회적 통합을 지원한다. 이는 자기효능감 형성과 정체성 확립에 중요한 역할을 한다.

(2) 정신건강 지원

청년은 학업·취업 스트레스, 관계 문제, 정체성 혼란 등으로 심리적 취약성이 높다. 사회복지사는 상담, 집단 프로그램, 스트레스 관리, 심리교육 등을 통해 정신건강을 증진하고, 위기 상황에서는 초기 개입을 강화해야 한다. 또한 정신질환의 조기 발견과 치료 연계를 통해 회복 지연을 예방할 수 있다.

(3) 주거복지와 자립 환경 조성

가족으로부터의 독립은 청년기의 중요한 과업이나, 높은 임대료와 불안정한 주거 환경으로 많은 청년이 어려움을 겪는다. 이에 사회복지사는 청년 임대주택 지원, 주거비 보조, 주거상담, 자립생활 훈련 등을 통해 안정된 생활 기반 마련을 돕는다.

(4) 가족생활 교육 및 관계 역량 강화

청년은 연애, 결혼, 비혼 등 다양한 가족 형태를 경험하며, 관계 형성과 유지 능력이 요구된다. 사회복지사는 성역할 고정관념 완화, 건강한 관계 형성을 위한 교육, 커플 상담, 의사소통 훈련, 성 건강 교육 등을 통해 정서적 안정과 친밀감 발달을 촉진한다.

(5) 지역사회 참여와 시민성 함양

청년기는 공동체 속 참여 경험을 통해 사회적 정체성을 형성한다. 자원봉사, 청년 의회, 지역 캠페인 등은 시민 역량을 키우는 기회가 되며, 사회복지사는 청년의 참여 구조를 마련하고 의견이 반영되도록 지원함으로써 자기효능감과 사회적 통합을 촉진해야 한다.

(6) 청년 권익 옹호 및 정책 참여

청년은 실업, 주거 불안, 교육비 부담 등 구조적 문제에 직면하면서도 정책적으로 소외되기 쉽다. 사회복지사는 청년 권익을 옹호하고, 정책 수립 과정에 청년의 목소리가 반영되도록 네트워크를 형성하며, 캠페인과 제도 개선 활동을 통해 구조적 변화를 도모해야 한다.

이처럼 청년기의 사회복지 실천은 단순한 서비스 제공을 넘어 경제 · 심리 · 주거 · 관계 · 참여 · 권익을 포괄하는 통합적 접근을 요구한다. 사회복지사는 청년이 스스로의 삶을 주도하고 잠재력을 실현할 수 있도록 다각도의 지원체계를 구축하는 핵심적 조력자가 되어야 한다.

2 성인 중기 : 중년기

중년기(약 40~64세)는 가정과 직장에서 중심적 역할을 수행하며, 삶의 방향과 의미를 재조정하는 시기이다. 자녀 양육, 직업적 성취, 부모 부양 등 다중 역할을 통해 생산성을 실현하고 다음 세대에 대한 책임감을 확대한다. 에릭슨은 이 시기를 '생산성 대 침체감'의 갈등으로 설명하며, 사회적 기여가 부족할 경우 무력감이나 침체를 경험한다고 보았다. 따라서 중년기의 발달은 자아 성찰과 삶의 재구성을 포함하며, 사회복지적 개입은 역할 갈등 완화, 정서적 지지, 일·가정 균형을 지원하는 데 초점을 두어야 한다.

1) 신체적 발달

중년기는 신체 기능이 점진적으로 감퇴하기 시작하는 시기로, 근육량과 골밀도의 저하, 감각 기능의 쇠퇴가 나타난다. 여성은 폐경과 관련된 생리적 변화를 경험하고, 남성도 성호르몬 감소로 다양한 신체·심리적 증상을 겪는다. 이에 따라 질병 치료보다 예방 중심의 건강관리와 생활습관 조정이 중요하다.

(1) 신체 기능의 점진적 감퇴

이 시기에는 근육량·근력, 기초대사율이 감소하여 체중 증가와 복부 비만 위험이 커지며, 이는 고혈압·당뇨·심혈관 질환 등 만성질환 발생과 연결된다.

(2) 감각 기능 및 호르몬 변화

시력 · 청력 저하, 노안, 청력 감퇴가 뚜렷해지고, 여성은 폐경으로 인한 에스트로겐 감소로 안면홍조, 불면, 골다공증, 정서 불안정 등을 겪는다. 남성은 테스토스테론 감소로 성욕 저하, 근육 위축, 무기력, 우울감을 경험할 수 있다. 이러한 변화는 사회적 상호작용과 삶의 질에도 영향을 미친다.

(3) 예방적 건강관리

규칙적인 유산소 · 근력 운동, 균형 잡힌 식사, 충분한 수면, 스트레스 관리가 핵심이다. 여성은 골밀도 유지와 심혈관 건강을 위해 칼슘 · 비타민 D 섭취가 필요하고, 남성은 전립선과 근육 건강 관리가 요구된다. 정기 건강검진과 성별 · 연령별 맞춤형 교육이 병행되어야 한다.

(4) 사회복지 실천과 건강 지원

중년기의 신체 변화는 생물학적 차원을 넘어 자아정체감, 역할 수행, 가족 기능에도 영향을 준다. 사회복지사는 건강증진 프로그램, 만성질환 자조모임, 정서적 지지체계 등을 통해 개인이 노화를 수용하면서도 삶의 질을 유지할 수 있도록 돕는다. 이를 통해 중년기가 단순한 쇠퇴기가 아니라 삶의 전환과 재정립의 기회로 인식될 수 있도록 지원하는 것이 중요하다.

2) 인지적 발달

중년기의 인지 발달은 축적된 지식과 경험을 기반으로 한 결정적 지능이 절정에 이르고, 사회적 판단력과 문제 해결력이 강화된다. 반면 정보 처리 속도나 작업 기억 등 유동적 지능은 점차 감소하지만, 개인차가 크고 환경 자극에 따라 완화될 수 있다. 따라서 사회복지 실천에서는 인지 자극 활동과 평생학습 기회를 제공하는 것이 중요하다.

(1) 유동적 지능과 결정적 지능

새로운 정보를 빠르게 처리하는 유동적 지능은 감소하지만, 언어 능력 · 사회적 경험 등을 토대로 한 결정적 지능은 오히려 성숙기에 도달한다. 이는 중년 성인이 복잡한 상황에서 통찰력 있는 대응을 가능하게 한다.

(2) 다중 역할과 인지 자극

중년기는 직업적 책임, 자녀 양육, 부모 부양 등 다중 역할을 수행하는 시기다. 이러한 경험은 사고력 · 계획 능력 · 감정 조절을 촉진하며, 직장에서의 의사결정 · 위기관리 · 조정 활동은 전략적 사고와 문제 해결 능력을 강화한다.

(3) 실용적 사고와 메타인지

이 시기에는 현실적 맥락 속 최선의 해법을 찾는 실용적 사고가 발달하며, 사고 과정을 점검 · 조절하는 메타인지 능력도 향상된다. 이를 통해 자기주도적이고 균형 잡힌 문제 해결이 가능해진다.

(4) 도덕적 판단과 장기적 사고

중년 성인은 단기적 이익보다 공동체와 장기적 안정을 고려하는 판단을 중시한다. 자녀의 미래, 부모의 건강, 노후 준비까지 포괄하는 사고 방식은 윤리적 리더십과 사회적 기여로 이어진다.

(5) 사회복지 실천의 함의

중년기의 인지적 특성은 자기결정력과 공공성 인식으로 연결된다. 따라서 사회복지 실천에서는 직업 재설계, 인지건강 프로그램, 위기 상담, 지역사회 멘토 · 봉사활동 기회 마련이 필요하며, 인지 기능 약화 예방을 위한 조기 개입도 중요하다.

3) 심리 · 사회적 발달

중년기의 심리 · 사회적 발달은 에릭슨이 제시한 '생산성 대 침체감' 과업을 중심으로 전개되며, 다음 세대에 대한 책임감과 사회적 기여를 통해 삶의 의미를 재구성하는 시기이다. 이 시기에는 자아 성찰과 정체성 재확립이 활발히 일어나며, 가족 · 직장 · 지역사회 내 역할의 재조정이 요구된다. 발달 과업을 성공적으로 수행하면 심리적 안정과 만족감을 얻지만, 실패할 경우 고립감과 무력감에 직면할 수 있다.

(1) 생산성 대 침체감의 과업

에릭슨(Erikson)은 중년기의 핵심 과업을 '생산성 대 침체감'으로 설명하였다. 개인은 자녀 양육, 직업적 멘토링, 지역사회 봉사 등을 통해 다음 세대와 공동체에 기여하며, 이는 정서적 안정과 유용감을 제공한다. 반면 책임감과 타인에 대한 관심이 부족하면 자기몰입과 무의미감을 경험하게 되며, 이는 우울감과 고립으로 이어질 수 있다.

(2) 자아 성찰과 중년기 위기

중년기는 인생 전반부를 정리하고 후반부를 준비하는 전환기로, 성취 · 관계 · 건강 · 노화 등을 성찰하며 삶의 방향을 재정비한다. 이 과정에서 '중년기 위기(midlife crisis)'가 나타날 수 있는데, 이는 정체성 혼란, 성취 부족감, 노화 불안 등에 기인한다. 그러나 이러한 위기는 인생 재구성의 과정으로 볼 수 있으며, 긍정적으로 극복할 경우 삶의 질 향상으로 이어질 수 있다.

(3) 정체성과 관계 재구성

중년기에는 개인적 정체성과 함께 관계 정체성의 변화도 뚜렷하다. 부모로서의 역할이 약화되면서 부부 관계가 재조명되고, 성인 자녀와의 새로운 관계가 형성된다. 또한 부모의 노화와 사망 경험은 가족 돌봄 책임을 강화하며, 이를 통해 삶의 유한성에 대한 인식도 심화된다. 결국 역할 재조정과 관계 재정립은 심리적 균형을 찾는 핵심 과업이며, 정서적 유대와 소속감은 중요한 보호 요인으로 작용한다.

(4) 감정 조절과 심리적 안정

중년기 성인은 청년기에 비해 감정 조절 능력이 향상되어 충동보다 숙고와 조화를 중시한다. 이는 사회적 경험 속에서 발달한 감정 지능(emotional intelligence)의 결과로, 갈등을 유연하게 조율하고 다양한 변화를 수용하게 한다. 이러한 정서적 성숙은 자원봉사, 멘토링, 리더십 활동으로 확장될 수 있다.

(5) 사회복지 실천의 함의

중년기의 심리사회적 과업은 삶의 만족도와 직결되므로, 사회복지 실천은 이를 지원하는 방향으로 이루어져야 한다. 생산성을 높이기 위한 평생학습, 지역사회 참여 프로그램, 가족 상담 · 부모교육 서비스가 효과적이다. 또한 우울감이나 자기효능감 저하 등 위기 상황에는 정신건강 지원이 필요하다. 사회복지사는 중년기 개인이 삶을 의미 있게 재구성하고, 지역사회에서 주체적으로 참여할 수 있도록 지지체계를 마련해야 한다.

4) 사회복지 실천과의 연관성

중년기는 신체 노화가 시작되고, 자녀 양육 · 부모 부양 · 직업적 정체성 재정립 등 다양한 과업이 집중되는 시기로 복지적 개입의 필요성이 크다. 사회복지 실천은 개인적 변화와 가족 · 사회적 역할 변화에 대응하는 통합적 접근을 요구한다.

(1) 신체건강 증진과 웰빙 프로그램

중년기에는 노화 초기 증상과 만성질환 위험이 증가하므로 예방적 건강관리가 중요하다. 운동 · 식습관 · 스트레스 관리 · 금연 · 절주 교육을 포함한 통합 건강 프로그램이 필요하며, 지역사회복지관이나 건강가정지원센터와 연계한 참여가 효과적이다. 성별 · 직업 · 생활양식에 맞춘 맞춤형 지원은 삶의 질 향상과 노년기 준비의 기초가 된다.

(2) 가족관계 재구성과 세대 간 통합

중년기에는 자녀 독립, 배우자와의 재적응, 부모의 노화 등으로 가족관계 전환이 일어난다. 이에 사회복지사는 부부 관계 향상, 부모-자녀 소통 교육, 세대 간 갈등 해소 프로그램을 통해 정서적 안정과 상호 이해를 돕는다. 가족은 돌봄과 의사소통, 정체성 재조정의 과제를 동시에 수행하므로, 기능 강화를 위한 체계적 교육이 필요하다.

(3) 부모 부양 스트레스와 돌봄 지원

중년기는 '끼인 세대(sandwich generation)'로 자녀 양육과 부모 부양을 동시에 떠안는 경우가 많다. 이에 따른 돌봄 스트레스, 시간 · 경제적 부담을 완화하기 위해 장기요양보험, 재가복지, 주야간 보호시설 등을 연계하고, 가족돌봄자 교육 · 상담을 제공해야 한다. 가족 내 역할 분담과 지지망 형성도 중요한 지원 과제이다.

(4) 중년기 위기 개입

중년기에는 실직, 이혼, 질병, 부모 상실 등 다양한 위기 상황이 집중된다. 이에 사회복지사는 위기개입모델, 심리상담, 집단치료 등을 활용해 자아존중감 회복, 자원 탐색, 사회적 지지 강화 등을 지원한다. 정신건강 서비스와의 연계 역시 필수적이다.

(5) 생산적 복지를 통한 사회참여 확대

중년기는 축적된 경험을 사회에 환원할 수 있는 시기다. 사회복지 실천은 자원봉사, 사회적기업, 지역 리더 활동 등을 통해 중년층의 사회적 생산성을 촉진해야 한다. 이러한 참여는 자아실현, 역할 유지, 소속감 형성에 기여하며, 우울·무기력 예방에도 효과적이다. 더불어 은퇴 전환 교육과 재취업 지원은 생산적 복지의 핵심이다.

(6) 생애전환 준비와 통합 복지 계획

중년기는 노년기를 준비하는 단계로, 은퇴 설계, 노후소득 보장, 사회적 관계망 유지가 포함된 장기 복지 계획이 필요하다. 자기성찰과 의미 탐색을 지원하는 실천은 중년기를 쇠퇴가 아닌 '재도약의 시기'로 전환시킨다.

결론적으로, 사회복지사는 중년기의 다층적 과제를 통합적으로 이해하고 예방·중재·강화 전략을 마련해야 하며, 이를 통해 개인·가족·지역사회의 삶의 질 향상에 기여할 수 있다.

3 성인 후기 : 노년기

노년기는 대체로 만 65세 이후를 지칭하며, 신체 기능의 저하, 사회적 역할 변화, 심리적 적응 과제가 두드러지는 시기이다. 주요 발달 과업은 자립성 유지, 삶의 의미 재정립, 상실 경험에 대한 대처이며, 사회복지 실천은 삶의 질 향상과 존엄한 노후 보장을 위해 다차원적 접근을 필요로 한다.

1) 신체적 발달

노년기에는 생물학적 노화가 본격적으로 진행되어 신체 구조와 기능의 전반적 약화가 나타난다. 이는 자립성과 일상생활, 사회적 관계, 심리적 안정성에 직·간접적으로 영향을 준다. 신체적 변화는 독립성과 자존감에 직접 연결되므로, 사회복지 실천에서도 중요한 이해의 기반이 된다.

(1) 근골격계 약화

근육량 감소(근감소증)는 노화의 대표적 지표로, 기초대사량 저하, 체력·균형 감각 감소로 이어지며 낙상과 골절 위험을 높인다. 특히 여성은 폐경 이후 골밀도 감소로 골다공증 발생률이 높아져 보행 능력 저하와 일상생활의 제약을 초래한다.

(2) 심혈관계 변화

혈관 탄력성 감소, 심박출량 저하, 자율신경 조절 약화는 고혈압, 심부전, 동맥경화 등 만성질환을 증가시킨다. 또한 폐활량 감소, 기침 반사 저하 등 호흡기 기능 저하로 감염 위험이 커지고 회복 속도도 늦어진다.

(3) 소화기 및 영양 변화

위산 분비 저하, 장 운동 약화 등은 식욕 감퇴와 변비를 유발하며 영양 결핍으로 이어질 수 있다. 이는 면역 약화, 근감소증을 가속화하여 신체 기능 전반에 부정적 영향을 준다.

(4) 감각 기능 저하

시력, 청력, 후각, 미각의 감퇴는 환경 인지와 의사소통을 방해하고, 사고 위험과 사회적 고립감을 높인다. 특히 청력 저하는 우울감과 인지 기능 저하와도 밀접하다. 피부도 얇아지고 회복력이 떨어져 외부 자극에 취약해진다.

(5) 사회복지 실천에서의 건강 지원

노년기의 신체적 변화 대응에는 통합적이고 예방적인 접근이 필요하다. 정기 건강검진, 만성질환 관리, 약물 교육, 균형 잡힌 식사, 개인 맞춤형 운동이 기본이며, 규칙적인 유산소·근력 운동은 신체 기능뿐 아니라 정서와 인지 기능 개선에도 효과적이다. 또한 안전한 생활환경 조성이 중요하다. 미끄럼 방지 매트, 적절한 조명, 보행 보조기, 욕실 손잡이 설치 등은 낙상 예방에 필수적이다.

보건의료와 복지기관 협업을 통한 재활 서비스, 건강정보 접근성 강화, 노인 친화적 환경 조성도 필요하다. 사회복지사는 신체적 변화를 이해하고 문제를 조기에 발견·연계하여 노인의 자립적 생활을 돕고, 삶의 질(quality of life) 향상을 위한 예방적·적극적 개입을 수행해야 한다.

2) 인지적 발달

노년기는 신체뿐 아니라 인지적 변화가 두드러지는 시기로, 인지 기능의 유지 여부가 삶의 질과 자립성에 큰 영향을 미친다. 인지 발달은 단순한 쇠퇴가 아니라 개인차와 환경 요인에 따라 달라지며, 예방과 개입을 통해 조절 가능하다.

(1) 유동적 지능과 결정적 지능

노년기에는 새로운 정보를 처리하고 문제를 해결하는 유동적 지능이 감소하여 정보 처리 속도, 작업 기억, 주의 전환 능력이 저하된다. 반면 생애 동안 축적된 지식과 경험에 기반한 결정적 지능은 비교적 안정적이며, 삶의 통찰과 지혜로 이어져 인간관계, 판단, 중재 능력에서 강점이 드러난다.

(2) 인지장애의 위험

노년기 인지장애에는 경도인지장애(MCI)와 치매가 대표적이다. MCI는 일상생활에는 큰 지장이 없지만 치매로 진행될 가능성이 크다. 알츠하이머병, 혈관성

치매 등은 일상 수행 능력과 대인관계를 심각하게 제한하며, 우울, 불안, 사회적 고립 등 2차 정서 문제를 동반한다.

(3) 예방과 유지 전략

인지 건강 유지를 위해 퍼즐, 독서, 글쓰기, 악기 연주, 새로운 기술 습득 등 인지 자극 활동이 필요하다. 사회적 교류 역시 중요한데, 친구 · 가족과의 만남, 지역 모임, 세대 간 활동은 고립을 줄이고 두뇌 자극을 높인다. 규칙적 운동과 건강한 식습관(오메가-3, 항산화제, 비타민 B군)은 인지 저하 속도를 늦추는 데 기여한다.

(4) 정서적 안정과 환경 요인

인지 기능은 뇌의 변화뿐 아니라 정서와 환경에도 영향을 받는다. 지속적 스트레스, 우울, 상실 경험은 뇌 기능을 약화시키므로 정서적 지지체계가 중요하다. 또한 일정한 생활 루틴, 낯익은 물건 배치, 조명 · 동선 조절 등 인지 친화적 환경은 혼란을 줄이고 일상 예측 가능성을 높인다.

(5) 사회복지 실천의 함의

사회복지사는 노년기 인지 발달에 영향을 미치는 다양한 요인을 고려해 맞춤형 서비스를 제공해야 한다. 예방적 인지 훈련, 치매 예방 교육, 가족 상담, 지역사회 인지 친화 환경 조성, 고위험군 조기 발견 및 연계 서비스가 포함된다. 특히 치매 돌봄에서는 남아 있는 능력을 존중하고 존엄성 중심의 접근이 필요하다.

3) 심리 · 사회적 발달

노년기는 인간 발달의 마지막 단계로, 인생을 성찰하고 의미를 재구성하는 시기이다. 에릭슨(Erikson)은 이 시기의 과업을 '자아통합 vs 절망'으로 제시하며,

이는 노년기가 단순한 쇠퇴가 아니라 통합적 정체성을 완성하는 중요한 전환기임을 강조한다.

(1) 자아통합의 개념

자아통합은 살아온 삶을 있는 그대로 받아들이며 성공과 실패, 기쁨과 슬픔을 아우르는 과정이다. 이는 후회보다 성취감과 감사를 통해 자기와 타인, 인생의 유한성을 수용하는 능력과 연결된다. 자아통합에 성공한 노인은 평온함과 관용을 보이며, 죽음을 삶의 일부로 받아들이는 심리적 안정에 도달한다.

(2) 절망감의 위험 요인

자아통합에 실패하면 삶의 선택에 대한 후회, 상실과 고립의 두려움, 죽음에 대한 공포로 절망감이 심화된다. 배우자 사망, 사회적 역할 상실, 기능 저하, 경제적 불안정 등이 주요 요인으로 작용하며, 이는 우울과 무력감으로 이어져 삶의 질을 저하시킬 수 있다.

(3) 관계와 사회적 의미의 재구성

그러나 노년기는 여전히 새로운 의미를 만들 수 있는 시기이다. 손자녀 양육을 통한 세대 간 유대, 자원봉사와 지역사회 활동, 종교나 취미를 통한 심리적 충족은 자아통합을 촉진한다. 특히 경험을 전수하고 멘토나 공동체의 지혜로운 구성원으로서 역할을 수행할 때 노인은 존재 가치를 재확인하며 만족을 얻는다.

(4) 성공적 노화와 활기찬 노년

현대 사회복지와 노인심리학은 긍정적 노년기를 위해 '성공적 노화(successful aging)'와 '활기찬 노년(active aging)' 개념을 강조한다. 이는 단순히 질병이 없는 상태가 아니라, 신체·인지 기능 유지, 정서적 안정, 사회적 참여가 조화롭게 이루어진 상태를 의미한다. 이러한 접근은 노년기의 자아통합을 촉진하고 절망감을 완화하는 핵심 실천 개념으로 작용한다.

4) 사회복지 실천과의 연관성

노년기는 생애주기에서 가장 많은 변화와 상실을 경험하는 시기로, 신체적·정서적·사회적 욕구가 중첩되며 복합적 취약성이 두드러진다. 따라서 사회복지 실천은 단일 서비스 제공을 넘어 총체적이고 통합적인 개입이 요구된다.

(1) 신체건강 유지와 재가복지 서비스

노년기에는 근골격계 약화, 시청각 기능 저하, 만성질환 증가로 일상생활의 제약이 나타난다. 이에 대한 대응은 단순한 치료를 넘어 예방적 건강관리와 기능 유지에 초점을 두어야 한다. 방문간호, 식사 배달, 복약 지도, 안전 점검 등 지역사회 기반 재가복지 서비스는 자립성과 주거 안정성을 유지하는 핵심이다. 또한 포괄적 사례관리를 통해 개인별 맞춤형 건강지원 계획이 마련되어야 한다.

(2) 정신건강과 정서적 지지

노년기는 배우자 사별, 친구의 죽음, 자녀 독립 등으로 반복적인 상실을 경험한다. 이는 우울, 외로움, 불안 등 정서적 반응을 심화시켜 자살 위험으로 이어질 수 있다. 사회복지사는 정신건강 상담, 사별 상담, 웰다잉 교육 등을 제공하고, 고위험군은 지역 정신건강센터와 연계하여 조기 개입을 강화해야 한다.

(3) 경제적 안정과 소득보장

노인의 빈곤은 생활고를 넘어 정신건강 악화와 사회적 고립을 초래한다. 이에 대응하기 위해 국민연금, 기초연금, 긴급복지제도 등 공적 소득보장체계 강화가 필수적이며, 사회적 일자리 제공, 자활 지원, 금융교육도 병행되어야 한다. 이는 생계 보장을 넘어 존엄성과 자존감을 유지하는 복지 실천으로 확장된다.

(4) 사회참여와 관계망 형성

사회적 단절은 인지 기능 저하와 우울을 초래할 수 있다. 자원봉사, 평생학습, 노인회 활동, 자조모임 등은 소속감과 자기효능감을 높이는 효과적인 방법이다. 사회복지사는 노인을 수혜자에 머물지 않고 지역사회의 기여자이자 자율적 주체로 설계·지원해야 한다.

(5) 죽음 준비와 삶의 마무리

노년기는 죽음을 준비하는 시기이기도 하다. 웰다잉 교육, 사전연명의료의향서, 호스피스 돌봄, 임종 상담 등은 죽음에 대한 두려움을 완화하고 존엄한 삶의 마무리를 돕는다. 이는 노인뿐 아니라 가족의 수용 과정에도 긍정적 영향을 미친다.

(6) 지역사회 연계와 통합적 실천

노년기의 삶은 개인 문제가 아닌 가족·지역사회·제도와의 상호작용 속에서 해결된다. 사회복지사는 보건, 의료, 주거, 상담, 문화 자원을 통합적으로 연계해야 하며, 고령친화 환경을 조성하여 노인이 자율성과 안정성을 유지하도록 지원해야 한다.

결론적으로, 노년기는 삶을 정리하고 마무리하는 시기로, 사회복지사는 건강·경제·심리·사회적 요구를 통합적으로 반영하는 다차원적 실천을 수행해야 한다. 이는 단순한 보호를 넘어 의미 있는 삶과 존엄한 죽음을 보장하는 전문적 역할이다.

요점정리

- 성인기는 생애주기에서 가장 긴 시기로, 자율성 확립, 사회적 역할 수행, 자아실현, 삶의 의미 재정립이 핵심 과업이다. 청년기, 중년기, 노년기로 구분되며, 각 시기마다 고유한 발달 과업과 심리·사회적 변화가 나타난다. 청년기는 독립과 친밀한 관계 형성이 중심이 되고, 중년기는 사회적 기여와 생산성이 강조되며, 노년기는 삶을 되돌아보고 통합하는 과정이 중요하다.
- 에릭슨의 발달이론은 성인기의 주요 과업을 청년기의 '친밀감 대 고립감', 중년기의 '생산성 대 침체감', 노년기의 '자아통합 대 절망감'으로 설명한다. 각 단계에서 과업을 성공적으로 달성하면 성숙한 인격과 긍정적 자기개념이 형성되지만, 실패할 경우 고립감·무의미감·절망감을 경험할 수 있다.
- 성인기의 발달은 독립성, 관계 형성, 사회적 기여, 자아 성찰이 상호작용하며 전개된다. 사회복지 실천에서는 청년기에는 진로와 관계 형성을, 중년기에는 경력 관리와 사회참여를, 노년기에는 심리·정서적 지원과 사회적 연결망 유지를 중점적으로 돕는다. 이를 통해 각 단계에서 삶의 질 향상과 전 생애적 안녕을 촉진할 수 있다.

생각해 볼 문제

1. 성인기를 청년기·중년기·노년기로 나누었을 때, 각 시기의 대표적인 발달 과업은 무엇인가?
2. 에릭슨의 성인기 발달과업이 실제 개인의 삶에 어떻게 적용될 수 있는지 예를 들어 설명하시오.
3. 사회복지사가 성인기 발달 특성을 고려해 개입해야 하는 사례를 제시하고, 그 이유를 설명하시오.

PART 04

사회환경과 생태체계의 이해

Chapter 12

생태체계이론

개 요

생태체계이론은 인간행동과 발달을 개인과 환경 간의 상호작용 속에서 이해하려는 통합적 이론이다. 브론펜브레너가 제안한 이 이론은 인간을 미시체계, 중간체계, 외체계, 거시체계, 시간체계 등 다양한 환경체계 속 존재로 보며, 사회복지 실천에서 클라이언트를 둘러싼 복잡한 맥락을 구조적으로 파악하고 다차원적 개입을 가능하게 한다.

학습목표

1. 생태체계이론의 개념과 구조(미시체계, 중간체계, 외체계, 거시체계, 시간체계)를 이해하고 설명할 수 있다.
2. 다양한 체계 수준에서 인간행동과 발달에 영향을 미치는 환경 요인을 분석할 수 있다.
3. 생태체계이론을 기반으로 사회복지 실천 현장에서 클라이언트에 대한 다차원적 개입 방안을 수립할 수 있다.

1 생태체계적 관점

생태체계적 관점은 인간의 행동과 발달을 이해함에 있어 개인 내부 요인뿐만 아니라, 그를 둘러싼 다양한 환경체계와의 상호작용을 통합적으로 고려하는 시각이다. 이 관점은 인간을 고립된 존재가 아니라 가족, 학교, 지역사회, 문화 등 다양한 체계 속에서 상호작용하며 살아가는 존재로 인식하며, 사회복지 실천에서 문제의 원인과 해결책을 다차원적으로 모색할 수 있는 틀을 제공한다.

1) 생태체계이론의 이론적 틀과 핵심 관점

생태체계이론은 인간을 고립된 개체가 아니라 다양한 사회적 관계망과 문화적 구조 속에서 삶을 영위하는 존재로 본다. 개인은 가족, 또래, 학교, 직장, 지역사회, 국가 등 여러 사회체계와 끊임없이 상호작용하며 정체성과 행동 양식을 형성한다. 이러한 상호작용은 단순한 외부 자극 반응을 넘어 가치관, 신념, 태도, 역할 수행 방식에 영향을 미치며, 동시에 문화적 규범과 집단의 기대가 발달의 필수적 배경이 된다.

이 관점은 인간행동 이해와 사회복지 실천에서 사회적 맥락과 문화적 다양성의 중요성을 강조한다. 특히 다문화 사회나 지역 특수성이 강한 환경에서 실천적 의미가 크다. 예컨대 이주민 가정 아동의 학교 부적응은 개인 발달 문제라기보다 언어, 문화, 편견, 제도적 장벽 등 복합적 요인의 결과로 해석할 수 있다. 따라서 생태체계이론은 사회복지 실천가로 하여금 인간을 둘러싼 사회문화적 맥락을 깊이 이해하고, 이를 고려한 다층적·통합적 개입 전략을 수립하도록 안내한다.

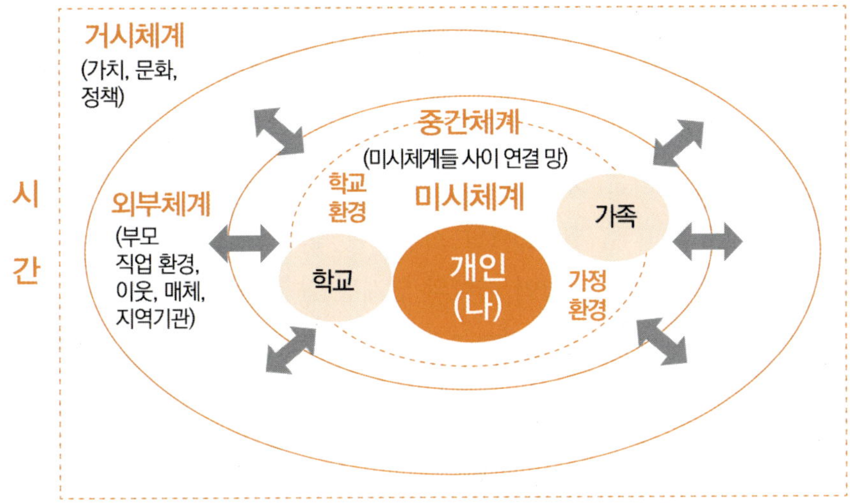

[그림 12-1] 브론펜브레너의 생태체계모델(1979)

(1) 미시체계

미시체계는 개인이 가장 빈번하게 접촉하고 상호작용하는 환경으로, 가족, 친구, 학교, 직장, 종교기관, 지역 커뮤니티 등이 포함된다. 이는 개인 발달에 가장 밀접하게 작용하며, 감정적 교류와 상호작용의 빈도와 질에 따라 자아정체감, 자기효능감, 사회성 형성의 기초가 마련된다.

예를 들어 안정된 가족과 지지적 학교 환경은 긍정적 발달을 이끄는 반면, 갈등이 지속되는 가정이나 배척적 또래 관계는 부적응과 위축을 초래할 수 있다. 또한 직장 내 관계, 상사와의 상호작용, 종교 공동체 소속감 역시 심리적 안정과 사회적 역할 습득에 영향을 미친다.

미시체계는 정서적 지지뿐 아니라 역할모델 제공, 행동규범 습득, 정체성 확립과 연결되며, 특히 아동·청소년기에는 영향력이 더욱 크다. 사회복지사는 가족 갈등, 학교 부적응, 또래 폭력 등 문제 요인을 파악해 개입하며, 관계 개선과 지지체계 강화를 통해 통합적 개입을 수행해야 한다. 이러한 변화는 이후 상위체계 개입의 기반이 되므로 초기 실천에서 중점 영역으로 간주된다.

(2) 중간체계

중간체계는 미시체계 간의 상호작용과 연결 관계를 의미한다. 학부모와 교사의 협력이 아동의 학업 성취와 정서적 안정에 기여하거나, 직장 · 가정의 균형이 성인의 만족도를 높이는 것이 그 예이다.

중간체계는 정보 흐름, 협력, 역할 기대치의 일치 여부에 따라 개인의 적응 정도를 결정하며, 관계망을 넘어 하나의 연계된 실천 단위로 기능한다. 따라서 사회복지사는 갈등과 단절을 조정하는 중재자 · 촉진자로서 역할을 수행해야 한다. 예를 들어 학교 부적응 아동은 가정과 학교 간 협력 부재나 양육 태도와 교사 기대치의 불일치가 원인일 수 있으며, 사회복지사는 교사 · 부모 · 지역 자원 간 연계를 조정해 아동의 성장 환경을 마련한다. 이는 관계 개선을 넘어 지속 가능한 발달 기반을 구축하는 데 기여한다.

(3) 외부체계

외부체계는 개인이 직접 관여하지 않지만 간접적으로 영향을 미치는 환경 요인으로, 부모의 직장 환경, 지역 복지정책, 언론 보도, 보건 · 교육 제도, 지역사회 자원 등이 해당된다.

예를 들어 부모의 장시간 노동은 아동의 돌봄 공백을 초래하고, 지역 복지 자원 부족은 취약계층의 서비스 이용을 제한한다. 또한 미디어 정보는 집단에 대한 편견을 강화할 수 있다. 사회복지사는 클라이언트의 문제를 외부체계 요인과 연계해 분석하고, 자원 지도 작성, 정책 분석, 제도 개선 활동, 협력체계 구축 등을 통해 대응해야 한다. 이를 통해 단순한 서비스 제공자가 아니라 정책 옹호자 · 환경 조성자로서 클라이언트 삶의 질을 향상시킬 수 있다.

(4) 거시체계

거시체계는 문화, 가치, 이데올로기, 법과 제도, 경제체계 등 사회 전체를 포괄하는 구조적 환경으로, 다른 하위 체계 운영과 개인 행동양식에 영향을 미친다. 경쟁 중심 사회는 개인주의를 강화하지만, 복지국가는 상호 돌봄과 연대를 촉진한다.

빈곤, 차별, 낙인, 불평등 등 구조적 문제는 거시체계의 제도·문화적 장치와 밀접히 관련되므로, 사회복지 실천은 이를 고려해야 한다. 사회복지사는 제도 개선과 정책 변화를 통해 삶을 뒷받침하는 구조를 만들어야 하며, 비판적 사고로 문제 원인을 분석하고 공공정책 옹호 활동에 참여해야 한다. 거시체계에 대한 이해는 불평등 해소와 사회정의 실현에 기여한다.

(5) 시간체계

시간체계는 인간 발달과 행동이 시간과 역사적 맥락 속에서 영향을 받음을 강조한다. 개인 차원에서는 출생, 사춘기, 결혼, 은퇴 등 생애주기 사건이, 사회 차원에서는 경제 불황, 전쟁, 팬데믹 같은 역사적 사건이 해당된다. 예를 들어 팬데믹 시기 졸업 후 취업난에 직면한 청년이나 은퇴기에 경제 불황을 겪는 노인의 경우, 동일 연령대라도 전혀 다른 삶의 궤적을 보일 수 있다.

사회복지사는 문제를 단편적 사건으로 보지 않고 생애사적 전환점과 적응 과정의 일부로 이해해야 한다. 이를 통해 장기적·예방적 개입 전략을 마련하고 사회 변화에도 유연하게 대응할 수 있다. 시간체계 이해는 인간 삶을 시간적 흐름 속에서 통합적으로 조망하고 환경·인간 상호작용을 심층적으로 분석할 토대를 제공한다.

2) 철학적·경험적 기초

생태체계이론은 인간을 환경과의 관계 속에서 이해하는 통합적 접근으로, 사회복지 실천의 패러다임에 큰 영향을 미쳐왔다. 인간을 고립된 개체가 아니라 환경과 상호작용하는 존재로 전제하며, 삶의 맥락에 따라 행동과 발달을 다층적으로 해석한다. 특히 다음 세 관점은 인간과 환경, 체계 간의 상호작용을 설명하는 핵심 틀을 제공한다.

(1) 환경 속의 인간

인간은 물리적 공간, 사회적 관계, 제도적 구조 등 다층적 환경 속에서 존재하며, 환경은 행동과 정서, 발달을 구성하는 적극적 요인이다. 따라서 개인 문제를 단순히 내적 결함으로 환원하지 않고, 가족 · 학교 · 지역사회 · 정책 등 다양한 체계를 함께 분석한다.

이 관점은 사회복지사가 환경을 적극적 개입 대상으로 삼아 조건을 변화시킴으로써 삶의 질을 향상시킬 수 있음을 시사한다. 또한 불평등 · 차별 같은 구조적 문제를 실천 범주로 포함해, 사회복지의 사회 정의적 기반을 확장한다. 결과적으로 개인의 삶을 넘어 지역사회와 사회구조 변화를 도모하는 데 중요한 지침이 된다.

(2) 사회문화적 존재

개인은 가족, 또래, 학교, 직장, 지역사회, 국가 등 다양한 사회체계와 상호작용하며 정체성과 행동 양식을 형성한다. 이는 단순한 환경 반응이 아니라 가치관, 신념, 역할 수행 방식에 직접적으로 작용하며, 문화적 규범과 집단의 기대 역시 발달의 핵심 배경이 된다.

이 관점은 특히 다문화 사회나 지역 특수성이 강한 환경에서 유용하다. 예컨대, 이주민 아동의 학교 부적응은 언어 · 문화 차이, 편견, 제도적 장벽 등 복합적 요인의 결과로 해석할 수 있다. 따라서 사회복지 실천은 문화적 민감성과 사회구조적 대응을 통합해야 하며, 이는 사회적 배제와 불평등 구조를 인식 · 변화시키는 실천적 기반이 된다.

(3) 체계 속 상호작용을 통한 통합적 존재

체계이론의 전제에 따라 인간은 독립된 실체가 아닌 상호의존적 · 역동적 체계 속 존재로 이해된다. 가족, 또래, 학교, 직장, 정책과 문화 등 다양한 수준의 체계는 인간의 발달과 적응에 직 · 간접적으로 영향을 미치며, 시간에 따라 재구성된다.

사회복지 실천은 이러한 상호작용의 흐름을 분석해 문제 원인을 찾고, 체계 간 조정과 자원 연계를 통해 성장 가능성을 확장한다. 예를 들어 청소년 정신건강 문제는 개인 요인을 넘어 가족 양육, 학교 지원, 지역 자원, 사회적 낙인 등 복합적 결과일 수 있다. 이를 해결하려면 각 체계를 연결하고 환경 조건을 변화시키는 통합적 개입이 요구된다.

결국 인간을 상호작용 속 통합적 존재로 보는 관점은 사회복지 실천이 단일 문제 중심 접근을 넘어, 복합적 구조 속에서 존엄성과 잠재력을 존중하는 효과적 개입을 가능하게 한다.

2 주요 개념

생태체계이론의 주요 개념은 체계의 구조적 특성, 상호작용의 역동성, 환경에 대한 적응과 회복력을 포함한다. 이를 통해 인간과 환경의 관계를 다층적으로 이해할 수 있으며, 사회복지 실천에서 문제의 원인을 구조적으로 분석하고 개입 전략을 세우는 데 중요한 이론적 토대를 제공한다.

1) 체계의 구조적 특성

체계(system)는 상호 의존적인 요소들이 유기적으로 연결되어 전체로 기능하는 조직 단위이다. 경계, 투과성, 개방성은 체계의 구조적 특성을 규정하며, 이는 사회복지 실천에서 클라이언트와 그 환경을 분석하고 개입 방향을 설정하는 기반이 된다.

(1) 경계(Boundary)

경계는 체계와 외부를 구분하는 기준으로, 정체성과 자율성을 규정하는 핵심 요소다. 물리적 차원뿐 아니라 심리 · 사회 · 기능적 차원에서 작용하며, 내부 상호작용을 조율하고 외부 자원의 유입 여부를 결정한다. 가족의 경계는 의사소통 · 역할 구조 등에 의해 형성되고, 학교 · 조직 · 지역사회 같은 집단체계에서도 소속감과 규범 유지를 좌우한다.

경계의 투과성이 지나치게 낮으면 체계는 고립되고 적응력이 약화되며, 반대로 과도한 개방은 정체성 혼란이나 갈등을 불러온다. 과잉보호적 부모는 자녀의 사회 적응을 저해하고, 폐쇄적 지역사회는 고립을 심화시킨다. 사회복지 실천에서는 이러한 경계의 성격을 파악해 문제의 구조적 원인을 진단하고 개입 전략을 수립해야 한다. 예컨대 이주민 집단의 고립 문제는 낮은 투과성에서 비롯되며, 개방적 경계로의 전환이 실천 목표가 될 수 있다. 또한 가정학대나 학교폭력은 폐쇄적 경계와 관련이 많아, 신뢰 기반의 관계 형성과 자원 연계를 통한 경계 재구조화가 필요하다.

따라서 경계는 단순한 구획이 아니라 체계의 기능성과 변화 가능성에 영향을 미치는 핵심 변수이며, 사회복지 실천에서는 이를 조정해 회복력과 적응 능력을 강화하는 것이 중요하다.

(2) 개방체계와 폐쇄체계(Open and Closed Systems)

체계는 외부와의 상호작용 정도에 따라 개방체계와 폐쇄체계로 구분된다. 개방체계는 외부의 정보 · 자원을 수용해 내부적으로 변형 · 조정하며 성장한다. 환경 변화에 민감하게 반응하고 구조와 기능을 유연하게 재조정해 적응력을 높인다. 외부 기관과 협력하고 지역사회 자원을 활용하는 복지기관은 전형적인 개방체계이며, 이를 통해 문제 해결력과 서비스의 질을 강화한다.

반면 폐쇄체계는 외부와의 상호작용을 제한해 내부 자원에만 의존하며, 변화에 둔감하다. 이로 인해 자원 고갈 · 의사결정 왜곡 · 갈등 고착화 · 문제 해결력 저하가 발생할 수 있다. 외부와 단절된 가정, 고립된 지역사회, 배타적 조직 문화가 그 예다. 사회복지 실천에서는 체계가 개방적인지 폐쇄적인지를 분석해 문제의 맥락을 이해하고 전략을 마련한다. 특히 아동학대 · 가정폭력 · 정신건강 문제 등은 폐쇄체계의 특성과 깊이 연관되어 있어, 외부 자원과의 연결을 촉진하는 것이 핵심 과제가 된다.

개방체계로의 전환은 사회복지 실천이 지향하는 '환경과의 조화로운 상호작용을 통한 성장과 복지 향상'을 가능하게 한다. 따라서 사회복지사는 폐쇄된 체계를 열고 다양한 체계를 연결하는 조정자이자 촉진자로서의 역할을 수행해야 한다.

2) 체계의 역동적 속성

체계는 단순한 정적 구조물이 아니라, 에너지와 정보를 주고받으며 내부 구조와 기능을 재조직하는 역동적 존재로 이해된다. 이러한 변화 가능성과 조절 능력은 인간의 문제를 개인의 결함이 아닌, 환경과의 상호작용 속에서 지속적으로 조정 · 변화하는 과정으로 해석하도록 한다. 이를 설명하기 위해 체계이론은 여러 속성을 제시하며, 대표적으로 네 가지가 있다.

(1) 균형과 안정 상태(Equilibrium and Steady State)

모든 체계는 내부 질서를 유지하기 위해 균형 상태를 지향한다. 균형은 환경 변화로 일시적 흔들림이 있더라도 조정을 통해 안정된 상태로 복귀하는 과정을 포함한다. 사회복지 실천에서는 가족 해체, 조직 갈등, 지역사회 붕괴 같은 위기 상황을 해석하고, 개입을 통해 새로운 질서로 전환을 모색하는 데 활용된다.

(2) 항상성(Homeostasis)

항상성은 체계가 외부 변화에도 기존 기능과 구조를 유지하려는 성향이다. 불균형 상황이 발생하면 조절 메커니즘이 작동해 이전 상태로 돌아가려 한다. 이는 안정성을 확보하지만, 동시에 부적응적 상태를 고착시킬 수 있다. 따라서 사회복지 실천에서는 항상성의 긍정적 기능을 인정하면서도, 필요시 새로운 균형으로 이행하도록 지원하는 접근이 필요하다.

(3) 순환적 인과관계(Circular Causality)

순환적 인과관계는 문제를 단일 원인이 아닌 상호작용의 반복으로 이해한다. 예컨대 부모의 과도한 통제가 자녀의 반항을 낳고, 이는 다시 부모의 통제 강화를 불러오는 구조다. 사회복지 실천은 이러한 순환 구조를 파악하고, 개입을 통해 상호작용의 고리를 변화시켜 문제 해결의 단초를 마련한다.

(4) 엔트로피와 네겐트로피(Entropy & Negentropy)

엔트로피(entropy)는 체계가 외부와의 상호작용을 차단하고 변화에 대한 유연성을 잃으면서 무질서 · 붕괴 · 해체로 나아가는 현상을 말한다. 이는 열역학에서 비롯된 개념으로, 에너지 소모와 정보 흐름이 차단될 때 체계 기능이 정체되거나 소멸된다는 원리에 근거한다. 사회체계에서도 폐쇄적 가족, 권위주의적 조직, 고립된 지역사회처럼 외부와 단절된 경우 구조적 쇠퇴와 기능 저하가 심화된다.

반대로 네겐트로피(negentropy)는 외부의 에너지 · 정보 · 자원을 수용해 내부를 재조직하고 더 높은 질서와 통합을 이루는 과정이다. 이는 체계가 자기회복력과 적응력을 발휘해 새로운 균형에 도달하는 성장의 과정으로, 건강한 체계 유지를 위한 핵심 원천이다. 사회복지 실천에서는 네겐트로피를 회복탄력성과 변화 가능성을 설명하는 핵심 개념으로 활용하며, 개입 방향과 목표 설정에 중요한 토대가 된다.

예를 들어 장기간 빈곤과 정서적 단절을 겪던 가정이 상담, 경제적 지원, 지역사회 프로그램을 통해 일상 회복과 자립 기반을 마련하는 것은 전형적인 네겐트로피 사례다. 이때 사회복지사는 일회성 지원이 아니라 체계의 에너지 흐름을 회복시키고, 자율적 성장 동력을 내재화하도록 돕는 역할을 수행해야 한다.

지역사회 차원에서도 네겐트로피적 개입은 필수적이다. 복지 사각지대 해소를 위한 민·관 협력, 정보 접근성 확대, 주민 참여 활성화는 정체된 지역사회가 활력을 되찾는 과정으로, 엔트로피 상태에서 벗어나 역동성과 연결성을 회복하는 구조적 전환을 의미한다.

결국 엔트로피와 네겐트로피는 단순한 이론을 넘어 사회복지 현장에서 위기와 회복, 쇠퇴와 성장, 고립과 연결을 해석하고 조절하는 분석 틀로 작용한다. 사회복지사는 클라이언트 체계의 에너지 상태를 진단하고, 적절한 자원 연계·정보 제공·역량 강화 프로그램을 통해 체계가 스스로 기능을 회복하고 발전하도록 촉진하는 설계자 역할을 수행해야 한다.

3) 체계의 과정적 속성

과정적 속성이란 체계 내에서 일어나는 상호작용과 변화 과정을 가리키며, 적응(adaptation), 균형(homeostasis), 경계 유지(boundary maintenance), 변화(change) 등의 요소를 포함한다. 체계는 외부 환경 변화에 적응하여 생존과 발전을 도모하고, 내부 질서를 유지하기 위해 균형을 추구한다. 이 과정에서 외부 자극에 반응하면서도 고유성을 지키려는 경계 유지 기능을 수행한다. 변화는 내부나 외부 압력에 의해 발생하며, 점진적이거나 급진적 재조직의 형태로 나타난다.

사회복지사는 이러한 과정적 속성을 이해함으로써 체계의 변화 가능성을 현실적으로 판단하고, 개입의 시기와 방법을 정밀하게 설계할 수 있다.

4) 체계의 행동적 특성

(1) 환경 반응성과 자기조절 능력

체계는 고정된 구조가 아니라 환경과 지속적으로 상호작용하며 변화·조정되는 개방적 단위로 이해된다. 생태체계이론은 이를 '환경과의 적합성(person-environment fit)' 개념으로 설명하며, 이는 체계가 외부 요구나 변화에 얼마나 민감하게 반응하고 효과적으로 적응하는지를 평가하는 기준이 된다. 체계는 단순히 자극에 반응하는 것이 아니라, 상황을 해석하고 내·외적 자원을 활용해 구조와 기능을 재조정하는 '자기조절적 적응' 과정을 반복한다.

예를 들어, 다문화 가정 청소년이 학교에서 언어·문화 장벽으로 소외감을 경험할 경우, 가족 내 역할 분담이나 의사소통 방식이 조정되며, 동시에 학교나 지역사회와의 관계도 재구성된다. 이러한 적응은 개인과 가족의 심리적 안녕과 사회적 기능 향상으로 이어진다.

사회복지실천에서 실천가는 체계가 환경과 어떻게 상호작용하는지를 정밀하게 사정하고, 왜곡된 인식이나 구조적 제약, 비효율적 상호작용을 개선할 전략을 제시해야 한다. 이는 단순한 순응을 유도하는 것이 아니라, 체계가 자원을 활용해 주체적으로 상황을 해석·대응하도록 돕는 접근이다. 궁극적으로 이는 자기조절성과 회복력을 높여 변화하는 환경 속에서도 안정적 기능을 유지하게 한다.

(2) 위기 대응력과 회복탄력성

체계는 외부의 스트레스나 위협에 직면했을 때 단순히 회피하거나 저항하는 것이 아니라, 이를 기회로 전환할 수 있는 역동적 능력을 지닌다. 생태체계이론은 이를 위기 대응력과 회복탄력성(resilience)으로 설명하며, 체계가 스트레스를 얼마나 효과적으로 감지하고 자원을 활용해 기능을 유지·재구성하는지를 평가한다.

위기 대응력은 급변하는 환경 속에서 충격에 반응하고 손상된 기능을 복구하는 과정으로, 개인 · 가족 · 조직 · 지역사회 등 다양한 수준에서 나타난다. 예컨대 자연재해로 지역사회 기능이 마비될 때, 주민 협력 · 행정 지원 · 복지기관의 자원 연계를 통해 빠른 회복을 도모하는 것이 그 사례다. 회복탄력성은 단순 복구를 넘어, 위기를 통해 새로운 기능을 습득하고 이전보다 더 적응적 · 창의적으로 성장하는 능력을 포함한다. 이는 긍정적 자원, 유연한 구조, 효과적 리더십, 정서적 지지망이 결합할 때 강화되며, 사회복지 실천은 이를 촉진하는 전략적 개입을 담당한다.

따라서 사회복지사는 체계가 겪는 위기의 본질과 수준을 정확히 진단하고, 적합한 개입으로 스트레스 반응을 조절하며 회복 경로를 설계해야 한다. 이는 단기 극복을 넘어 장기적 성장과 기능 향상을 추구하는 회복지향적 실천으로 이어져, 개인과 집단의 지속 가능한 안녕과 사회적 통합에 기여한다.

3 사회복지 실천의 적용 과제

생태체계이론은 인간행동이 개인의 내적 특성과 외부 환경 간의 지속적 상호작용을 통해 형성된다고 본다. 따라서 사회복지 실천은 개인을 고립된 주체로 보기보다 다양한 체계 속 관계망 속에서 이해하며, 복합적 환경 요소를 함께 고려하는 접근을 필요로 한다. 이는 클라이언트 문제를 개인의 결함으로 환원하지 않고, 사회적 맥락과 구조적 조건 속에서 총체적으로 해석하고 개입하도록 돕는다.

1) 다차원적 체계 분석에 기반한 실천 전략 수립

사회복지 실천은 개인 문제 해결에 그치지 않고, 그가 속한 다차원적 환경을 입체적으로 분석해 통합적 개입을 설계하는 과정이다. 생태체계이론은 이를 위한 토대를 제공하며, 사회복지사는 미시체계(개인 · 가족), 중간체계(학교 · 직장 · 지역 네트워크), 외체계(사회자원 · 정책 · 조직), 거시체계(문화 · 제도 · 법) 등 다양한 수준에서 클라이언트를 둘러싼 환경을 분석하고, 체계 간 상호작용을 고려해 전략적으로 개입해야 한다.

예를 들어 아동의 정서 불안이 드러날 때, 단순히 개인 기질만이 아니라 가정 내 양육태도(미시체계), 학교 내 또래관계(중간체계), 지역사회 자원 접근성(외체계), 아동복지 정책과 권리 문화(거시체계) 등 다층적 요인을 함께 살펴야 한다. 이러한 분석은 문제의 구조적 원인을 이해하고, 실천 개입의 효과성을 높이는 핵심이 된다.

사회복지사는 각 체계에서 작동하는 자원과 장벽을 식별하고, 체계 간 연계와 조정을 통해 최적의 실천 전략을 수립해야 한다. 이는 구조-개인-환경의 통합적 조화를 추구하는 생태적 실천의 실제적 적용이라 할 수 있다. 또한 다학제적 접근을 통해 교사, 보건의료인, 지역사회 리더, 행정기관 등과 협력하여 통합 지원 체계를 구성함으로써, 클라이언트의 삶의 질을 높이고 지속 가능한 변화를 촉진할 수 있다.

2) 체계 간 연계와 자원 조정 능력 강화

생태체계이론에 기반한 사회복지 실천의 핵심 전략 중 하나는 클라이언트를 둘러싼 다양한 체계 간의 효과적 연계(linkage)와 조정(coordination)이다. 현대 사회의 문제는 복합적 환경에서 발생하기 때문에 단일 체계만으로는 해결이 어렵다. 따라서 사회복지사는 다차원적 체계를 연결하고 자원의 중복이나 단절을 최소화하는 전문적 역할을 수행해야 한다.

예를 들어, 한부모 가정 청소년이 학교 부적응과 우울증을 겪는 경우, 가족(미시체계), 학교(중간체계), 정신건강 서비스와 지역사회 복지관(외체계), 청소년

정책과 사회적 인식(거시체계) 등이 함께 고려되어야 한다. 사회복지사는 이러한 체계 간에서 중재자 · 조정자 · 자원 연계자 · 서비스 설계자로 기능하며 다음 과제를 수행한다.

(1) 정보 흐름의 연결

관련 기관 및 전문가들 간의 정보 공유를 통해 클라이언트에 대한 총체적 이해를 형성하고, 중복 서비스 제공이나 정보 부족으로 인한 서비스 누락을 방지한다.

(2) 협력 네트워크 구축

보건, 교육, 법률, 주거, 고용 등 다양한 분야의 기관들과 공식적 · 비공식적 협력체계를 구성하여, 클라이언트에게 다차원적 지원이 가능하도록 한다.

(3) 서비스 연계 및 통합

클라이언트가 개별 서비스에 단편적으로 접근하지 않도록 조정하고, 삶의 전반에 영향을 미치는 서비스들을 유기적으로 통합하여 지속적이고 안정적인 지원이 가능하도록 한다.

연계와 조정은 단순한 기술이 아니라 체계 간 신뢰, 목표 공유, 책임성 확보를 전제로 하는 관계적 역량을 요구한다. 특히 지역사회 기반의 통합사례관리, 통합 돌봄, 사회적 자본 구축은 대표적 실천 방식이다. 사회복지사는 이 과정에서 리더십, 정책적 식견, 윤리적 판단, 의사소통 능력을 발휘해 클라이언트 중심의 실천체계를 구축하고, 지속가능한 복지환경을 조성한다. 결국 연계와 조정은 사회복지 실천의 가치와 전문성을 구현하는 핵심 전략이다

3) 체계의 회복력과 역량 중심 개입

생태체계적 관점에서의 사회복지 실천은 단순한 문제 해결이나 결핍 보완을 넘어, 클라이언트와 그가 속한 체계가 변화와 위기에 적응하고 스스로 회복 · 성장할 수 있도록 역량을 강화하는 데 초점을 둔다. 이는 최근 사회복지 분야에서 강조되는 회복력(resilience)과 역량강화(empowerment) 개념과 밀접하게 연결된다.

회복력은 개인이나 체계가 외부의 스트레스 · 위기 · 충격 속에서도 심리 · 사회적 균형을 되찾고 기능을 회복하며, 더 나아가 성장할 수 있는 능력을 의미한다. 특히 저소득 가정, 이혼 가정 아동, 정신질환자 가족, 재난 피해 지역사회 등 취약 집단에서 그 중요성이 두드러진다. 회복력은 개인의 내적 자원뿐 아니라 가족의 지지, 지역사회 네트워크, 정책적 지원 등 다양한 체계 수준의 상호작용 속에서 형성되며, 이는 곧 생태체계적 개입의 필요성을 뒷받침한다.

사회복지사는 다음과 같은 전략을 통해 체계의 회복력과 역량을 강화할 수 있다.

(1) 강점 기반 평가(Strength-based Assessment)

클라이언트의 문제와 결핍에만 초점을 맞추는 것이 아니라, 그들이 이미 보유한 강점, 잠재적 자원, 과거의 성공 경험 등을 면밀히 파악함으로써 개입의 출발점을 긍정적으로 전환시킨다.

(2) 적응적 상호작용 촉진

체계 내에서 반복되는 부적응적 상호작용, 역할 혼란, 기능 저하 등을 분석하고, 이를 보다 협력적이고 기능적인 방식으로 재조정하도록 돕는다. 예를 들어 갈등이 잦은 가족에게는 의사소통 기술을, 고립된 지역사회에는 공동체 활성화 프로그램을 제공할 수 있다.

(3) 역량강화와 자기결정 지원

클라이언트가 삶에 대한 통제감을 갖고 의사결정 과정에 참여하도록 지원함으로써 자존감과 책임감을 회복시키며, 이는 체계의 자생력을 높이는 선순환으로 이어진다. 또한 위기 상황에서도 체계가 기능을 유지하거나 신속히 복원할 수 있도록, 사회복지사는 다음과 같은 개입 원칙을 실천해야 한다.

① 정서적 지지체계 강화

신뢰할 수 있는 지지자, 멘토, 공동체 자원 등을 통해 정서적 안정과 사회적 연대를 확립한다.

② 학습과 성장의 기회 제공

위기를 단순히 극복해야 할 사건이 아닌, 체계가 스스로를 돌아보고 강화할 수 있는 계기로 활용할 수 있도록 교육, 훈련, 상담 등의 자원을 제공한다.

③ 정책 및 제도적 기반 마련

취약한 체계가 장기적으로 안정성을 확보할 수 있도록, 복지제도나 지역사회 기반 시설 등 구조적 자원을 연결·보완한다.

결국 생태체계적 실천은 클라이언트를 '문제의 대상'이 아니라 자원과 가능성을 지닌 주체로 이해하고, 환경과의 상호작용 속에서 회복과 성장하도록 지원하는 것이다. 이는 인간 존엄성, 자율성과 책임, 사회정의라는 사회복지의 핵심 가치와 직결되며, 지속 가능한 실천을 위한 이론적·철학적 기반을 제공한다.

4) 다학문적 협업과 지역사회 중심의 통합적 실천

현대 사회의 문제는 다차원적으로 얽혀 있어 단일 전문가의 노력만으로는 충분한 개입 효과를 기대하기 어렵다. 특히 생태체계이론이 강조하는 인간-환경 상호작용에 기반한 개입은 다양한 전문성이 통합적으로 작동해야 실질적인 변화를 도모할 수 있다. 따라서 다학문적 협업(multidisciplinary collaboration)과 지역사회 기반 통합적 실천(community-based integrated practice)은 핵심 전략이라 할 수 있다.

다학문적 협업은 사회복지사, 정신건강 전문가, 의료인, 교육자, 고용상담사, 주거복지사, 법률가 등 여러 분야의 전문가가 공동 목표 아래 협력하는 방식이다. 이는 클라이언트의 복합적 욕구에 총체적으로 대응하고, 체계 간 분절을 줄이며 서비스 질을 향상시킨다. 예컨대 학교 부적응 아동 지원은 사회복지사, 교사, 학부모, 심리상담사의 협력이 필요하며, 정신질환자의 지역사회 복귀는 의료·복지·주거·고용 간 통합적 연계가 필수적이다.

또한 생태체계적 실천은 지역사회를 하나의 유기적 체계로 보고, 클라이언트 개인 문제뿐 아니라 사회적 환경과 관계망 자체를 개입 대상으로 삼는다. 이를 통해 지역 차원의 자생적 변화와 회복을 촉진하며, 사회복지사는 이러한 지역사회 기반 실천 전략을 수행한다.

(1) 주민 주도의 참여형 실천 강화

지역 주민이 스스로 지역의 문제를 인식하고 해결에 참여할 수 있도록 역량을 강화하고, 주민조직을 활성화함으로써 주민 중심의 실천 구조를 형성한다.

(2) 지역 자원 발굴과 네트워크화

지역 내에 산재한 공공기관, 민간단체, 종교기관, 자원봉사 조직 등과의 파트너십을 구축하고, 이들을 네트워크화하여 실질적인 연계와 협력을 실현한다.

(3) 통합적 서비스 시스템 구축

주거, 보건, 교육, 고용 등 복합적 욕구에 대응할 수 있는 다분야 연계 통합 서비스 체계를 개발하고, 이를 기반으로 사례관리, 원스톱 서비스 등을 제공한다.

이러한 다학문적 · 지역사회 중심의 실천은 사회복지사의 역할을 확장할 뿐 아니라, 구조적 불평등과 사회적 배제를 완화하고 공동체 복지 수준을 높인다. 이는 위기 개입이나 개인 중심의 문제 해결을 넘어, 체계 간 연계와 환경 조정, 자원 재분배와 거버넌스를 통해 지속 가능하고 구조적 변화를 추구하는 과정임을 보여 준다.

결국 생태체계이론은 사회복지사에게 인간과 환경을 통합적으로 바라보는 다차원적 시각을 제공하며, 복합적 실천 전략을 수립할 수 있는 이론적 나침반 역할을 한다. 이는 개인의 삶 회복을 넘어 사회 전체의 통합성과 기능을 강화하고, 사회 정의와 인간 존엄이라는 사회복지의 핵심 가치를 실현하는 데 기여한다.

요점정리

- 생태체계이론은 인간의 행동과 발달을 개인과 환경의 상호작용 속에서 이해하는 통합적 관점을 제시한다. 개인을 고립된 존재가 아니라 주변 환경과의 관계 속에서 발달과 변화를 설명하며, 사회복지 · 교육 · 상담 등 다양한 분야에서 활용된다.
- 브론펜브레너는 인간이 여러 수준의 환경 속에서 살아간다고 보고, 이를 미시체계, 중간체계, 외체계, 거시체계, 시간체계로 구분했다. 미시체계는 가족 · 친구처럼 직접적 상호작용 환경이고, 중간체계는 가정 · 학교 등 여러 미시체계의 연결, 외체계는 직장 · 복지정책 등 간접 영향 환경이다. 거시체계는 문화 · 가치 · 법, 시간체계는 생애주기와 시대변화를 의미한다.
- 이 이론은 사회복지 실천에서 클라이언트를 둘러싼 맥락을 구조적으로 파악하고, 개인 · 가족 · 지역사회 · 정책 수준에서의 개입 전략을 세우는 데 유용하다. 다차원 분석으로 문제의 원인을 다층적으로 이해하고 효과적 · 지속 가능한 개입을 설계할 수 있다.

생각해 볼 문제

1. 생태체계이론에서 제시하는 다섯 가지 환경체계(미시 · 중간 · 외 · 거시 · 시간체계)의 특징과 예를 들어 설명하시오.
2. 사회복지사가 생태체계이론을 활용하여 클라이언트 문제를 분석할 때 얻을 수 있는 장점은 무엇인가?
3. 본인의 생활을 생태체계이론에 적용하여 각 체계에 해당하는 구체적 요소를 제시하시오.

사회환경의 이해

개 요

인간행동은 개인 내부의 요인뿐 아니라 그를 둘러싼 사회환경과의 상호작용 속에서 형성되고 변화한다. 이에 따라 사회복지 실천은 인간을 전체적인 맥락에서 이해하고 개입하는 통합적 접근을 지향한다. 본 장에서는 브론펜브레너의 생태체계이론을 이론적 기반으로 삼아, 인간행동에 영향을 미치는 가족, 집단, 조직, 지역사회, 문화의 구조와 기능을 분석한다. 이를 통해 사회복지사는 복잡한 환경적 요인을 통합적으로 이해하고, 실천 현장에서 보다 효과적이고 적절한 개입 전략을 수립할 수 있다.

학습목표

1. 인간행동에 영향을 미치는 가족, 집단, 조직, 지역사회, 문화의 구조와 기능을 설명할 수 있다.
2. 생태체계이론을 바탕으로 사회환경의 각 체계가 인간행동에 미치는 영향을 분석할 수 있다.
3. 사회복지 실천에서 다양한 환경체계를 통합적으로 고려한 개입 전략을 수립할 수 있다.

1 가족

1) 가족의 개념과 정의

가족은 인간이 속한 가장 기초적인 사회집단으로, 생물학적 · 법적 · 사회적 유대를 통해 구성되는 생활 단위이다. 전통적으로는 혈연과 혼인을 중심으로 형성되어 부모와 자녀로 이루어진 핵가족, 조부모 · 삼촌 등이 포함된 확대가족으로 구분되었다. 그러나 현대 사회에서는 1인 가구, 비혼 동거, 재혼 가족, 다문화 가족, 입양 가정 등 다양한 형태가 등장하면서 가족 개념은 점점 더 포괄적이고 기능 중심적으로 이해되고 있다. 사회복지 실천에서 가족은 단순한 생활 단위를 넘어 개인의 정체성, 심리적 안정, 사회화에 결정적 영향을 미치는 환경체계로 간주된다.

사회복지학적으로 가족은 '상호작용을 통해 기능을 수행하는 역동적 단위'로 보며, 구조보다는 기능에 초점을 둔다. 예컨대 조손 가족이나 동성 부부 가정이 전통적 구조와 다르더라도 안정된 양육과 정서적 지지를 제공한다면 가족의 본질적 기능을 수행한다고 본다. 이러한 접근은 가족에 대한 편견을 줄이고, 사회정책과 복지 실천에서 다양한 가족 형태가 배제되지 않도록 하는 데 중요한 역할을 한다.

2) 가족의 기능과 역할

가족은 생물학적 · 심리적 · 사회적 측면에서 다양한 기능을 수행하며, 이는 시대와 사회구조에 따라 달라진다. 대표적 기능에는 자녀 양육, 정서적 지지, 경제적 지원, 규범 전달, 보호와 돌봄이 있다. 파슨스(Parsons)는 가족의 핵심 기능을 사회화와 정서적 안정으로 보았으며, 산업사회에서 가족이 성격 안정화와 감정노동을 담당한다고 설명했다.

듀발(Duvall)은 가족 발달주기이론을 통해 가족 기능이 자녀 출생, 성장, 독립, 은퇴 등 변화에 따라 달라진다고 보았다. 즉, 가족은 고정된 구조가 아니라 지속적으로 재구성되는 동적 체계이다. 사회복지 실천에서는 발달 단계별 욕구 차이를 고려한 개입이 필요하다. 예컨대 유아를 둔 가족과 노부모를 돌보는 가족의 지원 방식은 달라야 한다.

3) 가족의 변화와 현대적 특성

산업화, 도시화, 개인주의, 성평등 의식 확산은 가족의 형태와 기능에 큰 변화를 가져왔다. 여성의 사회 진출은 양육과 가사 분담을 변화시켰고, 이혼율 증가와 비혼·만혼은 전통적 가족 개념을 흔들었다. 저출산·고령화는 1인 노인가구 증가와 돌봄 기능의 외부화를 촉발하며, 새로운 사회적 대안을 요구한다.

이에 따라 사회복지 실천은 '정상가족 이데올로기'에 기반한 단일 정책에서 벗어나 다양한 가족 형태의 욕구에 주목한다. 다문화 가족은 언어·문화적 제약을, 한부모 가족은 경제적 어려움과 낙인을 경험한다. 따라서 복지 실천은 포괄성과 다양성 존중, 유연한 서비스 연계가 요구된다.

4) 가족이론을 통한 구조적 이해

가족이론은 가족 문제를 분석하는 기초를 제공한다. 가족체계이론은 가족을 상호작용하는 체계로 보고, 한 구성원의 변화가 전체에 영향을 준다고 본다. 문제를 개인의 병리로 한정하지 않고, 의사소통과 체계 불균형으로 이해한다.

교환이론은 가족 상호작용을 비용-보상의 원리로 해석하며, 갈등이론은 권력 불균형과 억압적 구조를 강조한다. 생태체계이론은 가족이 외부 환경과 지속적으로 상호작용하는 존재임을 설명하며, 다양한 환경 요인을 분석한다. 이러한 이론들은 사회복지사가 가족을 개인이 아닌 사회환경 속 역동적 단위로 이해하게 한다.

5) 가족과 사회환경의 상호작용

가족은 사회적 · 경제적 · 문화적 환경 속에서 기능한다. 사회적 자본, 주거, 노동시장, 교육, 의료 서비스는 가족의 삶과 관계에 직접 영향을 미친다. 예컨대 저소득 가정은 양육 · 교육 기회가 제한되며, 장애아 가족은 돌봄 자원 부족으로 큰 부담을 겪는다.

반대로 가족은 지역사회와 제도에 영향을 주기도 한다. 지역사회 참여나 정책 요구, 돌봄 네트워크 구축을 통해 복지 생태계 발전에 기여할 수 있다. 따라서 사회복지 실천은 가족 내부 문제뿐 아니라 외부 자원과 구조를 함께 분석 · 조정해야 한다. 복합적 욕구를 가진 가족에는 서비스 통합, 사례관리, 다학제 협업을 통한 입체적 개입이 필요하며, 궁극적으로 가족이 사회적 관계망 속에서 안정적으로 기능하도록 지원해야 한다.

2 집단

1) 집단의 개념

집단(group)이란 두 사람 이상이 지속적으로 상호작용하며 공통의 목표를 추구하고, 규범과 역할을 공유하며 소속감을 느끼는 인간관계 체계를 의미한다. 단순한 사람들의 모임이 아니라, 상호작용과 정서적 유대, 공동 목적을 중심으로 형성된 구조이다. 사회복지 실천에서 집단은 개인의 문제 해결, 성장, 사회적 통합을 촉진하는 중요한 장이며, 집단 속 역동성과 상호작용은 개인의 행동 변화와 태도 형성에 큰 영향을 미친다.

사회복지의 집단은 치료집단, 자조집단, 교육집단, 사회화집단, 작업집단 등 다양한 형태로 구분된다. 이들은 목적과 개입 전략에 따라 기능이 달라지며, 구성원에게 정서적 지지, 사회적 기술 학습, 새로운 가치 내면화 등 긍정적 변화를 이끌 수 있다. 또한 집단은 사회적 규범과 기대를 학습하는 장으로서 사회화와 자율적 행동 조절에도 중요한 역할을 한다.

2) 집단의 유형

집단은 다양한 기준에 따라 분류할 수 있으며, 사회복지 실천에서도 집단의 유형에 따른 접근 방식이 달라진다.

(1) 형성 과정에 따른 분류

자연발생적 집단(natural group)은 가족, 친구, 지역사회 집단 등 자발적이고 자연스럽게 형성된 집단을 의미하며, 공식적 개입 없이도 상호작용이 이루어진다. 반면, 인위적 집단(purposive group)은 특정 목적에 의해 계획적으로 조직된 집단으로, 치료집단, 교육집단, 자조집단 등이 이에 해당한다.

(2) 목적에 따른 분류

치료집단은 구성원의 심리적 문제 해결과 정서적 치유를 목적으로 하며, 전문적인 사회복지사가 개입하여 구조화된 활동을 수행한다. 교육집단은 정보 제공과 기술 습득을 목표로 하며, 자조집단은 비슷한 문제를 가진 사람들이 자발적으로 모여 상호 지지와 경험 공유를 통해 문제를 극복하는 집단이다. 사회화 집단은 아동이나 청소년을 대상으로 사회적 기술과 행동규범을 학습하게 하며, 작업집단은 공동의 과제를 수행하며 협력과 조직력 등을 학습하게 한다.

(3) 개방성과 지속성에 따른 분류

개방집단(open group)은 구성원의 입출입이 자유로운 구조로 유동성이 높으며, 폐쇄집단(closed group)은 정해진 구성원으로 시작과 끝이 명확하게 설정되어 있다. 또한 단기집단과 장기집단으로 나뉘며, 프로그램의 목적에 따라 회기 수나 기간이 조정된다.

(4) 권력 구조에 따른 분류

민주적 집단은 구성원 간 평등한 의사결정과 참여가 강조되며, 권위적 집단은 지도자의 일방적인 통제가 중심이 된다. 사회복지 실천에서는 민주적 구조가 선호되나, 상황에 따라 일정한 구조화와 리더십이 필요한 경우 권위적 방식도 부분적으로 수용된다.

3) 집단의 특성

집단은 고유한 구조와 역동성을 지닌 사회체계로, 이러한 특성은 상호작용과 성과에 직접적인 영향을 주며 사회복지 실천에서도 중요한 개입 근거가 된다.

(1) 상호작용성

집단은 구성원 간 지속적인 상호작용을 기반으로 하며, 이는 단순한 의사소통을 넘어 감정 교류, 피드백, 갈등 조정까지 포함된다. 상호작용이 활발할수록 신뢰와 소속감이 강화되어 변화 동기와 자기개방성이 높아진다. 사회복지사는 상호작용의 질과 방향을 관찰하고 필요한 개입을 통해 효과적인 집단 역동을 유도해야 한다.

(2) 목표 지향성

집단은 문제 해결, 기능 향상, 지식 습득, 정서적 지지 등 특정 목표를 중심으로 조직된다. 사회복지 실천에서는 초기 단계에서 참여자와 공동으로 목표를 설정하는 것이 효과적이며, 이는 동기 부여와 만족도를 높인다.

(3) 집단 응집력

응집력은 구성원 간의 유대감과 신뢰를 의미하며 집단의 효과성에 결정적이다. 응집력이 높을수록 몰입과 만족도가 높아지고 변화도 촉진된다. 반면 낮으면 갈등과 이탈이 늘어난다. 응집력은 리더십, 구성원의 유사성, 목표 공유 등에 의해 좌우되며, 사회복지사는 이를 강화하는 중재를 수행해야 한다.

(4) 역할과 규범

집단은 구성원에게 다양한 공식 · 비공식적 역할을 부여하며, 규범을 통해 행동을 조정한다. 역할은 리더, 중재자, 반항자 등으로 나타나며 상호작용 패턴과 기능에 영향을 미친다. 명확한 규범은 집단의 안정성과 신뢰를 높인다.

(5) 변화 촉진 요인

집단은 행동 변화와 자기수용을 이끌어 내는 촉진 요인이 된다. 특히 치료적 집단에서는 공감, 피드백, 유사 경험 공유, 모범 학습 등을 통해 자연스러운 변화가 일어난다. 사회복지사는 이러한 요인을 적절히 활용하여 집단이 변화를 촉진하는 공간으로 기능하도록 지원해야 한다.

4) 집단의 발달 단계

집단은 형성, 발전, 종결의 과정을 거치며, 이러한 발달 단계를 이해하는 것은 갈등, 몰입, 행동 변화를 예측하고 개입하는 데 중요하다. 대표적인 모형은 터크만(B. Tuckman)의 5단계 이론(형성기, 격동기, 규범기, 수행기, 종결기)이다.

(1) 형성기(Forming)

집단이 처음 조직되는 단계로, 구성원들은 기대와 긴장을 동시에 경험한다. 이 시기에는 목적, 규칙, 역할을 명확히 하고, 신뢰 형성이 중요하다. 사회복지사는 안전한 분위기를 조성하고 자기소개와 상호 수용을 격려해야 한다.

(2) 격동기(Storming)

역할 충돌과 의견 대립이 나타나는 시기로 갈등이 집중된다. 이는 성숙을 위한 과정이지만 관리되지 않으면 해체로 이어질 수 있다. 사회복지사는 의사소통을 촉진하고 규범을 재정립해 갈등을 건설적으로 해결하도록 돕는다.

(3) 규범기(Norming)

집단 질서가 자리 잡고 신뢰와 협력이 본격화되는 단계이다. 역할과 기대가 명확해지며 응집력이 강화된다. 사회복지사는 리더십을 일부 위임해 구성원들이 주도적으로 참여하도록 지원한다.

(4) 수행기(Performing)

집단이 목표 달성에 집중하며 가장 생산적으로 기능하는 단계이다. 구성원들은 자유롭게 의견을 나누고 정서적 지지와 행동 변화가 뚜렷하다. 사회복지사는 피드백과 성찰을 촉진해 자기이해와 변화를 이끌도록 돕는다.

(5) 종결기(Adjourning)

집단이 종료되며 이별을 준비하는 단계로, 상실감과 불안이 나타날 수 있다. 사회복지사는 과정을 회고하고 학습 내용을 생활에 적용할 수 있도록 통합 활동을 진행해야 한다. 종결은 단순한 끝이 아니라 새로운 출발의 전환점으로 이해되며, 필요시 후속 지원이 마련되어야 한다.

3 조직

조직은 사회복지 실천의 기반이 되는 핵심 사회체계로, 서비스 제공뿐 아니라 사회적 영향력 형성, 제도 변화, 자원 연계 등 다양한 기능을 수행한다. 조직 이해는 사회복지사에게 실천의 맥락을 인식하게 하고 효과적 개입 전략 수립의 기초가 된다. 단순한 집합체가 아니라 목표, 구조, 문화, 권력관계가 복합적으로 얽힌 체계로서 기능한다.

1) 조직의 개념

조직(organization)은 일정한 목적 달성을 위해 역할과 기능이 구조화된 사회적 체계이다. 사회학적으로 조직은 목표 지향적이고 합리적이며 지속적인 인간 활동의 틀로 이해된다. 이는 비공식 집단이나 일시적 모임과 달리 명확한 목표, 역할 분담, 제도와 규칙, 활동 영역을 갖추며 체계적으로 운영된다.

현대 사회에서 조직은 교육, 보건, 복지, 정치 등 모든 영역에 존재하며 개인이 사회생활을 영위하는 필수적 공간이자 수단이다. 특히 사회복지 실천에서는 단순한 서비스 제공을 넘어 불평등 해소, 제도적 약자 대변, 구조적 개입을 가능하게 하는 플랫폼으로 작용한다.

조직은 개인 역량으로는 불가능한 대규모 과업을 수행하게 하며, 사회복지조직은 욕구 충족, 사회서비스 제공, 자원 조정, 복지정책 실현 등 다층적 기능을 가진다. 그 구조와 운영은 설립 목적, 제도, 이념에 따라 달라지며, 역할과 권한, 구조와 문화가 유기적으로 연결된 복합적 시스템으로 이해된다.

2) 조직의 특성

조직은 명확한 목표를 중심으로 역할과 기능이 구조화되어 있으며, 자원을 효과적으로 관리하고 외부 환경과 지속적으로 상호작용하는 특성을 지닌다. 특히 사회복지조직은 복지 실현을 위한 전문적 역할 분담과 자원 통합, 환경 변화에 대한 유연한 대응이 핵심이다. 이러한 특성은 조직의 안정성과 지속 가능한 발전을 동시에 가능하게 한다.

(1) 목표 지향성

조직은 하나 이상의 명확한 목적을 달성하기 위해 형성되며, 조직 활동의 모든 방향은 이 목적 중심으로 설계된다. 사회복지조직의 경우, 사회적 약자의 복지 향상, 권익 보호, 삶의 질 개선 등이 주된 목적이다.

(2) 구조화된 체계

조직은 구성원 간의 관계와 역할을 명확히 규정하고, 다양한 제도와 규칙, 절차를 통해 운영된다. 이러한 구조는 업무의 효율성과 책임성을 보장하며, 구성원 간 의사소통과 자원 배분을 체계적으로 수행할 수 있게 한다.

(3) 역할과 기능의 분화

조직 내부에서는 각 구성원이 특정 역할을 담당하며, 이로 인해 전체 조직이 효율적으로 운영된다. 예컨대, 사회복지기관에서는 상담사, 행정직, 프로그램 담당자, 사례관리자 등으로 역할이 분화된다. 이러한 분화는 전문성을 강화하고, 서비스 질을 향상시키는 기반이 된다.

(4) 자원의 통합과 관리

조직은 인적 자원, 재정 자원, 물적 자원 등을 확보하고 이를 조직의 목적에 따라 효과적으로 통합 및 활용한다. 특히 사회복지조직은 한정된 자원 속에서 최대한의 효과를 낼 수 있도록 자원 연계 및 협력 네트워크 구축이 중요하다.

(5) 환경과의 상호작용

조직은 고립된 체계가 아니라, 외부 환경과 끊임없이 상호작용하는 열린 체계이다. 법적 제도, 정책 변화, 사회적 요구, 지역사회의 특성 등은 조직 운영에 영향을 미치며, 조직은 이러한 변화에 유연하게 대응해야 한다. 특히 사회복지 조직은 사회문제의 변화에 민감하게 반응하고, 사회적 요구에 맞는 서비스 혁신을 주도할 필요가 있다.

(6) 지속성과 변화 가능성의 공존

조직은 어느 정도 안정성과 지속성을 유지하는 것이 중요하나, 동시에 외부 환경 변화에 유연하게 대응할 수 있는 적응성과 혁신성도 요구된다. 변화하는 복지환경 속에서 사회복지조직은 끊임없는 조직개발과 리더십 혁신을 통해 지속적인 성장을 도모해야 한다.

3) 조직의 유형

조직은 설립 목적, 운영 방식, 소유 구조, 사회적 기능에 따라 다양한 형태로 구분되며, 사회복지 실천에서는 단순한 행정 단위를 넘어 서비스 제공, 자원 연계, 제도적 변화 추구의 핵심 매개체로 기능한다. 따라서 사회복지사는 조직 유형과 특성을 이해해 효과적 실천 전략을 설계해야 한다. 주요 유형은 다음과 같다.

(1) 공식조직과 비공식조직

공식조직은 법적 · 제도적 목적, 구조, 역할, 규칙에 따라 운영되며, 계층구조와 책무성이 명확하다. 중앙 · 지방정부 기관, 사회복지관, 아동보호전문기관, 병원, 학교 등이 대표적이다. 안정적이고 연속적인 서비스 제공이 가능하다는 점에서 사회복지 실천의 중요한 기반이 된다.

비공식조직은 제도적 틀보다 자연스러운 상호작용과 정서적 유대에 의해 형성된다. 자조집단, 상부상조 모임, 종교 공동체, 학부모 모임, 돌봄 네트워크 등이 해당하며, 유연성과 친밀성을 바탕으로 사회적 지지를 제공하고 제도로부터 소외된 이웃을 포용한다.

(2) 영리조직과 비영리조직

영리조직은 이윤 창출을 목표로 하며, 시장경제 속에서 효율성과 경쟁력을 중시한다. 주식회사, 개인기업, 다국적기업이 대표적이며, 고객 수요에 따른 서비스 제공과 수익 확보를 추구한다.

비영리조직은 공익적 가치 실현과 사회적 약자 지원을 목적으로 하고, 잉여 수익을 구성원에게 분배하지 않고 재투자한다. 정부 보조금, 민간 후원, 자원봉사 등을 기반으로 운영되며, 수혜자 중심의 비시장적 가치 실현을 중시한다. 아동복지시설, 노인요양기관, 자활센터, 지역사회복지관 등이 이에 속한다.

(3) 공공조직과 민간조직

공공조직은 정부나 공공기관이 설립·운영하며, 국민 복지권 보장과 사회적 형평성 실현을 목적으로 한다. 보건복지부 산하기관, 국민연금공단, 건강보험공단, 공공노인요양시설 등이 해당하며, 국가 예산을 주요 재원으로 한다.

민간조직은 시민단체, NGO, 사회적 기업, 종교단체 등 비국가 주체가 운영하며, 지역 특수한 수요에 신속하고 창의적으로 대응한다. 기부금, 회비, 자원봉사 등 다양한 자원을 활용하며, 공공조직이 미처 다루지 못하는 분야를 보완한다. 위기 청소년 지원단체, 이주민 인권단체, 장애인 자립생활센터 등이 그 예다.

(4) 수직적 조직과 수평적 조직

수직적 조직은 상명하복과 위계질서를 기반으로 운영되며, 절차와 역할이 분명하다. 안정성과 통제력은 높으나 유연성은 부족하다.

수평적 조직은 권한이 분산되고 구성원 참여가 활발하여, 협력적 문제 해결과 창의성을 촉진한다. 변화 대응력이 뛰어나고 구성원의 만족도와 몰입도를 높이며, 조직의 지속성과 혁신에 기여한다. 현대 사회복지조직은 점차 수평적 구조를 지향하는 추세다.

(5) 사회복지조직의 특수성

사회복지조직은 공익 실현과 사회적 약자 지원을 중심으로 하며, 운영 전반에서 투명성과 책임성이 요구된다. 정부 재정과 기부금 등 공적 자금에 기반해 이해관계자에 대한 책무성을 확보해야 한다.

서비스는 인간 중심적 · 관계적 성격이 강해 질적 요소와 맞춤형 접근이 중요하다. 대상자의 권리와 자기결정을 존중하고, 전문성과 윤리성을 바탕으로 운영된다. 이를 위해 지속적 지식 · 기술 개발과 평가체계가 필수적이다.

4 지역사회

1) 지역사회의 개념

지역사회는 인간이 공동의 삶을 영위하는 기본 사회 단위로, 단순히 같은 공간에 거주하는 사람들의 집합체를 넘어선다. 사회적 유대, 상호작용, 소속감을 기반으로 형성되는 복합적 · 역동적 공동체이다.

과거에는 주로 지리적 근접성을 중심으로 이해했으나, 현대에는 기능적 · 심리적 · 문화적 차원까지 포함된다. 즉, 지역사회는 생활권 공유를 넘어 사회적 관계망과 공동의 목표 실천을 통해 고유한 정체성과 연대감을 형성하는 사회적 실체이다.

또한 주민 삶의 질을 유지하는 기반이자 집단적 문제 해결이 가능한 협력적 장으로 기능한다. 최근에는 온라인 공동체, 정서적 소속감에 기반한 기능적 공동체 등 다양한 형태가 등장하며, 이들 역시 사회복지 실천의 중요한 대상이 된다. 따라서 지역사회는 단순한 공간이 아니라, 상호작용과 참여를 통해 공동의 삶을 조직하는 유기적 체계로서, 사회복지 실천의 전략적 토대가 된다.

2) 지역사회의 기능

지역사회는 주민의 삶의 질 향상, 집단 내 통합과 안정, 사회 발전을 위한 핵심 기능을 수행한다.

첫째, 사회화 기능은 개인이 사회적 규범과 가치를 내면화하여 정체성과 책임감을 형성하고, 공동체의 일원으로 성장하도록 돕는다.

둘째, 사회 통제 기능은 법과 제도, 사회적 규범을 통해 구성원의 행동을 조정하고 질서를 유지해 안정적 생활 기반을 마련한다.

셋째, 사회참여 기능은 주민이 공공 문제 해결에 능동적으로 참여하도록 하여 민주적 시민성을 실현하고 지역 발전을 촉진한다.

넷째, 상호부조 기능은 위기에 처한 개인이나 가정을 자발적으로 지원해 복지 사각지대를 보완하고 공동체 회복력을 높인다.

마지막으로, 문화 전달 기능은 지역 고유의 역사와 전통, 가치체계를 계승해 정체성과 소속감을 강화하며, 세대 간 통합과 사회적 연속성을 가능하게 한다.

이처럼 지역사회는 단순한 거주 공간을 넘어, 사회적 관계망과 협력을 통해 복지와 통합을 실현하는 장(場)으로 기능한다.

3) 지역사회와 사회복지의 관계

사회복지 실천에서 지역사회는 단순한 배경이 아니라, 변화가 일어나고 실천이 전개되는 중심 무대이다. 지역사회는 사회문제와 복지 욕구가 발생하는 1차적 공간이자, 클라이언트가 생활과 관계망을 형성하며 자원에 접근하는 삶의 터전이다. 즉, 문제의 발생지이면서 동시에 해결 가능성을 내포한 핵심 장(場)이다.

이곳에서는 아동학대, 노인 고립, 빈곤, 주거 불안, 건강 불균형 등 다양한 문제가 발생하며, 대응 역시 지역사회 안에서 이루어져야 한다. 주민들은 자원을 활용하고 프로그램에 참여하며, 문제 해결의 주체로서 지역 복지 수준을 변화시킨다. 따라서 지역사회는 단순한 서비스 공간이 아닌, 주민 참여와 실천이 이루어지는 능동적 장이다.

사회복지사는 지역의 구조, 문화, 자원, 관계망을 분석하고 다양한 행위자들과 협력해 실천 전략을 수립해야 한다. 통합성, 연대 수준, 주민 참여도, 기관 간 네트워크에 따라 개입 방식도 달라지므로 이에 적합한 접근이 필요하다. 특히 지역의 자원과 강점을 발굴해 주민 역량을 강화하고, 공동체의 자생적 문제 해결 능력을 높이는 것이 핵심이다.

결과적으로 사회복지사는 외부 개입자가 아닌, 지역 내부의 촉진자 · 연결자 · 조직가로서 주민 참여와 맞춤형 접근을 통해 지속 가능한 복지체계를 형성해야 한다. 이는 단기적 서비스 제공을 넘어 구조적 변화와 주민 역량 강화를 지향하는 전문 실천 전략으로 이어진다.

4) 지역사회 조직화와 실천 전략

지역사회 조직화는 주민이 공동체 문제를 외부에 의존하지 않고 스스로 인식 · 해결에 참여하는 실천 전략이다. 주민은 단순한 복지 수혜자가 아니라 권리와 책임을 지닌 주체로서 자발적 행동에 나선다. 이를 통해 역량 강화, 리더십 개발, 자원 동원, 사회적 연대를 촉진하며, 하향식 방식의 한계를 넘어 상향식 참여로 자생적 복지체계를 구축한다.

사회복지사는 이 과정에서 촉진자, 연결자, 옹호자, 교육자의 역할을 맡는다. 주민 간 소통을 활성화하고 자원을 연계하며, 소외계층의 권익을 보호하고 교육을 통해 역량을 높인다. 특히 저소득층, 노인, 이주민, 장애인 등 취약계층이 지역 의사결정에 참여할 수 있도록 구조적 장벽을 완화하고 포괄적 참여를 유도해야 한다. 이러한 조직화는 주민 주도의 자율적 복지공동체 형성에 핵심적 기반이 된다.

5) 사회복지사의 역할

사회복지사는 지역사회 실천의 선도자로서 다양한 문제와 복지 욕구를 민감하게 파악하고, 주민과의 소통을 통해 본질을 이해한다. 단순한 서비스 제공을 넘어 주민이 스스로 문제를 해결할 수 있도록 참여 기반 전략을 세우며, 주민 역량 강화와 공동체 응집력 제고를 위한 촉진자 · 조정자의 역할을 한다. 또한 지역 내 공식 · 비공식 자원을 연계해 서비스의 질과 범위를 확장하고, 자원의 공정한 분배와 효율적 활용을 도모한다. 아울러 정책 참여와 옹호 활동을 통해 소외계층의 권익을 대변하고 제도적 변화를 이끌며, 주민의 목소리가 정책에 반영되도록 힘쓴다. 이처럼 사회복지사는 미시적 실천과 거시적 전략을 통합해 지역사회의 회복력과 통합성을 높이는 핵심적 역할을 담당한다.

5 문화

1) 문화의 개념과 구성 요소

문화는 한 사회나 집단의 구성원이 오랜 시간 형성 · 공유하며 세대 간 전승되는 지식, 신념, 가치, 규범, 언어, 예술, 종교, 법, 기술, 관습 등 인간 삶과 관련된 총체적 생활양식이다. 이는 단순한 생활 방식이 아니라 인간이 세계를 인식하고 행동하는 사고 틀로 작용하며, 소통 · 사회 질서 · 정체성 형성의 기준이 된다.

문화는 물질문화와 비물질문화로 구분된다. 물질문화는 의복, 식사, 주거, 도구, 기술, 예술품 등 유형 산물로 사회의 발전 수준과 역사적 배경을 반영한다. 비물질문화는 언어, 가치관, 규범, 종교, 전통 등 무형 요소로, 인간의 사고와 행동을 이끄는 역할을 한다.

인간은 출생 이후 가정, 학교, 또래 집단, 대중매체 등 사회화 기관을 통해 문화를 학습하고 내면화한다. 이 과정은 단순한 정보 전달이 아니라 공동체의 규범과 기대를 이해하고 역할을 수행하도록 준비시키는 통합적 학습이다. 따라서 문화는 인간을 사회적 존재로 성장하게 하는 기본 틀이자, 인간 행동을 이해·해석하는 데 필수적 개념이다.

2) 문화와 인간행동

문화는 인간의 사고 방식, 감정 표현, 의사소통, 가족관계, 질병 인식, 죽음과 애도 방식 등 삶 전반의 행동 양식에 깊은 영향을 미친다. 이는 개인이 세상을 이해하고, 타인과 상호작용하며, 문제를 인식·대응하는 방식을 규정하는 핵심 요소이다. 예를 들어, 동일한 스트레스나 상실 상황에서도 어떤 문화는 감정 표출을 장려하지만, 다른 문화는 억제를 기대할 수 있다.

이처럼 문화는 인간의 삶과 밀접히 연결되어 있으며, 사회복지 실천에서도 중요한 고려 요소이다. 클라이언트의 문화적 배경을 무시하면 개입 효과가 낮아지거나 자율성과 정체성을 침해할 수 있다. 따라서 사회복지사는 문화적 상대주의를 바탕으로 차이를 존중하고, 민감성과 역량을 갖춘 실천자로서 문화적으로 적절한 서비스를 제공해야 한다. 이는 곧 클라이언트의 존엄성과 권리를 보호하는 윤리적 실천의 핵심이 된다.

3) 문화적 다양성과 다문화 사회

현대 사회는 글로벌화, 국제이주, 인구 다양화로 점차 다문화 사회로 진입하고 있다. 이는 단순히 여러 인종과 민족의 공존을 넘어, 서로 다른 가치관 · 신념 · 생활양식 · 언어 · 종교를 가진 사람들이 공동체 내에서 상호작용하는 구조적 특성을 의미한다. 그러나 다문화 환경은 존중과 공존의 기회를 제공하는 동시에, 갈등 · 오해 · 편견 · 배제 등의 위험도 내포한다. 특히 제도적 차별이나 문화적 낙인은 소수 집단의 사회적 소외를 심화시킬 수 있다.

이러한 맥락에서 사회복지사는 문화 차이를 민감하게 인식하고, 다양한 문화적 배경을 지닌 클라이언트에게 공정하고 차별 없는 서비스를 제공해야 한다. 문화적 감수성은 단순한 지식 습득을 넘어, 클라이언트의 정체성과 생활 방식을 존중하며 그들의 관점에서 문제를 이해하는 태도를 포함한다. 다문화 역량(multicultural competence)은 언어 접근성, 문화적 맞춤 서비스, 제도적 포용성 등을 실천 현장에 반영할 수 있는 능력을 의미한다.

문화적 감수성과 다문화 역량을 기반으로 한 실천은 클라이언트의 권리를 보호하고, 서비스의 동등한 접근성과 평등한 대우를 보장하는 토대가 된다. 따라서 사회복지사는 자기성찰과 교육을 지속하며, 문화 간 이해를 촉진해 누구나 존중받고 보호받는 환경을 조성해야 한다. 이는 곧 사회복지의 핵심 가치인 인간 존엄성과 사회정의를 실현하는 길이다

4) 문화와 사회구조의 상호작용

문화는 단순한 생활양식을 넘어 정치, 경제, 교육 등 사회제도와 긴밀히 상호작용하며 사회구조 전반에 영향을 미친다. 특히 지배문화가 사회를 규정하는 과정에서 소수문화는 주변화되거나 배제되기 쉽고, 이는 문화적 차별과 구조적 불평등으로 이어진다. 이러한 불평등은 기회, 자원 접근, 권리 보장 등에서 불균형을 초래하며, 소수자와 사회적 약자의 삶에 부정적 영향을 미친다.

사회복지사는 문화와 사회구조가 결합해 형성하는 억압의 메커니즘을 이해하고, 다양성과 평등의 가치를 실천에 반영해야 한다. 이를 위해 문화적으로 민감

한 접근을 통해 불이익을 경험하는 집단의 권익을 옹호하고, 사회구조 변화를 촉진하는 전략을 마련해야 한다. 궁극적으로 문화적 정의의 실현은 사회복지의 포괄성과 공공성을 높이는 핵심 과제가 된다.

5) 사회복지 실천에서 문화의 적용

문화적으로 적절한 실천(culturally appropriate practice)은 사회복지에서 점점 더 중요한 가치로, 단순히 문화 지식을 적용하는 것을 넘어 클라이언트의 세계관과 가치관을 존중하고, 그들의 문화적 자원과 강점을 실천에 통합하는 접근을 의미한다. 사회복지사는 보편적 규범에 따라 판단하기보다 개인이 속한 문화적 맥락과 삶의 의미를 고려해 전략을 설계해야 한다.

예를 들어 노인의 경우 유교적 가족주의, 연령 권위, 죽음에 대한 종교적 해석이 중요할 수 있고, 아동 대상 실천에서는 부모의 양육 가치관, 언어적 표현, 학습관에 대한 기대를 반영해야 한다. 또한 이주민 · 난민은 출신 국가의 역사, 트라우마, 이중문화 적응 문제 등을 이해한 문화 맞춤형 접근이 필요하다.

이처럼 연령, 출신, 종교, 언어, 성별, 지위 등 다양한 정체성은 실천의 방향에 큰 영향을 미친다. 이에 맞춘 문화 민감적 접근은 서비스 수용성과 효과성을 높이며, 클라이언트 중심 개입을 가능하게 한다. 궁극적으로 문화적으로 적절한 실천은 사회복지사가 공감 · 존중 · 참여를 바탕으로 관계를 형성할 수 있는 기반이 된다.

요점정리

- 인간행동은 개인의 성격 · 가치 · 신념 등 내부 요인뿐 아니라 가족, 집단, 조직, 지역사회, 문화와 같은 사회환경과의 상호작용 속에서 형성 · 변화한다. 이러한 관점은 개인을 고립된 존재로 보지 않고, 환경적 맥락 속에서 발달과 행동을 이해하는 데 초점을 둔다.
- 사회복지 실천은 인간을 전체적 맥락에서 이해하고 개입하는 통합적 접근을 지향한다. 브론펜브레너의 생태체계이론은 인간행동을 미시 · 중간 · 외 · 거시 · 시간체계로 구분해 분석하며, 각 체계가 상호작용하여 개인의 삶에 영향을 미친다고 설명한다. 이를 통해 사회복지사는 클라이언트를 둘러싼 복합적 요인을 체계적으로 파악할 수 있다.
- 사회복지사는 환경적 요인을 통합적으로 이해해 개인 · 가족 · 집단 · 지역사회 · 정책 수준에서 적절한 개입 전략을 수립한다. 이를 위해 각 체계의 구조와 기능을 분석하고, 자원 연계 · 정책 제안 · 환경 개선 등 다차원적 개입을 실행함으로써 클라이언트의 삶의 질 향상과 사회적 변화를 도모한다.

생각해 볼 문제

1. 생태체계이론이 사회복지 실천에서 중요한 이유는 무엇인가?
2. 가족, 집단, 조직, 지역사회, 문화가 개인의 행동에 영향을 미치는 구체적 사례를 제시하시오.
3. 사회복지사가 통합적 접근을 통해 개입 전략을 수립할 때 고려해야 할 요소는 무엇인가?

참고문헌

권석만(2012). 현대심리치료 상담이론. 서울 : 학지사.
______(2018). 현대심리치료와 상담이론. 서울 : 학지사.
권중돈(2021). 인간행동과 사회환경 : 이론과 실천. 서울 : 학지사.
권중돈 · 김동배(2005). 인간행동과 사회환경. 서울 : 학지사.
____________(2014). 인간행동과 사회환경. 서울 : 학지사.
김미영(2010). 아동발달. 경기 : 정민사.
김수정 · 장수미 · 오창순(2023). 인간행동과 사회환경. 서울 : 학지사.
김연수 · 김경희 · 김진숙 · 최명민(2022). 의료사회복지론. 서울 : 신정.
김춘경(2018). 분석심리학의 이론과 실제. 서울 : 학지사.
김혜미 · 김태연 · 양경은 · 김희주(2023). 사회복지와 문화다양성. 서울 : 학지사.
김혜미 · 김태연 · 양경은 · 김희주 · 유조안(2023). 사회복지와 문화다양성. 서울 : 학지사.
노안영 외(2021). 개인심리학적 상담 : 아들러 상담. 서울 : 학지사.
박경애(2022). 인지정서행동치료. 서울 : 학지사.
박아청(2001). 성격심리학의 이해. 경기 : 교육과학사.
보건복지부(2023). 아동학대 예방 및 대응 정책. 보건복지부 공식 자료.
서혜석 · 이혜숙 · 한경리 · 박지윤(2024). 사회복지실천기술론. 서울 : 학지사.
손광훈(2010). 인간행동과 사회환경. 경기 : 공동체.
송현철(2024). 버러스 스키너의 심리학 : 조작적 조건형성 톺아보기 [EPUB]. 서울 : 루미너리북스.
신기원 · 김상아 · 김용준 · 오하나 · 이우언 · 임종철(2023). 인간행동과 사회환경. 경기 : 공동체.
신현숙 외(2019). 유전 질환과 태아 발달. 서울 : 생명과학사.
양종승 · 이승연 · 조윤 · 차한솔 · 탁순자(2024). 사회복지실천기술론. 경기 : 공동체.
엄태완(2023). 인간행동과 사회환경. 경기 : 공동체
에릭 에릭슨의 심리학 심리사회발달이론 돌아보기(2024). 예스24 (전자책).
오세진(2017). 인간행동과 사회환경. 서울 : 학지사.
이부영(2005). 분석심리학. 서울 : 일조각.
______(2008). 정신분석적 정신치료. 서울 : 일조각.
이순례 · 장원태 · 곽종형(2023). 노인복지론. 경기 : 공동체.
이영실 · 김은영 · 최지현(2021). 아동발달의 이해. 서울 : 학지사.
이영호(2022). 사회복지실천기술론 (제3판). 경기 : 공동체.

이원주(2024). 노인복지론. 경기 : 공동체.

이은희 · 김남숙(2024). 인간행동과 사회환경. 경기 : 공동체

이인정 · 최해경(2020). 인간행동과 사회환경. 경기 : 나남.

이정숙(2010). 프로이트와 융, 무의식의 거장을 만나다. 서울 : 김영사.

이현숙 · 김영애(2023). 사회복지와 문화다양성. 서울 : 한국방송통신대학교 출판문화원.

이형석 · 오승하(2024). 인간행동과 사회환경. 경기 : 공동체.

임선영 · 권석만(2012). 관계상실을 통한 성장이 성격적 성숙과 정신건강에 미치는 영향. *Korean Journal of Clinical Psychology, 31*(2), 427-447.

장수한 외(2024). 인간행동과 사회환경. 경기 : 공동체.

장수한 · 김현주 · 임혁 · 채인숙(2023). 인간행동과 사회환경. 경기 : 공동체.

전재일 · 이성희 · 김연희(2015). 사회복지실천기술론. 경기 : 공동체.

전현수(2012). 칼 융의 분석심리학. 서울 : 학지사.

정명진(2009). 융 심리학 입문. 서울 : 학지사.

최안나(2020). 융의 원형 이론에 대한 문화심리학적 고찰. 심리과학, 21(2), 55-72.

최옥채 · 김민수 · 박지현 · 이현정(2007). 영아기 정서 발달과 어머니의 정서반응과의 관계. 한국아동발달학회지, 26(3), 45-62.

최옥채 · 박미은 · 서미경 · 전석균(2007). 인간행동과 사회환경(제3판). 경기 : 양서원.

______________________________(2023). 인간행동과 사회환경(공저). 경기 : 양서원.

______________________________(2024). 인간행동과 사회환경 (제7판). 경기 : 양서원.

최희철(2021). 사회복지실천기술론. 경기 : 양서원.

한덕웅(2004). 인간의 마음과 행동. 경기 : 박영사.

현성용 · 곽금주 · 김미리혜 · 성한기 · 신종호 · 유태용 · 윤병수 · 이영호 · 이재호 · 이주일 · 임선영 · 정윤경 · 조성근 · 진영선 · 한광희(2020). 현대 심리학의 이해. 서울 : 학지사.

홍경자(2020). REBT와 인지이론의 실제. 서울 : 학지사.

Adler, A. (1954). *Understanding human nature*(W. B. Wolfe, Trans.). New York, NY : Fawcett. (Original work published 1927)

________ (1964). *Social interest : A challenge to mankind*(J. Linton, Trans.). New York, NY : Capricorn Books. (Original work published 1938)

Ansbacher, H. L., & Ansbacher, R. R. (Eds.). (1956). *The individual psychology of Alfred Adler : A systematic presentation in selections from his writings*. New York, NY : Harper.

Bandura, A. (1986). *Social foundations of thought and action : A social cognitive theory*. Prentice-Hall.

__________ (1997). *Self-efficacy : The exercise of control*. W.H. Freeman.

__________ (1999). 자기효능감과 인간행동 (박영신 · 김의철 · 양계민, 역). 교육과학사.

__________ (2006). Toward a psychology of human agency. *Perspectives on Psychological Science, 1*(2), 164–180.

Bandura, A., Ross, D., & Ross, S. A. (1961). Transmission of aggression through imitation of aggressive models. *Journal of Abnormal and Social Psychology, 63*(3), 575–582.

Barkley, R. A. (2014). *Attention-deficit hyperactivity disorder : A handbook for diagnosis and treatment*(4th ed.). Guilford Press.

Bjork, D. W. (1997). *B.F. Skinner : A life*. American Psychological Association.

Breuer, J., & Freud, S. (1895). *Studies on hysteria*(N. Luckhurst, Trans. 2006). Penguin Classics.

Bringuier, J. C. (1980). *Conversations with Jean Piaget*. University of Chicago Press.

Bronfenbrenner, U. (1979). *The ecology of human development*. Harvard University Press.

Bugental, J. F. T. (1964). The third force in psychology. *Journal of Humanistic Psychology, 4* (1), 19–25.

Centers for Disease Control and Prevention (CDC). (2022). *Alcohol use in pregnancy.* https://www.cdc.gov/ncbddd/fasd/alcohol-use.html

Chomsky, N. (1959). A review of B. F. Skinner's Verbal Behavior. *Language, 35*(1), 26–58.

Cole, M., & Bronfenbrenner, U. (1981). *The ecology of human development*. Harvard University Press.

Coles, R. (1970). *Erik H. Erikson : The growth of his work.* Boston, MA : Little, Brown and Company.

Cooper, J. O., Heron, T. E., & Heward, W. L. (2020). *Applied behavior analysis* (3rd ed.). Pearson.

Corey, G. (2017). *Theory and practice of counseling and psychotherapy*(10th ed.). Boston, MA : Cengage Learning.

Cramer, P. (2006). *Protecting the self : Defense mechanisms in action.* Guilford Press.

Darling, N. (2007). Ecological systems theory : The person in the center of the circles. *Research in Human Development, 4* (3-4), 203-217.

Darwin, C. (1859). *On the origin of species*. John Murray.

DiGiuseppe, R. A., Doyle, K. A., Dryden, W., & Backx, W. (2021). 합리적 정서행동치료 : 상담 전문가를 위한 안내서 (이한종 역). 서울 : 학지사.

Edinger, E. F. (1972). *Ego and archetype : Individuation and the religious function of the psyche.* Shambhala.

Ellenberger, H. F. (1970). *The discovery of the unconscious : The history and evolution of dynamic psychiatry*. Basic Books.

Ellis, A. (1962). *Reason and emotion in psychotherapy*. Lyle Stuart.

Ellis, A., & Grieger, R. (Eds.) (1977). *Handbook of rational-emotive therapy*. Springer Publishing Company.

Erikson, E. H. (1950). *Childhood and society*. New York, NY : W. W. Norton & Company.

__________ (1959). *Identity and the life cycle*. New York, NY : International Universities Press.

__________ (1963). *Childhood and Society*(2nd ed.). W. W. Norton & Company.

__________ (1963). *Youth : Change and challenge*. New York, NY : Basic Books.

__________ (1967). Egocentrism in adolescence. *Child Development, 38*(4), 1025-1034.

__________ (1968). *Identity : Youth and crisis*. New York, NY : W. W. Norton & Company.

__________ (1969). *Gandhi's truth : On the origins of militant nonviolence*. New York, NY : W. W. Norton & Company.

__________ (1982). *The life cycle completed*. New York, NY : W. W. Norton & Company.

Fechner, G. T. (1860). *Elements of psychophysics*(H. E. Adler, Trans. 1966). Breitkopf & Härtel.

Flavell, J. H. (1963). *The developmental psychology of Jean Piaget*. Van Nostrand.

Freud, A. (1936). *The ego and the mechanisms of defense*(C. Baines, Trans. 1966). International Universities Press.

________ (1966). *The ego and the mechanisms of defence*(C. Baines, Trans.). New York, NY : International Universities Press. (Original work published 1936)

Freud, S. (1900). *The interpretation of dreams*(J. Strachey, Trans.). Basic Books.

________ (1905). *Three essays on the theory of sexuality*. Penguin.

________ (1912). The dynamics of transference. In J. Strachey (Ed. & Trans.), *The standard edition of the complete psychological works of Sigmund Freud*(Vol. 12, pp. 97-108). Hogarth Press.

________ (1913). *New introductory lectures on psycho-analysis*(Vol. 16). Hogarth Press.

________ (1914). Remembering, repeating and working-through. In J. Strachey (Ed. & Trans.), *The standard edition*(Vol. 12, pp. 147-156). Hogarth Press.

________ (1915). The unconscious. In J. Strachey (Ed. & Trans.), *The standard edition*(Vol. 14, pp. 159-204). Hogarth Press.

________ (1920). *Beyond the pleasure principle*(J. Strachey, Trans.). Penguin Books.

________ (1923). *The ego and the id*(J. Strachey, Trans.). Hogarth Press.

________ (1924). The dissolution of the Oedipus complex. In J. Strachey (Ed. & Trans.), *The standard edition*(Vol. 19, pp. 173-179). Hogarth Press.

________ (1925). Some psychical consequences of the anatomical distinction between the sexes. In J. Strachey (Ed. & Trans.), *The standard edition*(Vol. 19, pp. 243-258). Hogarth Press.

________ (1926). *Inhibitions, symptoms and anxiety*(J. Strachey, Trans.). Hogarth Press.

________ (1953). Three essays on the theory of sexuality (J. Strachey, Trans.). In J. Strachey (Ed.), *The standard edition of the complete psychological works of Sigmund Freud*(Vol. 7, pp. 130-243). London : Hogarth Press. (Original work published 1905)

________ (1961). *The ego and the id*(J. Strachey, Trans.). New York, NY : W. W. Norton & Company. (Original work published 1923)

Gay, P. (1988). *Freud : A life for our time*. W. W. Norton & Company.

Gelly, L. A. (2001). 성격심리학(이훈구 역). 법문사.

Ginsburg, H. P., & Opper, S. (1988). *Piaget's theory of intellectual development* (3rd ed.). Prentice Hall.

__________________________ (2006). 피아제의 인지발달이론 (김정민 역). 서울 : 학지사.

Hall, C. S., & Lindzey, G. (1978). *Theories of personality*(3rd ed.). Wiley.

Hartmann, H. (1958). *Ego psychology and the problem of adaptation*. New York, NY : International Universities Press. (Original work published 1939)

Heimann, P. (1950). On counter-transference. *International Journal of Psychoanalysis, 31,* 81-84.

Hoare, C. H. (2002). *Erikson on development in adulthood : New insights from the unpublished papers*. New York, NY : Oxford University Press.

Hoffman, E. (1988). *The right to be human : A biography of Abraham Maslow*. Tarcher.

__________ (1994). *The drive for self : Alfred Adler and the founding of individual psychology*. Reading, MA : Addison-Wesley.

Jones, E. (1953). *The life and work of Sigmund Freud*(Vols. 1-3). Basic Books.

Jung, C. G. (1953). *Psychological aspects of the persona. In Two essays on analytical psychology*. Princeton University Press.

__________ (1954). *The development of personality.* Princeton University Press.

__________ (1957). *The collected works of C. G. Jung*(Vol. 9, Pt. 1). Princeton University Press.

__________ (1958). *The undiscovered self*. Princeton University Press.

__________ (1959). *Aion : Researches into the phenomenology of the self*. Princeton University Press.

__________ (1960). *The structure and dynamics of the psyche*. Princeton University Press.

__________ (1964). *Man and his symbols*. Dell.

__________ (1971). *Psychological types*. Princeton University Press.

__________ (1981). *The archetypes and the collective unconscious*(2nd ed.). Princeton University Press.

Kohlberg, L. (1981). *The philosophy of moral development : Moral stages and the idea of justice*(Vol. 1). Harper & Row.

Marcia, J. E. (1980). Identity in adolescence. In J. Adelson (Ed.), *Handbook of adolescent psychology*(pp. 159–187). New York : Wiley.

Maslow, A. H. (1964). *Religions, values, and peak-experiences*. Ohio State University Press.

____________ (1968). Toward a psychology of being (2nd ed.). Van Nostrand.

____________ (1971). The farther reaches of human nature. Viking Press.

Mattson, S. N., Crocker, N., & Nguyen, T. T. (2011). Fetal alcohol spectrum disorders : Neuropsychological and behavioral features. *Neuropsychology Review, 21*(2), 81–101.

McLean, H. Q., Fiebelkorn, A. P., Temte, J. L., & Wallace, G. S. (2017). Prevention of measles, rubella, congenital rubella syndrome, and mumps, 2013 : Summary recommendations of the Advisory Committee on Immun ization Practices(ACIP). MMWR. *Recommendations and Reports, 62*(RR-04), 1-23. https://www.cdc.gov/mmwr/preview/mmwrhtml/rr6204a1.htm

McWhirter, J. J., McWhirter, B. T., McWhirter, A. M., & McWhirter, E. H.(2013). *At risk youth : A comprehensive response for counselors, teachers, psychologists, and human service profess ionals*(5th ed.). Belmont, CA : Brooks/Cole. 사회복지 실천에서 위기 가정 및 영아 방임 대응 개입 사례 연구

Miller, P. H. (2011). *Theories of developmental psychology* (5th ed.). Worth Publishers.

Miltenberger, R. G. (2016). *Behavior modification : Principles and procedures* (6th ed.). Cengage Learning.

Nietzsche, F. (1886). *Beyond good and evil*(W. Kaufmann, Trans. 1966). Vintage Books.

Piaget, J. (1932). *The moral judgment of the child*. Free Press.

________ (1952). *The origins of intelligence in children*. International Universities Press.

________ (1964). Development and learning. In R. E. Ripple & V. N.Rockcastle (Eds.), *Piaget rediscovered : A report of the conference*(pp.7–20). Cornell University.

________ (1972). *The origins of intelligence in children* (M. Cook, Trans.). International Universities Press. (Original work Published 1936).

________ (1972). *The Psychology of the Child*. New York : Basic Books.

Piaget, J., & Inhelder, B. (1969). *The psychology of the child*. Basic Books.

Rogers, C. R. (1951). *Client-centered therapy*. Houghton Mifflin.

____________ (1959). A theory of therapy, personality, and interpersonal relationships as developed in the client-centered framework. In S. Koch (Ed.), Psychology : A study of a science (Vol. 3, pp. 184–256). McGraw-Hill.

____________ (1961). On becoming a person. Houghton Mifflin.

Rossignol, D. A., Genuis, S. J., & Frye, R. E. (2014). Environmental to icants and autism spectrum disorders : a systematic review. *Translational Psychiatry,* 4(2),e360.

https://doi.org/10.1038 /tp.2014.4

Schopenhauer, A. (1818). *The world as will and representation*(E. F. J. Payne, Trans. 1958). Dover Publications.

Schunk, D. H. (2012). *Learning theories : An educational perspective* (6th ed.). Pearson.

Sharp, D. (1991). *Jung lexicon : A primer of terms & concepts*. Inner City Books.

Sheikh, A. B., Pal, S., Javed, N., Shekhar, R., & Upadhyay, S. (2020). COVID-19 and Pregnancy : A Review. Cureus, 12(6), e8636. https://doi.org/10.7759/cureus.8636

Siegler, R. S., & Alibali, M. W. (2005). *Children's thinking* (4th ed.). Prentice Hall.

Siegler, R. S., Eisenberg, N., DeLoache, J. S., Saffran, J. R., & Gershoff, E. T. (2019). **발달심리학** (송길연 외 역). 서울 : 시그마프레스.

Skinner, B. F. (1953). *Science and human behavior*. Macmillan.

__________ (1968). *The technology of teaching*. Appleton-Century-Crofts.

__________ (1971). *Beyond freedom and dignity*. Knopf.

Sokol, J. T. (2009). Identity development throughout the lifetime : An examination of Eriksonian theory. *Graduate Journal of Counseling Psychology, 1*(2), 139-148.

Vaillant, G. E. (1992). *Ego mechanisms of defense : A guide for clinicians and researchers.* American Psychiatric Press.

von Franz, M.-L. (1998). *Archetypal dimensions of the psyche*. Shambhala.

Vygotsky, L. S. (1978). *Mind in society : The development of higher psychological processes*(M. Cole, V. John-Steiner, S. Scribner, & E. Souberman, Eds. & Trans.). Harvard University Press.

Wahba, M. A., & Bridwell, L. G. (1976). Maslow reconsidered : A review of research on the need hierarchy theory. *Organizational Behavior and Human Performance, 15*(2), 212-240.

Yankura, J., & Dryden, W. (2011). **앨버트 엘리스 : 합리적 정서행동치료의 창시자** (이동귀 역). 서울 : 학지사.

저/자/약/력

■ 박주영
동국대학교 일반대학원 사회복지학과 사회복지학박사
CANADA CHRISTIAN COLLEGE 상담학박사
현 영산대학교 사회복지정보학과 학과장

■ 배정현
영남대학교 대학원 사회학과 사회학박사
현 영산대학교 사회복지정보학과 외래교수

■ 김서연
고신대학교 대학원 유아교육학과 교육학박사
현 영산대학교 사회복지정보학과 외래교수

■ 최은선
동아대학교 대학원 의료상담심리학과 박사수료
현 영산대학교 사회복지정보학과 외래교수

■ 김정숙
신라대학교 대학원 사회복지학과 박사수료
현 영산대학교 사회복지정보학과 외래교수

인간행동과 사회환경

| 공저자 | 박주영 · 배정현 · 김서연 · 최은선 · 김정숙

| 1판 1쇄 | 발행 2025년 9월 10일

| 발행인 | 김동훈
| 발행처 | 공동체

| 주소 | 경기도 고양시 일산동구 호수로 358-39, 동문타워 I 905호(백석동)
| 전화 | 031)814-3000(대표)
| 팩스 | 031)814-3100
| 홈페이지 | http://www.compub.co.kr
| 전자우편 | compub@naver.com
| 출판등록 | 2005년 10월 6일
| 등록번호 | 제396-2005-36호

| ISBN | 979-11-6725-975-2
정가 22,000원